陶庵梦忆

新注全译本

[明] 张岱 著
徐建雄 译注

陕西新华出版传媒集团
三 秦 出 版 社

果麦文化 出品

人无癖不可与交，以其无深情也；
人无疵不可与交，以其无真气也。

自序

陶庵国破家亡，无所归止。披发入山[1]，駴駴[2]为野人。故旧见之，如毒药猛兽，愕窒[3]不敢与接。作《自挽诗》，每欲引决[4]，因《石匮书》[5]未成，尚视息[6]人世。然瓶粟屡罄，不能举火。始知首阳二老[7]，直头[8]饿死，“不食周粟”，还是后人妆点语也。

饥饿之余，好弄笔墨。因思昔人生长王谢[9]，颇事豪华，今日罹此果报：以笠报颅，以蒉[10]报踵，仇簪履也；以衲报裘，以苎[11]报絺[12]，仇轻暖也；以藿[13]报肉，以粝报粻[14]，仇甘旨也；以荐[15]报床，以石报枕，仇温柔也；以绳报枢，以瓮报牖，仇爽垲[16]也；以烟报目，以粪报鼻，仇香艳也；以途报足，以囊报肩，仇舆从[17]也。种种罪案，从种种果报中见之。

鸡鸣枕上，夜气方回，因想余生平，繁华靡丽，过眼皆空，五十年来，总成一梦。今当黍熟黄粱，车旋蚁穴，当作如何消受？遥思往事，忆即书之，持向佛前，一一忏悔。不次岁月，异年谱也；不分门类，别《志林》[18]也。偶拈一则，如游旧径，如见故人，城郭人民[19]，翻用自喜。真所谓痴人前不得说梦矣。

昔有西陵[20]脚夫，为人担酒，失足破其瓮。念无以偿，痴坐伫想曰：“得是梦便好！”一寒士乡试中式，方赴鹿鸣宴，恍然犹意非真，自啮其臂曰：“莫是梦否？”一梦耳，惟恐其非梦，又惟恐其是梦，其为痴人则一也。

余今大梦将寤[21]，犹事雕虫[22]，又是一番梦呓。因叹慧业[23]文人，名心难化，正如邯郸梦断，漏尽钟鸣，卢生遗表，犹思摹拓二工[24]，以流传后世。则其名根[25]一点，坚固如佛家舍利，劫火猛烈，犹烧之不失也。

【注】

1. 披发入山：此时满清已经颁布剃发令，“留头不留发，留发不留头”，张岱之“披发”是他不降清的标志。
2. 駴駴：骇骇，令人惊骇的样子。
3. 愕窒（èzhì）：惊惶得不敢喘气。
4. 引决：自杀，自尽。
5《石匮书》：作者当时正在撰写的纪传体明史巨著，共有二百二十一卷。分本纪、志、世家、列传等部类。
6. 视息：指仅存视觉和呼吸，即苟全活命之义。
7. 首阳二老：指不食周粟，饿死于首阳山的伯夷、叔齐。
8. 直头：直截。无须别的缘由。
9. 王谢：东晋时王导、谢安两大家族。此指生活奢华的豪门世家。
10. 蒉（kuì）：此处指草鞋。
11. 苎（zhù）：粗麻布。此处指粗布衣服。
12. 绨（chī）：细葛布。此处指用细葛布做的衣服。
13. 藿（huò）：豆叶。泛指野菜。
14. 粝（lì）、粻（zhāng）：粝，糙米，粗粮；粻，精米。
15. 荐：草席。
16. 垲（kǎi）：地势高而干燥。此处指明亮、干爽的房屋。
17. 舆从：舆，车、轿；从，随从。
18.《志林》：《东坡志林》，北宋苏轼所著笔记。
19. 城郭人民：典出旧题东晋陶潜所作《搜神后记》，传说汉朝人丁令威学道于灵虚山，后来变成了一只鹤，飞回家乡辽东，见到人世间已经发生了很大的变化，于是便道：“有鸟有鸟丁令威，去家千年今始归。城郭如故人民非，何不学仙冢累累。”作者借此典故表达故乡风景依旧，而人心已变。
20. 西陵：镇名。在钱塘江西，属萧山。因有水陆码头，脚夫多集中于此。
21. 大梦将寤：上文已经说到“五十年来，总成一梦”，所以这里的“大梦”不是指以前的生活，而是指整个人生。庄子认为人生本就是一场大梦，只有悟了道才会从梦中醒来。但从这样的“大梦”中醒来，对于一般人来说，也就等于死亡。所以，这里的“大梦将寤”，其实就是说自己快要死了的意思。
22. 雕虫：西汉扬雄认为辞赋不过是“童子雕虫篆刻”“壮夫不为也”。后人便以雕虫小技代指写文章。
23. 慧业：佛教用语。指人的智慧业缘。
24. 卢生遗表，犹思摹榻二王：卢生是唐代传奇《枕中记》里的人物，但《枕中记》

里只写他晚年上表给皇帝，没提到二王书法。明朝汤显祖将《枕中记》改编为戏剧《邯郸记》，在第二十九出《生寤》中有卢生仿三国时钟繇的字体给皇帝写遗表的场面。张岱可能是记错了，将钟繇误写成“二王”（王羲之、王献之父子）了。

25. 名根：好虚名的本性。

【译】

国破家亡之后，陶庵我无处可去，只得披头散发逃入山中，形容可怕，跟野人差不多了。老朋友们看到我，就像看到了毒药、猛兽一样，吓得喘不上气来，全都不敢靠近我。我是早就写好了自挽诗的，可每次要想自行了结，都因《石匮书》尚未写成而作罢，所以才苟活于人世。然而，我的米缸里时常没米，不能生火做饭。到现在我才明白那遁入首阳山的伯夷、叔齐二老其实就是活活饿死的，没什么别的缘由，说他们“不食周粟”，不过是后人的粉饰之辞罢了。

尽管总是饿着肚子，可我依旧喜欢舞文弄墨。同时也认识到，就是因为我以前生活在王、谢那样的豪门世家，日子过得太过奢华，如今才遭了这样的报应：如今头戴竹笠，脚穿草鞋，就是以前头插玉簪脚蹬丝履的报应；如今身穿破衣而非皮裘，粗麻布而非细葛布，就是以前穿着轻暖美服的报应；如今吃野菜而非肉食，粗粮而非精米，就是以前尽享美味佳肴的报应；如今我睡草褥而非床榻，枕石块而非枕头，就是以前睡温暖柔软被窝的报应；如今我用草绳代替门枢，用瓦瓮代替窗棂，就是以前居住高爽豪宅的报应；如今炊烟熏着我的眼睛，粪臭刺激我的鼻子，就是以前享受香艳美色的报应；如今我肩背包囊，徒步跋涉，就是以前坐轿使奴的报应。如此这般，以前的种种罪孽，如今都在种种报应里一一呈现了。

在枕头上听到鸡叫，夜色将尽时分，回想起我的一生来，可谓是繁华奢靡，已经转眼成空；五十年的光阴，最终成了一场梦。如今黄粱已经煮熟，车马已从蚁穴中转回，大梦醒来之后，这日子又该如何打发呢？于是我追忆往昔，想到什么就信笔写下，然后拿到佛前一一忏悔。由于不是年谱，所以文章不按年月先后排序；由于不是《东坡志林》之类的笔记，所以也不分门别类。偶尔抽一篇出来读读，竟也像故地重游、老友相见似的，虽说城郭依旧、人事已非，而我反倒喜不自胜。真所谓痴人面前不可说梦啊。

从前，西陵那地方有个脚夫在给人挑酒的时候，不小心滑了一跤，将酒坛子摔碎了。他知道自己是怎么也赔不起的，就痴痴地坐着呆想道："这要是个梦就好了。"又有一个穷书生乡试得中，去赴官府招待的鹿鸣宴时，还不敢相信这是真的，就在自己胳膊上咬了一口，说："我不是在做梦吧？"同样是在说梦，一个唯恐不是梦，一个又唯恐是梦，但就"痴人"来说，他们俩其实是一样的。

我如今大梦将醒，时期将近，却还在弄这些雕虫小技，分明又是一番梦中呓语。由此我也慨叹那些有着"慧业"的文人，名利之心总是难以淡化。正好像邯郸之梦已经到头，刻漏已尽，钟声响起，那卢生在写遗表时，还想着要模仿"二王"的书法，企图流传后世呢。所以说这人想出名的本性，真是坚硬得像佛家的舍利子一样，纵然劫火猛烈，也还是难以焚化的啊。

目录

卷一

钟山[1]

钟山上有云气，浮浮冉冉，红紫间之，人言王气，龙蜕[2]藏焉。高皇帝[3]与刘诚意[4]、徐中山[5]、汤东瓯[6]定寝穴，各志其处，藏袖中。三人合，穴遂定。门左有孙权墓[7]，请徙。太祖曰："孙权亦是好汉子，留他守门。"及开藏，下为梁志公[8]和尚塔。真身不坏，指爪绕身数匝。军士辇[9]之，不起。太祖亲礼之，许以金棺银椁，庄田[10]三百六十，奉香火，舁[11]灵谷寺[12]塔之。今寺僧数千人，日食一庄田焉。陵寝定，闭外羡[13]，人不及知。所见者，门三、飨殿[14]一、寝殿[15]一，后山苍莽而已。

壬午七月，朱兆宣[16]簿[17]太常[18]，中元[19]祭期，岱观之。飨殿深穆，暖阁[20]去殿三尺，黄龙幔幔之。列二交椅，褥以黄锦、孔雀翎织正面龙，甚华重。席地以毡，走其上必去舄[21]轻趾。稍咳，内侍辄叱曰："莫惊驾！"近阁下一座，稍前，为硕妃[22]，是成祖[23]生母。成祖生，孝慈皇后[24]衽[25]为己子，事甚秘。再下，东西列四十六席，或坐或否。祭品极简陋，朱红木簋[26]、木壶、木酒樽，甚粗朴。簋中肉止三片，粉一铗[27]，黍数粒，东瓜汤一瓯[28]而已。暖阁上一几，陈小铜炉一、小箸[29]瓶二、杯棬[30]二；下一大几，陈太牢[31]一、少牢一而已。他祭或不同，岱所见如是。

先祭一日，太常官属开牺牲所中门，导以鼓乐、旗帜，牛羊自出，龙袱盖之。至宰割所，以四索缚牛蹄。太常官属至，牛正面立，太常官属朝牲揖，揖未起，而牛头已入燖[32]所。燖已，舁至飨殿。次日五鼓，魏国[33]至，主祀，太常官属不随班，侍立飨殿上。祀毕，牛羊已臭腐不堪闻矣。平常日进二膳，亦魏国陪祀，日必至之。戊寅，岱寓鹫峰寺[34]。有言孝陵上黑气一股，冲入牛斗[35]，百有余日矣。岱夜起视，见之。自是流贼猖獗，处处告警。壬午，朱成国[36]与王应华[37]奉敕修陵，木枯三百年者尽出为薪，发根，隧[38]其下数丈，识者为伤地脉、泄王气，今果有甲申之变[39]，则寸斩应华亦不足赎也。孝陵玉食[40]二百八十二年，今岁清明，乃遂不得一盂麦饭[41]，思之猿咽[42]。

【注】

1. 钟山：在今南京中山门外。山势险峻，蜿蜒如龙，上有紫色页岩层，阳光照映下，远望如紫金生耀，故又称"紫金山"。明太祖朱元璋与皇后马氏合葬陵位于南麓独龙阜玩珠峰下。皇后马氏谥号孝慈皇后，又朱元璋奉行孝治天下，故名孝陵。
2. 龙蜕：龙褪下的皮壳。
3. 高皇帝：朱元璋死后庙号太祖，谥高皇帝。
4. 刘诚意：刘基，字伯温，浙江青田人。辅佐朱元璋成就帝业，被封为诚意伯。
5. 徐中山：徐达，字天德，濠州（今安徽凤阳）人。明骁将，初封魏国公，死后追封中山王。
6. 汤东瓯：汤和，字鼎臣，濠州人。明将领，初封信国公，死后追封东瓯王。
7. 孙权墓：三国时吴主孙权之墓，在钟山南麓独龙阜。
8. 志公：宝志，又作保志，世称志公，南朝梁高僧。本姓朱，深受南朝梁武帝尊崇。死后梁武帝为其建塔安葬其于独龙阜玩珠峰前。
9. 畚（jú）：本义为古代一种大马车或运土器具。此作动词，即"提起"。
10. 庄田：专门设庄管理而大规模租给佃户耕种的田地。
11. 舁（yú）：抬。
12. 灵谷寺：钟山东南坡下，南朝梁武帝纪念宝志禅师兴建"开善精舍"，初名开善寺。明初，太祖朱元璋赐名"灵谷禅寺"，并封其为"天下第一禅林"。
13. 羡（yán）：通"埏"，墓道。
14. 飨（xiǎng）殿：祭祀用的殿堂。
15. 寝殿：陵墓的正殿。
16. 朱兆宣：朱燮元第四子（朱燮元见卷三《白洋潮》注）。张岱因与山阴朱氏有姻亲关系，又与朱兆宣交好，故有机会参观祭礼。

17. 簿：主簿，执掌书记之官名。此作动词，即“做（太常寺）主簿”。
18. 太常：太常寺。官名，掌理宗庙礼仪。
19. 中元：中元节，阴历七月十五日。又称“盂兰盆节”“鬼节”。
20. 暖阁：陵寝建筑，供奉神龛、神牌，放置祭器。
21. 舄（xì）：鞋。
22. 磌（gōng）妃：明太祖妃，传为高丽人。
23. 成祖：明成祖朱棣，朱元璋第四子。发动“靖难之役”取代其侄建文帝帝位，年号永乐。
24. 孝慈皇后：朱元璋妻马氏，谥孝慈皇后。
25. 衽：此作动词，用衣襟包裹着拖走。
26. 簋（guǐ）：盛食物的圆形器具。
27. 铗：同“夹”。
28. 瓯（ōu）：小盆，碗。
29. 箸（zhù）：筷子。
30. 棬（quān）：木制的饮器。
31. 太牢：古代祭祀时牛、羊、猪三牲齐备或单用牛的为太牢，仅用羊和猪或只用羊的称少牢。
32. 焆（xún）：水煮去毛。
33. 魏国：徐弘基，徐达后人，万历二十三年袭封魏国公。万历三十五年，协守南京兼领后军都督府。万历三十七年四月，提督操江。天启元年，以疾辞任，加太子太保。明末崇祯十四年，再次任南京守备，加太傅。谥庄武。
34. 鹫峰寺：在今江苏南京白鹭洲公园内，建于明天顺五年，英宗朱祁镇书赐其额“鹫峰寺”，以纪念唐名僧鹫峰大师。
35. 牛斗：牛、斗都是二十八宿之一，其在地上的分野为吴、越，而南京正在其中。有黑气冲入牛斗，表明这一带地区将有灾祸。
36. 朱成国：朱能从朱棣起兵有功，封成国公，子孙世袭其封号，皆守备南京。此指其后裔朱纯臣，崇祯时受倚重，后为李自成所杀。
37. 王应华：明朝官员。明亡后拥立唐王，后降清。曾任礼部祠祭司郎中，受命修缮孝陵。
38. 隧：开挖。
39. 甲申之变：指崇祯十七年甲申，李自成率起义军攻入北京，崇祯帝自缢而死，明朝灭亡。
40. 玉食：享美食。
41. 麦饭：麦粒煮成的饭。此指食物粗简。
42. 猿咽：哽咽如猿声凄恻。

【译】

钟山之上云雾缭绕，悠悠冉冉，红光、紫光相间，人们说这就是王气，有龙蜕藏在里面。

当年高皇帝朱元璋与诚意伯刘伯温、中山王徐达、东瓯王汤和一起商定皇陵位置，三人各自写下主意藏在袖子里，结果拿出来一看，想到的都是同一地点，如是定下方位。

门左边是孙权墓，有人奏请将其迁走，太祖说："孙权也是一条好汉，就让他在这儿守门吧。"开挖后又发掘出梁代宝志和尚墓塔，高人真身不坏，指甲绕身数圈。军士们要将棺材移出，却怎么也提不动。后来是太祖皇上亲自前来祭拜，许下金棺银椁、三百六十亩庄田，以及香火供奉，这才将他抬出，移到灵谷寺，修墓塔安葬。如今，灵谷寺内僧人已多达数千，每天要吃掉一亩庄田的收成。

陵墓修好后，便关闭了外墓道，人们也就无从得知地下的情况。所能看到的只有三道门、一座飨殿、一座寝殿，以及后山的莽苍林木。

崇祯十五年七月，因朱兆宣担任太常寺主簿，中元节祭祀那天我也去观礼。飨殿幽深肃穆。暖阁离此殿三尺左右，用绣有黄龙的幔帐围着。飨殿中并排放着两把交椅，褥子用黄锦、孔雀翎织出正面龙，很是华美、庄重。地上铺着毛毡，须脱了鞋才能在上面行走，还必须放轻脚步。即便是轻微地咳嗽一下，一旁的太监也会厉声叱责："不得惊驾！"靠近暖阁的下方有一个座台，上面供奉牌位，稍前的那个是碽妃的。碽妃是成祖的亲生母亲。成祖出生时，孝慈皇后曾将他抱走，当作自己的儿子。此事做得极为隐秘。再往下，在东西两侧排列着四十六个席位，有坐席，也有站席。祭品极为简陋。朱红色的木簋、木壶、木酒樽等器具也甚为粗朴。木簋中只肉三片、粉一夹、黍几粒和冬瓜汤一碗。暖阁上设一条几案，上面放着小铜香炉一只、小筷瓶两个、木杯两只；下设一张大几案，上面只放着一头牛、一只羊。别日祭祀或许有所不同，我看到的就是如此。

祭祀的前一天，太常寺的属吏打开牺牲所的中门，以鼓乐、旗帜为先导，让用作牺牲的牛、羊自己跑出来，给它们披上绣龙图案的袱被。到了宰割处，用四根绳索绑住牛蹄。太常寺的属吏到来后，让牛正面对着他们站立，他们则对着牛作揖行礼，未待礼毕起身，牛头就已在汤锅里了。煮熟后，牺牲便被抬进飨殿。第二天五更时分，魏国公前来主持祭祀。太常寺的属吏并不跟随祭祀的班列，只是侍立在飨殿之上。祭祀结束时，牛羊已经腐烂，臭不可闻。一般是每天上供两膳，也都由魏国公陪祀，他是每天都必定到场的。

崇祯十一年，我寄宿在鹫峰寺，听人说孝陵上方有一道黑气，冲入牵牛、北斗之间，已经有一百多天。我半夜里起来观看，果然看到。从那以后便流寇猖獗，各地频频告警。

崇祯十五年，朱成国与王应华奉皇帝之命整修陵墓时，将枯了三百年的树木全都砍倒充当木柴，为了将树根刨出，还往下深挖了好几丈。有懂风水的人指出，他们这么做伤了地脉，泄了王气。如今果然发生了“甲申之变”。如此说来，真是即便将王应华碎尸万段也难以抵消他的罪孽了。

孝陵以精食祭奠有二百八十二年，可到了今年清明节，却连一碗粗粝的麦饭都不得，一想到此事，就叫人忍不住伤感呜咽。

报恩塔[1]

中国之大古董，永乐之大窑器[2]，则报恩塔是也。报恩塔成于永乐初年，非成祖开国之精神、开国之物力、开国之功令，其胆智才略足以吞吐此塔者，不能成焉。塔上下金刚、佛像千百亿[3]金身[4]。一金身，琉璃砖十数块凑砌成之，其衣摺不爽[5]分，其面目不爽毫，其须眉不爽忽[6]，斗笋[7]合缝，信属鬼工。

闻烧成时，具三塔相[8]，成其一，埋其二，编号识之。今塔上损砖一块，以字号报工部[9]，发一砖补之，如生成焉。夜必灯，岁费油若干斛。天日高霁[10]，霏霏霭霭，摇摇曳曳，有光怪出其上，如香烟缭绕，半日方散。永乐时，海外夷蛮重译[11]至者百有余国，见报恩塔必顶礼[12]赞叹而去，谓四大部洲[13]所无也。

【注】

1. 报恩塔：大报恩寺琉璃塔。明成祖朱棣为纪念太祖朱元璋和马皇后，在报恩寺原址建大报恩寺。后毁于太平天国战火中。
2. 窑器：陶瓷器、琉璃等窑中烧制的器物。
3. 千百亿：虚指数量之多。
4. 金身：装金佛像。
5. 爽：差错。
6. 忽：长度单位。一毫为十丝，一丝为十忽。
7. 斗笋：同“斗榫”，榫卯结构。
8. 相：外相。此指琉璃砖。
9. 工部：明代六部之一，主管工程、水利、交通等事宜。
10. 霁（jì）：雨雪停止，天气放晴。
11. 重译：原义是多种语言之间的辗转翻译，转义为从远处辗转而来。
12. 顶礼：伏地以头顶佛足，佛教徒最高敬礼。
13. 四大部洲：佛教认为以须弥山为中心，东南西北各有一大洲，分别是东胜身洲、南赡部洲、西牛贺洲、北俱卢洲。此借指海外。

【译】

要说起中国的大古董，永乐年间大窑器，那么这琉璃报恩塔可说是当之无愧的了。报恩塔建成于永乐初年，若不是明成祖开国时的精神气魄、财力物力、赫赫威令，以及他那种足以御控该工程的胆智才略，是绝对不可能达成的。

塔身上下有金刚、佛像千百尊，每尊佛像都是用十多块琉璃砖拼砌而成的，而其衣服褶皱、五官面目、眉毛头发全都不差毫分，榫卯相接，严丝合缝，真可谓鬼斧神工。

据说在烧制时，共备下了三套琉璃砖，一套拼砌成塔，另外两套编号后埋入地下备用。如果塔上损坏了一块，将编号上报给工部，工部就发一块相同编号的琉璃砖补上，浑然天成。

该塔每晚都要点灯，一年耗费的灯油多达几百斤。每逢天高气爽，晴空万里之日，便有雾霭蒸腾，飘忽摇曳，并有奇异的光芒出现在塔上，如同香烟缭绕一般，半天才肯散去。

永乐年间，自海外一百多国辗转而来的蛮夷，他们看到报恩塔无不顶礼膜拜、赞叹不已，说这样奇观是海外不可能有的。

天台[1]牡丹

天台多牡丹，大如拱把[2]，其常也。某村中有鹅黄牡丹，一株三干，其大如小斗，植五圣祠[3]前。枝叶离披[4]，错出檐甃[5]之上，三间满焉。花时数十朵，鹅子、黄鹂、松花、蒸栗，萼楼[6]穰吐[7]，淋漓簇沓。土人于其外搭棚演戏四五台，婆娑乐神。有侵花至漂发[8]者，立致奇祟[9]。土人戒勿犯，故花得蔽芾[10]而寿。

【注】

1. 天台：浙江天台。
2. 拱把：拱，两手合围；把，握。
3. 五圣祠：古时流行于江南的祭祀地方神祇的小庙。“五圣”的说法不一，或称火神、山神、地神、谷神、花神为五圣。
4. 离披：零落分散的样子。
5. 甃（zhòu）：以砖瓦砌的井壁。此指墙壁。
6. 萼楼：花萼层层叠叠。
7. 穰吐：丰茂的样子。
8. 漂发：漂，摇。发，散。
9. 祟：指鬼神给人带来的灾祸。
10. 蔽芾（bìfèi）：茂盛的样子，出自《诗经·召南·甘棠》：“蔽芾甘棠，勿翦勿伐。”

【译】

浙江天台一带多植牡丹，花朵甚大，有两手合围大小是很寻常的。某村中有鹅黄牡丹，一株分出三根枝干，花朵大得像一个小斗，种在五圣祠前。这鹅黄牡丹枝叶繁茂，参差错落，伸出院墙屋檐之上，生得到处都是。

每逢花季几十朵牡丹一齐绽放，色如雏鹅、黄鹂、松花、蒸栗，萼蕊层叠，锦簇争艳。到那时，村民就会在祠外搭设戏棚，请上四五台好戏，以优美的歌舞来取悦神明。

曾有人摇弄导致花散，立刻便招来奇祸。故而当地人以此为戒，决不犯禁。也正因为这样，这花才会开得如此茂盛长久。

金乳生[1]草花[2]

金乳生喜莳[3]草花。住宅前有空地，小河界之。乳生濒河构小轩三间，纵其趾[4]于北，不方而长，设竹篱经其左。北临街筑土墙，墙内砌花栏护其趾。再前，又砌石花栏，长丈余而稍狭。栏前以螺山石[5]累山披[6]数折，有画意。草木百余本，错杂莳之，浓淡疏密，俱有情致。

春以莺粟、虞美人为主，而山兰、素馨[7]、决明[8]佐之。春老以芍药为主，而西番莲、土萱、紫兰[9]、山矾佐之。夏以洛阳花[10]、建兰为主，而蜀葵[11]、乌斯菊[12]、望江南[13]、茉莉、杜若[14]、珍珠兰[15]佐之。秋以菊为主，而剪秋纱[16]、秋葵、僧鞋菊[17]、万寿[18]、芙蓉、老少年[19]、秋海棠、雁来黄、矮鸡冠佐之。冬以水仙为主，而长春[20]佐之。其木本如紫白丁香、绿萼、玉楪、蜡梅、西府、滇茶、日丹[21]、白梨花，种之墙头屋角，以遮烈日。

乳生弱质多病，早起，不盥不栉[22]，蒲伏[23]阶下，捕菊虎[24]，芟[25]地蚕[26]，花根叶底，虽千百本，一日必一周之。瘥头[27]者火蚁[28]，瘠枝者黑蚰[29]，伤根者蚯蚓、蜒蝣[30]，贼叶者象干[31]、毛猬[32]。火蚁，以鲞骨、鳖甲置旁，引出弃之；黑蚰，以麻裹箸头捋出之；蜒蝣，以夜静持灯灭杀之；蚯蚓，以石灰水灌河水解之；毛猬，以马粪水杀之；象干虫，磨铁线穴搜之。事必亲历，虽冰龟其手，日焦其额，不顾也。青帝[33]喜其勤，近产芝三本以祥瑞之。

【注】

1. 金乳生：不详。祁彪佳（山阴人，见本卷《木犹龙》篇注）著《越中园亭记》记有："（亦园）在龙门桥。主人金乳生。植草花数百本，多殊方异种，虽老圃不能辨识。四时烂熳如绣。所居仅斗室，看花人已履满户外矣。"
2. 草花：原指草本类花卉，此泛指花卉。
3. 莳（shì）：种植。
4. 趾：同"址"，地基。
5. 螺山石：产自云南昆明东北之圆通山。此山石绾青篆翠，旋如螺髻，故称。
6. 山披：倚靠墙、围栏垒制的一种假山。
7. 素馨：又名素英、耶悉茗花、野悉蜜、玉芙蓉、素馨针。花多白色，极芳香。
8. 决明：又名草决明、马蹄决明、假绿豆。
9. 紫兰：又名苞舌兰、连及草。花美，适合观赏之用。其球茎晒干后的名称为白及（又名白芨、明白芨、紫兰根、甘根、白给），是一味中草药。
10. 洛阳花：石竹之别名。又称中国石竹、中国沼竹、石竹子花、石柱花、十样景花、汪颖花、洛阳石竹、石菊、绣竹、常夏、日暮草、瞿麦草等。
11. 蜀葵：别名一丈红、熟季花、戎葵、吴葵、卫足葵、胡葵、斗蓬花、秫秸花。
12. 乌斯菊：西番菊。
13. 望江南：别名羊角豆、山绿豆、假决明。
14. 杜若：别名地藕、竹叶莲、山竹壳菜。
15. 珍珠兰：其花如珠，其香似兰，故名珠兰。珠兰花的香味清雅、醇和、耐久，颇似兰花，而浓香又胜于兰花，是著名的观赏花卉。
16. 剪秋纱：现称剪秋罗，系石竹科的宿根草，与石竹属相似，但本属无花苞，极易区别。
17. 僧鞋菊：附子的别称。以其花似僧鞋，故名。
18. 万寿：万寿菊，一年生草本植物，茎直立，粗壮，叶羽状分裂，开黄花。
19. 老少年：别名雁来红、红苋、后庭花、老来红等。
20. 长春：长春花，别名金盏草、四时春、日日新、雁头红、三万花。
21. 日丹：茶花的一个品种。
22. 栉：梳头。
23. 蒲伏：匍匐。
24. 菊虎：天牛，别名蛀食虫等。鞘翅目天牛科。
25. 芟（shān）：铲除杂草。
26. 地蚕：多年生草本，别名土冬虫草、白冬虫草、白虫草、肺痨草。
27. 瘇头：使头部（叶尖）生瘤。
28. 火蚁：蚂蚁的一种，因被其蜇伤后会出现火灼感，故名。
29. 黑蚰：蚰蜒的一种，小蜈蚣。
30. 蜒蝣：同"蜒蚰"，鼻涕虫。
31. 象干：别名造桥虫。似蚕，青色。
32. 毛猬：刺毛虫，刺蛾幼虫。
33. 青帝：我国古代神话中的五天帝之一，是位于东方的司春之神，又称苍帝、木帝。为春之神及百花之神。

【译】

金乳生喜欢种植花草。他的住宅前面有一片空地，以小河为界。乳生临河搭建小轩三间，都顺着地基向北延伸，是狭长型的，沿左侧设置竹篱笆。北面临街筑一道土墙，墙内砌花栏以保护墙根。再往前，又砌一排石花栏，一丈来长，稍窄。花栏前用螺山石堆出几处靠墙的假山，颇有山水画韵味。其中错落有致地栽种了一百多棵草本、木本花卉，疏密浓淡，极富情趣。

春天以罂粟、虞美人为主，以山兰、素馨、决明为辅；春将尽时便以芍药为主，以西番莲、土萱、紫兰、山矾为辅；夏天以洛阳花、建兰为主，以蜀葵、乌斯菊、望江南、茉莉、杜若、珍珠兰为辅；秋天以菊为主，而以剪秋纱、秋葵、僧鞋菊、万寿菊、芙蓉、老少年、秋海棠、雁来黄、矮鸡冠为辅；冬天则以水仙为主，以长春花为辅。木本花卉如紫白丁香、绿萼梅、玉楪梅、蜡梅、西府海棠、滇茶花、日丹茶花、白梨花等，则种在墙头屋角，用来遮挡烈日。

金乳生体弱多病，早上起床后，一不盥洗，二不梳头，马上趴在台阶下面，捉菊虎，除地蚕，花根叶底的，无微不至。即便花木多达千百棵，他也每天必定要全都伺弄一遍。害虫的种类颇多：使花蕊叶尖长瘤起包的是火蚁，使枝条枯瘦的是黑蚰，伤根的是蚯蚓、蜒蚰，啃食花叶的是象干、刺毛虫。针对不同的害虫，他也采取了不同的应对之法：针对火蚁，他把鲞鱼骨和甲鱼壳放在一旁，将其引出后丢弃；针对黑蚰，他用麻裹了筷子头将其拨弄出来；针对蜒蚰，他在夜里静静地用灯光将其诱出后杀死；针对蚯蚓，则用河水掺石灰水将其化掉。还用马粪水呛杀刺毛虫，磨细了铁丝将象干虫从其穴中钩出。

这种种劳作，他是必定要亲自动手的，即便冰水冻裂了手，太阳晒焦了额头，也毫不在意。掌管百花的青帝看他如此勤劳，自然极为高兴。最近，特意降生了三株灵芝以示祥瑞。

日月湖

宁波府城内，近南门，有日月湖。日湖圆，略小，故日之；月湖长，方广，故月之。二湖连络如环，中亘一堤，小桥纽之。

日湖有贺少监祠[1]。季真朝服拖绅[2]，绝无黄冠[3]气象。祠中勒唐玄宗《饯行》诗以荣之。季真乞鉴湖[4]归老，年八十余矣。其《回乡》诗曰："幼小离家老大回，乡音无改鬓毛衰。儿孙相见不相识，笑问客从何处来。"八十归老，不为早矣，乃时人称为急流勇退，今古传之。季真曾谒一卖药王老，求冲举之术[5]，持一珠贻[6]之。王老见卖饼者过，取珠易饼。季真口不敢言，甚懊惜之。王老曰："悭吝未除，术何由得？"乃还其珠而去。则季真直[7]一富贵利禄中人耳。《唐书》入之《隐逸传》，亦不伦甚矣。

月湖一泓汪洋，明瑟[8]可爱，直抵南城。城下密密植桃柳。四围湖岸，亦间植名花果木以萦带之。湖中栉比皆士夫园亭，台榭倾圮，而松石苍老。石上凌霄藤有斗大者，率百年以上物也。

四明[9]缙绅，田宅及其子，园亭及其身。平泉木石[10]，多暮楚朝秦，故园亭亦聊且为之，如传舍[11]衙署焉。屠赤水[12]娑罗馆[13]亦仅存娑罗而已。所称"雪浪"[14]等石，在某氏园久矣。

清明日，二湖游船甚盛，但桥小船不能大。城墙下趾稍广，桃柳烂漫，游人席地坐，亦饮亦歌，声存《西湖》[15]一曲。

【注】

1. 贺少监祠：唐朝诗人贺知章的祠堂。贺知章，字季真，唐代著名诗人、书法家，越州永兴（今浙江萧山）人。历任礼部侍郎、秘书监、太子宾客等职。人称“贺少监”“贺监”。为人旷达不羁，有“清谈风流”之誉，晚年尤纵，自号“四明狂客”。
2. 绅（shēn）：宽大的丝帛质地的束腰带。
3. 黄冠：道士所戴的帽子。
4. 鉴湖：又名镜湖、长湖，在浙江绍兴西南。唐朝时鉴湖水域宽阔，据说有九千余顷，与会稽山并称“稽山镜水”。
5. 冲举之术：飞升成仙之术。
6. 贻：赠。
7. 直：只。
8. 明瑟：莹净鲜洁。
9. 四明：浙江宁波之别称，因境内有四明山故得此名。
10. 平泉木石：唐朝李德裕在平泉建有别墅，称“鬻平泉者，非吾子孙也。以吾平泉一草一木与人者，非佳也”。可在他死后不久，子孙即遭杀身之祸，平泉胜地也日渐荒芜了。
11. 传舍：原为战国时贵族供门下食客食宿的地方。泛指古时供行人休息住宿的处所。此处为驿站之意。
12. 屠赤水：屠隆，字长卿，一字纬真，号赤水、鸿苞居士，浙江鄞县人。明代文学家、戏曲家。万历五年进士，曾任礼部主事、郎中等官职，为官清正，关心民瘼，后罢官回乡。
13. 娑罗（suōluó）馆：屠隆的别墅。娑罗，梵语译音，植物名。原产于印度、东南亚等地。相传释迦牟尼在娑罗双树之间进入无余涅槃而成佛。
14. 雪浪：石名，宋代杜绾所著《云林石谱》中有载，可见其名贵。
15.《西湖》：指明代南曲《西湖》。或称日月湖在城西南，故名。

【译】

宁波府城内靠近南门的地方有两个湖，日湖和月湖。日湖圆，较小，所以称日湖；月湖狭长，较大，所以称月湖。两湖衔接如环，一条堤坝横亘其间，中有小桥相连。

日湖旁有贺知章祠堂。贺知章的塑像身穿朝服，腰系宽带，没有一点道家风范。祠中镌刻着唐玄宗赐他的《饯行》诗，以示荣耀。贺知章请求回鉴湖养老那会儿，已经年逾八十了。他作有《回乡》诗一首：“幼小离家老大回，乡音无改鬓毛衰。儿孙相见不相识，笑问客从何处来。”八十多岁才告老还乡，其实算不得早了，可当时的人们竟还称赞他“急流勇退”，且古今传颂。

贺知章曾经拜访过一个卖药的老王头，送他一颗珍珠，要学飞升成仙之术。老王头见有个卖饼的路过，就要用珍珠去换饼吃。贺知章见了，嘴上不敢说什么，心里觉得十分可惜，懊悔不已。老王头看破了他的心思，就说：“你这种悭吝小气的毛病还没改掉，怎么能学道成仙呢？”说完就把珍珠还给他，扬长而去了。可见贺知章也不过是个富贵利禄中人。《唐书》将他列入《隐逸传》，相当不伦不类。

月湖一泓汪洋，莹净可爱，直达南城。城墙下密密麻麻种着桃树、柳树。湖岸边也间隔种了不少名花、果树，环绕四周。湖边园林亭台鳞次栉比，均为官宦人家所建，可现在已是台倾榭倒，只剩下松树叠石，苍然古朴。假山上的凌霄藤有的如斗大，估计有百年以上了吧。

四明地方的缙绅之家，田地房舍可以传给儿子，而园子亭阁之类却传不下去。所谓“平泉木石”，往往朝秦暮楚，故而园林亭台的构建也都适可而止，不太讲究。如同驿站、官衙一般，它们的主人是时常会更换的。就拿屠隆的别墅娑罗馆来说吧，现在不也仅剩下娑罗树了吗？而那块有名的石头“雪浪”，也在别人家的院子里待好多年了。

清明节那天，日、月两湖中游船很多。但由于桥小，这些船也都不大。城墙脚下，地方十分宽敞，桃红柳绿，绚丽烂漫，游人来到这儿席地坐下，喝酒唱曲，热闹非凡，其中一曲《西湖》便流传了下来。

金山[1]夜戏

崇祯二年[2]中秋后一日，余道镇江往兖[3]。日晡[4]，至北固[5]，舣舟[6]江口。月光倒囊入水，江涛吞吐，露气吸之，噀[7]天为白。余大惊喜，移舟过[8]金山寺，已二鼓矣。经龙王堂，入大殿，皆漆静[9]。林下漏月光，疏疏如残雪。

余呼小仆携戏具，盛张灯火大殿中，唱韩蕲王[10]金山及长江大战诸剧，锣鼓喧填[11]，一寺人皆起看，有老僧以手背搬[12]眼翳，翕然[13]张口，呵欠与笑嚏俱至，徐[14]定睛视，为何许人，以何事何时至，皆不敢问。剧完将曙，解缆过江。山僧至山脚，目送久之，不知是人、是怪、是鬼。

【注】

1. 金山：山名。在今镇江市西北，有金山寺、慈寿塔等名胜古迹。明末时还是长江中的一个岛，到清光绪才开始与陆地相连。
2. 崇祯二年：1629 年，张岱时年 33 岁，仍是一纨绔子弟，故行事乖张。
3. 兖（yǎn）：明兖州府，今济宁市兖州区。当时张岱的父亲张耀芳为鲁王右长史，在兖州鲁王府。
4. 晡（bū）：申时，午后三点至五点。黄昏时分。
5. 北固：北固山。在江苏镇江长江之畔，与金山、焦山相对，有甘露寺等名胜古迹。
6. 舣（yǐ）舟：停船靠岸。
7. 噀（xùn）：喷。
8. 过：拜访，探望。
9. 漆静：漆黑寂静。
10. 韩蕲王：宋抗金名将韩世忠，字良臣，绥德人。出身行伍，屡立战功，官至枢密使，死后追封为蕲王。宋高宗建炎四年，金将完颜宗弼（即金兀术）率大军南侵，韩世忠率兵八千与之对峙于黄天荡，随即又大战于金山之下。明张四维作有传奇《双烈记》，述韩世忠及夫人梁红玉大战金兵于金山下之事。文中张岱所扮演，当是此剧中的二出。
11. 喧填（xuāntián）：喧哗热闹。

12. 摋（sà）：以手揉擦。
13. 翕（xī）然：忽然。
14. 徐：缓慢，慢慢地。

【译】

崇祯二年，中秋节过后某日，我前往山东兖州途经镇江。日近黄昏，到了北固山，将船停泊在江口，只见月光如倾囊之水泻入大江，波涛吞吐，水雾含着月光喷向空中，将整个天空都染成了白色。

见此情景，我大为惊喜，又移舟趋访金山寺，到那儿已是二更时分。我穿过龙王堂，进入大殿，但见四周一片漆黑寂静，月光从树木枝叶间漏出，斑斑疏落，散洒一地，宛如残雪。

我让童仆取来演戏用的道具，在殿中大张灯火，唱起《韩蕲王在金山》以及《长江大战》等戏，一时间锣鼓喧哗，合寺僧众都起来看，其中有一个老和尚，拿手背揉着昏眼，忽然张大嘴，一时间呵欠、笑声、喷嚏齐出。随后众僧慢慢定睛打量，看我们到底是何许人？何时来此？来此何事？心中疑窦重重，却都不敢问。戏演完时，天也快亮了。我们解开缆绳，放船过江。和尚们一直跟到山脚下，目送良久，不知我们到底是人、是怪、还是鬼。

筠芝亭[1]

筠芝亭，浑朴一亭耳。然而亭之事尽，筠芝亭一山之事亦尽。吾家后此亭而亭者，不及筠芝亭。后此亭而楼者、阁者、斋者，亦不及。总之，多一楼，亭中多一楼之碍；多一墙，亭中多一墙之碍。太仆公造此亭成，亭之外更不增一椽一瓦，亭之内亦不设一槛一扉，此其意有在也。亭前后，太仆公手植树皆合抱，清樾[2]轻岚，滃滃翳翳[3]，如在秋水。亭前石台，躐[4]取亭中之景物而先得之，升高眺远，眼界光明。敬亭[5]诸山，箕踞[6]麓下；溪壑潆回，水出松叶之上。台下右旋，曲磴[7]三折，老松偻背而立，顶垂一干，倒下如小幢，小枝盘郁[8]，曲出辅之，旋盖如曲柄葆羽[9]。癸丑[10]以前，不垣[11]不台，松意尤畅。

【注】

1. 筠芝亭：位于绍兴卧龙山右岭下，为张岱高祖张天复（曾官至太仆寺卿，故文中称其为太仆公）所造。筠（yún），竹子。
2. 樾（yuè）：树荫。
3. 滃滃翳翳：云烟笼罩、昏暗晦冥貌。滃滃（wěng），形容云气涌起的样子。
4. 躐（liè）：逾越。
5. 敬亭：亭山，在绍兴城南。
6. 箕踞：岔开腿坐，形似簸箕。
7. 磴（dèng）：石头台阶。
8. 盘郁：盘曲美盛的样子。
9. 葆羽：装饰着羽毛的华盖。
10. 癸丑：万历四十一年。张岱时年十七岁。
11. 垣：围墙。

【译】

筠芝亭，仅仅是一个淳朴无华的亭子。然而该亭筑立之后，整座山的营建其实已经足够了。这以后我家立的亭子，都比不上筠芝亭。也不光是亭子，所建造的楼、阁、斋这些建筑也都及不上。总之，多起一座楼，亭中视野就多一座楼的障碍；多砌一道墙，亭中视野就多一道墙的不便。所以太仆公在此亭完工后，就不再于亭外增添一椽一瓦，也不在亭内设一道栏杆、装一扇门。他这么做自然是有其用意的。

如今，亭子前后太仆公亲手栽种的树木都已长成合抱粗细，树荫浓郁，清风宜人，盘桓其间就如漫步于秋江岸边，令人神清气爽。站在亭前的石台上，就能率先领略亭中视野里的景物，又能登高远眺，获得明亮开阔的视野。敬亭诸山散坐卧龙山脚；山壑溪流潆洄其间，那溪水看起来是从松叶上流过似的。下了石台往右，转下三层石阶，有一棵老松树弓背而立，一根树枝从其顶部像幡幢似的倒挂下来，细枝柔条弯曲盘旋在其周围，就如一把曲柄的翠羽伞盖。万历四十一年之前，既无围墙也没有石台，想必这棵松树也更为舒心畅快吧。

砎园[1]

砎园，水盘据之，而得水之用，又安顿之若无水者。寿花堂，界以堤，以小眉山，以天问台，以竹径，则曲而长，则水之。内宅，隔以霞爽轩，以酣漱，以长廊，以小曲桥，以东篱，则深而邃，则水之。临池，截以鲈香亭、梅花禅，则静而远，则水之。缘城，护以贞六居，以无漏庵，以菜园，以邻居小户，则閟[2]而安，则水之。水之用尽，而水之意色[3]，指归[4]乎庞公池[5]之水。庞公池，人弃我取，一意向园，目不他瞩，肠不他回，口不他诺，龙山[6]蠖蜿[7]，三摺就之，而水不之顾。人称砎园能用水，而卒得水力焉。

大父[8]在日，园极华缛。有二老盘旋其中，一老曰："竟是蓬莱阆苑了也！"一老咈[9]之曰："个边那有这样！"

【注】

1. 砎(jiè)园：张岱祖父张汝霖于天启元年归乡养病时所建。位于绍兴卧龙山旁。
2. 閟（bì）：幽静。
3. 意色：意态神色。
4. 指归：意旨的归向。
5. 庞公池：绍兴城西大池，靠近城墙。详见卷七《庞公池》。
6. 龙山：卧龙山，在绍兴城内西南部。因盘旋回绕，形若卧龙，故名。明时绍兴府署在其东麓，山阴县署在其南麓。今称府山。
7. 蠖蜿：同"蠼踠"。盘曲蠕动的样子。
8. 大父：张岱祖父张汝霖，字肃之，号雨若，又号砎园居士。万历进士，历任广昌知县，兵部主事、参议，后因病致仕。
9. 咈（fú）：不服。

【译】

矿园，建造在绿水萦绕之中。尽管它充分利用了水，但由于经营布置得当，却又像没水似的。寿花堂，以堤、小眉山、天问台、竹径为界，曲折悠长，用到了水；内宅，以霞爽轩、酣漱阁、长廊、小曲桥、东篱将其与外界分隔开，深邃有致，用到了水；临近池塘之处，以鲈香亭、梅花禅与别处区分开，幽静深远，用到了水；靠近城墙的地方，以贞六居、无漏庵、菜园以及邻居家小屋来加以拱护，静谧安详，用到了水。水之用，到此也差不多了，而要说起水的神情意态，就一定要来看看这庞公池的水。说起庞公池，也是个有主见的，颇有些“人弃我取”的执着，一心向着矿园，目不旁视，心无旁骛，口不理人。那卧龙山盘曲蠕动，一连转折三次，主动前来迁就它，它却不屑一顾。人们都说还是矿园善于用水，也最终获得了水的鼎力相助。

祖父健在之时，园内极为铺张华美。一天，有两位老者在园中闲逛，一老说：“这里简直就是蓬莱仙境，神仙洞府啊。”另一位呛他道：“那边（蓬莱仙境）哪有这般好！”

葑门荷荡[1]

天启壬戌六月二十四日[2]，偶至苏州，见士女倾城而出，毕集于葑门外之荷花宕。楼船画舫至鱼艣[3]小艇，雇觅一空。远方游客，有持数万钱无所得舟，蚁旋岸上者。余移舟往观，一无所见。荡中以大船为经，小船为纬，游冶子弟，轻舟鼓吹，往来如梭。舟中丽人皆靓妆淡服，摩肩簇舄[4]，汗透重纱。舟楫之胜以挤，歌吹之胜以杂，男女之胜以溷[5]，歊[6]暑燂烁[7]，靡沸终日而已。荷花荡经岁无人迹，是日，士女以鞋靸不至为耻。袁石公[8]曰："其男女之杂，灿烂之景，不可名状。大约露帏则千花竞笑，举袂则乱云出峡[9]，挥扇则星流月映[10]，闻歌则雷辊涛趋。"盖恨虎丘中秋夜[11]之模糊躲闪，特至是日而明白昭著之也。

【注】

1. 葑门荷荡：葑门，初名封门，以封禺山得名，后因周围多水塘，盛产葑（茭白），易名葑门。荷荡，即荷花荡。
2. 天启壬戌六月二十四日：天启二年，张岱时年二十六岁。六月二十四日，江南民间为荷花的生日，或称"观莲节"。袁中郎《荷花荡》："荷花荡在葑门外，每年六月廿四日游人最盛，画舫云集。……苏人游冶之盛，至是日极矣。"
3. 鱼艣（lǐ）：渔船。
4. 簇舄（cùxì）：簇，聚集；舄，鞋子。
5. 溷（hùn）：混杂。
6. 歊（xiāo）：水汽升腾。
7. 燂（tán）烁：炽热。
8. 袁石公：袁宏道，字中郎，号石公，湖北公安人。万历年间进士，曾任吴县知县，后官至吏部郎中。引文出自袁宏道《锦帆集·荷花荡》，张岱此文模仿该作，主旨却截然相反，多有调侃、嘲弄之意。
9. 乱云出峡：暗用巫峡云雨的典故，隐刺男女调情无所顾忌。
10. 星流月映：星指女子目光流转。月指女子面容姣好。

11. 虎丘中秋夜：明清中秋之夜，虎丘都会举办曲会，详见本书卷五之《虎丘中秋夜》。

【译】

天启二年六月二十四日，我正好到苏州，见苏州的青年男女倾城而出，全都聚集在葑门外的荷花荡。楼船画舫乃至鱼舟小艇，全都被人租用一空。有些远道而来的游客，拿着数万钱仍租不到船，急得像蚂蚁一样在岸上团团转。我也移船过去看了一下，却没看到一朵荷花。只见河荡中大船小船穿梭往来，经纬交织，一班寻欢作乐的浮浪子弟，驾着小艇你来我往，并在船上鼓吹弹唱。船上的佳丽全都靓妆淡服，摩肩接踵，香汗淋漓，浸湿了多重绢纱。看那意思，舟船只要多得拥挤不堪就好，笙歌吹唱只要杂乱热闹就好，男男女女只要混杂无忌就好。水汽蒸，日头晒，酷暑之中喧闹一整天罢了。

要说这个荷花荡是整年无人光顾的，可到了这一天，青年男女却以不去那儿逛一趟为耻。袁宏道曾说："那种男女混杂的状态，绚丽灿烂的盛况，真是无法用语言来描述。约莫来讲，撩开帘帐，则巧笑花容似千花竞艳；举起袖子，若片片浮云飘出山峡。挥动扇子便目如流星面如皎月；歌声响起，又仿佛雷声隆隆，涛声澎湃。"想来是觉得虎丘的中秋之夜黑灯瞎火，模糊躲闪的不过瘾，才特意到这天来搞个明目张胆的吧。

越俗扫墓

越俗扫墓，男女袨[1]服靓妆，画船箫鼓，如杭州人游湖，厚人薄鬼，率以为常。二十年前，中人之家尚用平水屋帻船[2]，男女分两截坐，不座船[3]，不鼓吹。先辈谑之曰："以结上文两节之意。"[4]后渐华靡，虽监门小户[5]，男女必用两座船，必巾，必鼓吹，必欢呼鬯饮。下午必就其路之所近，游庵堂、寺院及士夫家花园。鼓吹近城，必吹《海东青》《独行千里》，锣鼓错杂。酒徒沾醉，必岸帻[6]嚣嚎，唱无字曲，或舟中攘臂，与侪列[7]厮打。自二月朔[8]至夏至，填城溢国，日日如之。乙酉，方兵[9]画江而守，虽鱼艖菱舠[10]，收拾略尽。坟垅数十里而遥，子孙数人挑鱼肉楮钱[11]，徒步往返之，妇女不得出城者三岁矣。萧索凄凉，亦物极必反之一。

【注】

1. 袨（xuàn）：华美。
2. 屋帻船：一说是丧船，船上有屋顶，四面围以布幔。周作人在其散文《上坟船》中写道："平水屋帻船不知是何物，平水自然是地名，屋帻船则后来不闻此语，若是田庄船，容积不大，未必能男女分两截坐，疑不能明。"
3. 不座船：不雇用专用于载客的"座船"。
4. "以结上文两节之意"：原义为"以总结归纳上文两段的意思"。越地方言"上文两节"与"上坟两截"发音相同，此是趣说上坟时男女分两截乘丧船。
5. 监门小户：此指寻常里弄人家。本义是指看守巷门的人家。
6. 岸帻：推起头巾，露出前额。形容态度洒脱，或衣着简率不拘。帻是覆盖在额上的头巾。在古代，戴帻既是一种装束，也是一种礼节。把帻掀开，便代表了一种行事不受拘束、率性而为的状态。
7. 侪（chái）列：同伴，同伙。
8. 朔：农历每月初一。
9. 方兵：方国安手下士兵。方国安，字磐石，浙江诸暨人，少时无赖，偷牛被族人逐。投军后，不断升迁。顺治二年，鲁王朱以海监国，封方为镇东侯。方率军镇守钱塘江。清兵到时，不战而溃，自焚其营，逃往南方。在福建被捕后降清，后被处死。
10. 舠（dāo）：小船。
11. 楮（chǔ）钱：旧俗祭祀时焚化的纸钱。

【译】

绍兴的扫墓风俗是这样的：男男女女全都穿着华丽的衣服，乘坐华丽的游船，吹箫敲鼓，热热闹闹地一路前去。就跟杭州人游玩西湖似的。这种比起追悼死人来更注重活人享乐的做法，人们早已习以为常了。二十年前，中等人家还只用平水屋帻船，男女分两处站开，不租用专门载客的“座船”，也没有鼓乐弹奏。上辈人打趣道：“这叫作‘以结上文两节之意’。”后来就渐渐地奢靡起来，就连里弄中的小户人家，也必定要男女分坐两条座船，必定要穿戴得像模像样的，必定要吹吹打打，必定要大吃大喝、笑语喧哗了。下午回去时，必定要顺道游玩庵馆、寺院或大户人家的花园。就连鼓吹奏乐也很有讲究：离城近了，必定要吹奏《海东青》《独行千里》等曲子，并于其间敲锣打鼓。好酒贪杯的人，必定借酒三分醉，将头巾推在脑后，扯开嗓子干嚎，唱些没有歌词的小调。还有人酒后撒疯，捋胳膊挽袖地与同伴厮打。从二月初一到夏至的这段时间里，满城都是如此景象，天天如此。

顺治二年，方国安带兵退守钱塘江，将所有的船只都征用了，连捉鱼采菱的小舟都不放过。到了上坟扫墓的时候，哪怕墓地远在几十里开外，也只好让子孙辈挑着鱼肉纸钱，徒步往返，而妇女更是无法出城了。这样的境况竟长达三年之久。如此萧索凄凉，也是一种“物极必反”吧。

奔云石[1]

南屏[2]石，无出奔云右者。“奔云”得其情，未得其理。石如滇茶一朵，风雨落之，半入泥土，花瓣棱棱，三四层摺，人走其中，如蝶入花心，无须不缀[3]也。

黄寓庸[4]先生读书其中，四方弟子千余人，门如市。余幼从大父访先生。先生面黧黑，多髭须，毛颊，河目海口，眉棱鼻梁，张口多笑。交际酬酢，八面应之。耳聆客言，目睹来牍，手书回札，口嘱傒奴[5]，杂沓于前，未尝少错。客至，无贵贱，便肉、便饭食之，夜即与同榻。余一书记[6]往，颇秽恶[7]，先生寝食之不异也，余深服之。

丙寅[8]至寓林[9]，亭榭倾圮，堂中窀[10]先生遗蜕[11]，不胜人琴之感[12]。余见奔云黝润，色泽不减，谓客曰：“愿假此一室，以石磥[13]门，坐卧其下，可十年不出也。”客曰：“有盗。”余曰：“布衣褐被，身外长物则瓶粟与残书数本而已。王弇州[14]不曰‘盗亦有道’也哉？”

【注】

1. 奔云石：本文是《西湖梦寻·小蓬莱》之部分。
2. 南屏：南屏山，在杭州西湖的南面，出奇石。
3. 缀（chuò）：通“辍”。
4. 黄寓庸：黄汝亨，字贞父，号寓庸，钱塘人。万历二十六年进士，官至江西布政司参议。明代文学家。是张岱祖父好友，张岱少时跟他学过文章。
5. 傒（xī）奴：家奴。
6. 书记：掌管文书之人。
7. 秽恶：丑陋、邋遢。
8. 丙寅：天启六年。黄寓庸于该年去世，张岱时年三十岁。
9. 寓林：黄寓庸书房名。
10. 窀（zhūn）：本义为埋葬，此处是停柩的意思。

11. 遗蜕（tuì）：遗体。僧、道认为死是遗其形骸而化去，故称“遗蜕”。
12. 人琴之感：对亲友的伤悼之情。典出《晋书·王徽之传》：献之卒，徽之取献之琴弹之，久而不调，叹曰：“呜呼子敬，人琴俱亡！”
13. 磥（lěi）：同“磊”，堆砌。
14. 王弇（yǎn）州：王世贞，字元美，号凤洲，又号弇州山人，太仓人。明代文学家、史学家。

【译】

南屏山没有比奔云石更好的石头了。但“奔云”这个名字只反映了这块石头飞扬奔腾的情致，并未道出它的纹理之美。其实，这块石头就像是一朵被风雨吹落的云南山茶花，一半埋在土里，而片片“花瓣”棱角分明，折叠成三四层，人走入其中，就如蝴蝶飞入花心，“花蕊”中每一丝纤须都要细细品味。

黄寓庸老先生在奔云石中读书，四面八方慕名而来的弟子多达千人，闹得门庭若市。我小时候也跟随祖父去拜访过黄老先生。先生的脸生得较黑，胡须很多，脸颊上也长着茸毛。眼大嘴大，眉骨棱起，鼻梁挺拔，开口就笑。他能同时应对很多人。往往是耳朵听人说话，眼睛看着来信，手里写着回信，口中差遣家奴办事。尽管眼前进进出出的人很多，事情繁杂，却从不出一点差错。有客人来，则不分贵贱，都用现成的肉、饭招待。到了晚上，就与客人同榻而眠。有一次我派一个掌管文书的去找他，此人容貌丑陋且十分邋遢，先生仍旧一如往常与他同吃同住，令我深感折服。

天启六年，我到寓林时，见亭台楼阁全都倒塌了，堂中停着先生的灵柩，真是人琴俱亡，叫人哀伤不已。我看到奔云石依然黝黑滋润，色泽不减，就对另一位客人说："要能借此一室，垒起石头当门，于其下坐卧，可以十年不出。"客人道："这地方可有贼哦。"我说："除了粗布衣被，身外之物就是一瓮米外加几本破书，谁会来偷我呢？王世贞不是说'盗亦有道'吗？"

木犹龙

木龙[1]出辽海[2]，为风涛漱击[3]，形如巨浪跳蹴[4]，遍体多著波纹，常开平王[5]得之辽东，輂[6]至京。开平第燬[7]，谓木龙炭矣。及发瓦砾，见木龙埋入地数尺，火不及，惊异之，遂呼为“龙”。不知何缘出易于市，先君子[8]以犀觥十七只售[9]之，进鲁宪王[10]。误书“木龙”犯讳[11]，峻辞之，遂留长史署中。

先君子弃世，余载归，传为世宝。丁丑[12]诗社，悬名公人锡之名，并赋小言[13]咏之。周墨农[14]字以“木犹龙”，倪鸿宝[15]字以“木寓龙”，祁世培[16]字以“海槎[17]”，王士美[18]字以“槎浪”，张毅儒[19]字以“陆槎”，诗遂盈帙。

木龙体肥痴，重千余斤，自辽之京、之兖、之济，繇陆。济之杭，繇水。杭之江、之萧山、之山阴、之余舍，水陆错。前后费至百金，所易价不与焉。呜呼，木龙可谓遇矣！

余磨其龙脑尺木[20]，勒铭志之，曰：“夜壑[21]风雷，骞槎[22]化石。海立山崩，烟云灭没。谓有龙焉，呼之或出。”又曰：“扰[23]龙张子，尺木书铭。何以似[24]之？秋涛夏云。”

【注】

1. 木龙：远古树木的化石，形状像传说中的龙。
2. 辽海：泛指辽东半岛周边的海域以及沿海地区。明初曾设辽海卫，隶属辽东指挥使。
3. 漱击：拍打冲刷。
4. 跳蹴（cù）：跳跃奔跑。

5. 常开平王：常遇春，字伯仁。怀远人。明开国功臣，死后被追封为中书右丞相、开平王。
6. 輂（jú）：本义是古代的一种大马车，此为用车载运的意思。
7. 燬：焚毁。
8. 先君子：已故的父亲。
9. 售：买。
10. 鲁宪王：即朱寿鋐，明朝第八代鲁王。万历九年四月受封常德王，又在万历二十九年晋封鲁王，在位三十五年。崇祯九年亡故。
11. 犯讳：龙的称呼和图案为皇帝专用，而藩王对此更须谨慎，故民间称"木龙"可以不避讳，但到了王府就不能不避讳了。
12. 丁丑：崇祯十年。诗社，指王思任、祁彪佳发起的"枫社"，事在当年五月。
13. 小言：短诗。
14. 周墨农：周又新，号墨农。作者好友，收藏家。
15. 倪鸿宝：倪元璐，字汝玉，一作玉汝，号鸿宝，浙江上虞人，明末官员、书法家。
16. 祁世培：祁彪佳，字弘吉，号世培，山阴人。天启二年进士，官至右佥都御史。清军入关后，力主抗清。后清军入杭州，自沉寓园池中殉节。是张岱的姻亲、好友。张岱称其为"山水知己"。
17. 槎（chá）：木筏。
18. 王士美：王业洵，字士美，浙江余姚人。刘宗周弟子，善琴。
19. 张毅儒：张岱的堂弟，善诗文，编有《明诗存》，复社成员。
20. 尺木：俗称龙角。唐段成式《酉阳杂俎·鳞介篇》："龙头上有一物，如博山形，名尺木。龙无尺木，不能升天。"
21. 夜壑：比喻事物的变化。典出《庄子·大宗师》："夫藏舟于壑，藏山于泽，谓之固矣。然而夜半有力者，负之而走，昧者不知也。"
22. 骞槎：传说西汉张骞出使西域渡天河时所乘坐的木筏。
23. 扰：驯服。
24. 似：送给。

【译】

木龙出自辽海，在大风大浪拍打冲刷下，其形状就如奔腾跳跃的狂涛，通体布满水波纹。常开平王在辽东得到它，并用车运到北京。后来开平王府毁于大火，都以为木龙也化为灰烬。可谁知扒开瓦砾一看，木龙在地下数尺埋得好好的，一点也没烧着。大家都觉得很不可思议，于此便称它为"龙"了。之后不晓何故，这木龙被拿到了市场上卖。先父用十七只犀角杯将其换回，并进献鲁宪王。可由于在献表上不小心将它写作“木龙”，犯了皇家忌讳，被鲁宪王严词拒绝，只得存放在长史官署中。先父过世后，我就将它运回了家，奉为传家之宝。

崇祯十年办诗社雅集，我恳请名流诸公给木龙赐名，并赋诗歌咏其事。周墨农题为“木犹龙”，倪鸿宝题为“木寓龙”，祁世培题为“海槎”，王士美题为“槎浪”，张毅儒题为“陆槎”，而写下的诗篇也装订了厚厚一册。

木龙身肥体壮，重达千余斤，运送时，从辽海到京城、兖州、济水，走陆路；从济水到杭州，走水路；从杭州到钱塘江、萧山、山阴，再到我家，则水陆交替而行。前后一共用掉百余两银子，就这还没把买它的花费算在里面呢。唉，这木龙可算是遇上对的人了！

我磨平了龙脑上的尺木，刻铭文如下：“夜壑风雷，骞槎化石。海立山崩，烟云灭没。谓有龙焉，呼之或出。”

我又刻道：“扰龙张子，尺木书铭。何以似之？秋涛夏云。”

天砚

少年视砚，不得砚丑。徽州汪砚伯[1]至，以古款废砚，立得重价，越中藏石俱尽。阅砚多，砚理出。曾托友人秦一生[2]为余觅石，遍城中无有。山阴狱中大盗出一石，璞耳，索银二斤。余适往武林，一生造次[3]不能辨，持示燕客[4]。燕客指石中白眼曰："黄牙臭口[5]，堪留支桌。"赚[6]一生还盗。燕客夜以三十金攫去。命砚伯制一天砚，上五小星一大星[7]，谱曰"五星拱月"。燕客恐一生见，铲去大小三星，止留三小星。一生知之，大懊恨，向余言。余笑曰："犹子比儿[8]。"亟[9]往索看。燕客捧出，赤比马肝[10]，酥润如玉，背隐白丝类玛瑙，指螺[11]细篆，面三星坟起[12]如弩眼[13]，著墨无声而墨沈[14]烟起，一生痴瘖[15]，口张而不能翕[16]。燕客属余铭，铭曰："女娲炼天，不分玉石。鳌血芦灰[17]，烹霞铸日。星河溷扰[18]，参横箕翕[19]。"

【注】

1. 汪砚伯：当时制砚名手。
2. 秦一生：张岱的玩伴。长张岱十二三岁。崇祯十一年，他们同去普陀山游玩，同年八月二十日，秦疾病身亡，张岱为作《祭秦一生文》（《琅嬛文集》卷六）。
3. 造次：仓促，匆忙。
4. 燕客：张萼，字燕客，一字介子，张岱叔父葆生之子。性情乖戾，好山水园艺、古董雅玩。明亡后三年，清军入越，张萼竭力相抗，被捕后不屈而死。有关他的种种奇行，张岱在其《五异人传》（《琅嬛文集》卷四）中有详细描述。
5. 黄牙臭口：指端砚上黄色的石眼。《端砚谱》云石眼"翠绿为上，黄赤为下"。
6. 赚：哄骗。
7. 上：指墨池外上方的石眼，又称"高眼"。墨池内的石眼称为"低眼"。高眼不受墨染，更为高档。星，如同星斗一般的石眼。
8. 犹子比儿：《千字文》中句。本义是"要将侄子当作亲生儿子一样来疼爱"。犹子，侄子。由于燕客是张岱的堂弟，故在此是"砚台落在燕客手里就跟归我所有差不多了”。
9. 亟（jí）：急切。
10. 赤比马肝：端砚以赤紫为贵。
11. 指螺：形如螺旋形指纹。
12. 坟起：隆起。
13. 弩眼：瞪起眼睛。
14. 墨沈：磨墨时出现的墨花。
15. 痴痞（lūi）：痴呆。
16. 翕（xī）：合拢。
17. 鳌血芦灰：相传女娲炼五色石补天，断鳌（海中大龟）足以支撑四方，积芦灰以填塞洪水。
18. 溷（hùn）扰：烦扰，打扰。
19. 参、箕：星宿名。此处指砚上的小星。

【译】

少年时玩砚台，对其中美丑不得要领。安徽人汪砚伯来后，古款废砚经他的手一打理修复，立刻身价百倍，以至绍兴人家将珍藏的砚石全都拿出来了。因而砚台看得多，自然也就懂如何鉴别。

我曾拜托好友秦一生帮我寻觅好砚石，他跑遍全城仍一无所得。后来，山阴县大牢里一个江洋大盗出示了一块石坯，要价二斤白银。那时，我偏巧去了杭州，仓促间一生吃不大准，就拿去给燕客看。燕客看后，指着石头上的白眼说：“什么黄牙臭口，留着垫桌腿还差不多。”他哄骗秦一生退还给那个大盗。可谁知他自己却半夜跑去花了三十两银子将砚石买下了。

燕客请汪砚伯琢成天砚一方，墨池外有五颗小星和一颗大星，这在砚谱叫作“五星拱月”。燕客担心一生看破，铲去一大两小三颗星，只留下三颗小星。秦一生知道真相后，懊恼不已，愤愤不平地来找我告状。我笑着对他说：“侄子、儿子一样亲嘛。何必呢？砚台在他手里跟在我手里是一样的。”于是赶紧跑去找燕客要来看。

燕客将砚捧了出来，只见其紫红如马肝，酥润如玉，砚背隐隐然有白丝，跟玛瑙似的，且丝迹指纹般婉转弯曲，就跟用极细的笔写出的篆字一般。面上三颗星微微隆起，像瞪眼睛。磨起墨来，无声无息，墨花在清水中如烟云般泛起。把一生看得呆若木鸡，嘴巴张开了许久没合上。

燕客请我作一段铭文，于是我写道：“女娲炼天，不分玉石。鳌血芦灰，烹霞铸日。星河溷扰，参横箕翕。”

吴中[1]绝技

吴中绝技：陆子冈之治玉，鲍天成之治犀，周柱之治嵌镶，赵良璧之治梳，朱碧山之治金银，马勋、荷叶李之治扇，张寄修之治琴，范昆白之治三弦子，俱可上下百年保无敌手。但其良工心苦，亦技艺之能事。至其厚薄深浅，浓淡疏密，适与后世赏鉴家之心力、目力鍼芥相投[2]，是则岂工匠之所能办乎？盖技也而进乎技矣[3]。

【注】

1. 吴中：此泛指吴地。
2. 鍼芥相投：磁石引针，琥珀拾芥。指相互投契。
3. 技也而进乎技矣：出自《庄子·养生主》："庖丁释刀对曰：'臣之所好者道也，进乎技矣。'"

【译】

吴中手工艺绝技，有陆子冈的玉雕，鲍天成的犀雕，周柱之的嵌镶，赵良璧的制梳，朱碧山的金银器，马勋、荷叶李的扇子，张寄修的制琴，范昆白的三弦制作。这些人的技艺都是可以保证在上下一百年里无人可比的。

仅就用心劳神、精工细作而言，自然是工匠的分内之事。但要说到制品的厚薄深浅、浓淡疏密，能与后世赏鉴家的心思、眼力一拍即合，甚至到磁铁引针、琥珀拾芥的程度，又哪里是工匠所能做到的呢？所以说，技艺更进一步，从而超越"技艺"，确实是没说错的。

濮仲谦[1]雕刻

南京濮仲谦，古貌古心，粥粥[2]若无能者，然其技艺之巧，夺天工焉。其竹器，一帚一刷，竹寸耳，勾勒数刀，价以两计。然其所自喜者，又必用竹之盘根错节，以不事刀斧为奇，则是经其手略刮磨之，而遂得重价，真不可解也。仲谦名噪甚，得其一款[3]，物辄腾贵。三山街[4]润泽于仲谦之手者数十人焉，而仲谦赤贫自如也。于友人座间见有佳竹、佳犀，辄自为之。意偶不属，虽势劫之、利啖[5]之，终不可得。

【注】

1. 濮仲谦：名澄，字仲谦。
2. 粥（yù）粥：谦卑的样子。《礼记·儒行》："其难进而易退也，粥粥若无能也。"
3. 款：题款。
4. 三山街：因临近三山门而得名。明代中后期，三山街一带有书铺廊、裱画廊、毡货廊和绸缎廊，商业十分发达，为当时南京的商业中心。
5. 利啖（dàn）：利诱。

【译】

南京濮仲谦，外貌和内心都十分古拙，一副谦恭模样，像没什么本事似的。其实不然，他的技艺，简直可以说是巧夺天工了。他制作的竹器，如笤帚、刷子等，不过是几寸长的竹料，只要是他刻上几刀，就能以银两来计价了。而他自己最喜欢的，是巧用竹子盘根错节的部分，以不加刀刻斧凿为奇，只稍加刮削打磨，就可卖出高价，真叫人不可思议啊。濮仲谦的名气很大，器物上只要落了他的款，立刻身价百倍。三山街上受过他恩惠的人有好几十个，而他自己却甘于清贫。他要是在朋友家里看到了上好的竹料或犀牛角，就会主动为其加工。可要是不合他的心意，纵然以权势相威逼、以利益相诱惑，也仍请不到他出手点缀。

卷 二

孔庙[1]桧[2]

己巳[3]，至曲阜谒孔庙，买门者门以入。宫墙上有楼耸出，扁曰“梁山伯祝英台读书处[4]”，骇异之。进仪门[5]，看孔子手植桧。桧历周、秦、汉、晋几千年，至晋怀帝永嘉三年而枯。枯三百有九年，子孙守之不毁，至隋恭帝义宁元年复生。生五十一年，至唐高宗乾封三年再枯。枯三百七十有四年，至宋仁宗康定元年再荣。至金宣宗贞祐三年罹于兵燹，枝叶俱焚，仅存其干，高二丈有奇[6]。后八十一年，元世祖三十一年再发。至洪武二十二年己巳，发数枝，蓊郁；后十余年又落。摩其干，滑泽坚润，纹皆左纽，扣之作金石声。孔氏子孙恒视其荣枯，以占世运焉。

再进一大亭，卧一碑，书“杏坛”[7]二字，党怀英[8]笔也。亭界一桥，洙、泗水会此。过桥，入大殿，殿壮丽，宣圣[9]及四配[10]、十哲[11]俱塑像冕旒[12]。案上列铜鼎三：一牺[13]、一象、一辟邪[14]。款制遒古[15]，浑身翡翠[16]，以钉钉案上。阶下竖历代帝王碑记，独元碑高大，用风磨铜[17]赑屃[18]，高丈许。左殿三楹，规模略小，为孔氏家庙。东西两壁，用小木扁书历代帝王祭文。西壁之隅，高皇帝[19]殿焉。庙中凡明朝封号，俱置不用，总以见其大也。孔家人曰：“天下只三家人家：我家与江西张[20]、凤阳朱[21]而已。江西张，道士气；凤阳朱，暴发人家，小家气。”

【注】

1. 孔庙：曲阜孔庙，是祭祀孔子的本庙，位于山东曲阜城内孔子故里。
2. 桧（guì）：常绿乔木，幼树的叶子像针，大树的叶子像鳞片，雌雄异株，雄花鲜黄色，果实球形，种子三棱形。木材桃红色，有香气，可作建筑材料。也叫刺柏。
3. 己巳：崇祯二年。
4. 梁山伯祝英台读书处：梁山伯、祝英台的故事最早出于浙东，梁山伯是会稽人，祝英台是上虞人，两人就学于杭州。所以张岱见曲阜有“梁山伯祝英台读书处”，大为惊讶。其实除了山东，河北、山西等地也有“梁山伯祝英台读书处”。
5. 仪门：礼仪之门。旧时官衙、府第大门之内的第二重正门。此指孔庙的大成门。
6. 有奇：还有零头。
7. 杏坛：相传为孔子讲学之处。
8. 党怀英：字世杰，号竹溪。北宋太尉党进十一代孙，金朝文学家，书法家，史学家。
9. 宣圣：孔子。汉平帝元始元年谥孔子为“褒成宣尼公”。此后历代王朝皆尊孔子为圣人，诗文中多称其为“宣圣”。
10. 四配：是孔庙里仅次于孔子受奉祀的人物，又称四公、四圣。他们的塑像分坐于孔子像的两侧。依次为：孔子像东为兖国公颜回（复圣）、沂国公孔伋（述圣），西为成国公曾参（宗圣）、邹国公孟轲（亚圣）。
11. 十哲：指孔子门下最优秀的十位学生：子张、子骞、伯牛、仲弓、子有、子贡、子路、子我、子游、子夏。
12. 旒：冠冕上垂悬的珠玉。
13. 牺：祭祀用的牛。
14. 辟邪：民间传说中的一种神兽，形似狮，头有角，身有翅，具有祈福祛邪的作用。
15. 遒古：雄健古朴。
16. 翡翠：此指铜锈之绿色。
17. 风磨铜：铜和黄金的合金。据说是暹罗国进贡的铜，由于含有黄金，越是经风吹磨，它就越亮，故名。古人多将其用于建造寺、塔，以及莲座、宝瓶等器具。
18. 赑屃：传说中龙生九子之一，形似龟，好负重。古人常以此形象为基座驮载石碑。
19. 高皇帝：明太祖朱元璋。
20. 江西张：指江西龙虎山道教始祖张道陵（张天师）。
21. 凤阳朱：明太祖朱元璋出身安徽凤阳。

【译】

崇祯二年，我去山东曲阜拜谒孔庙，是买通看门人才从大门进去的。进去后看到宫墙上有一座楼阁高高耸起，匾上题字竟然是“梁山伯祝英台读书处”，令我万分惊诧。

走进仪门，瞻仰了孔子亲手种下的桧树。据说该树经历周、秦、汉、晋近千年，到晋怀帝永嘉三年枯死，此后三百零九年，孔门子孙一直守护着它，不使其毁坏。到隋恭帝义宁元年，它竟然复活过来。不过五十一年后，到唐高宗乾封三年又枯死了。这次枯了三百七十四年，到宋仁宗康定元年，又枝繁叶茂起来。金宣宗贞祐三年，该树毁于兵火，枝叶俱焚，仅剩一根光秃秃的主干，高二丈出头。过了八十一年，到元世祖三十一年，它再次长出枝叶。直到明朝洪武二十二年，已有好几股枝杈，苍翠蓊郁，甚为茂盛。可十多年后又凋落了。我抚摸它的树干，发现极为坚实滑润，颇有光泽，纹理全是左旋的，敲击之下发出金石般的声响。据说孔门子孙一直是根据该树枯荣变化来占卜世运的。

再往里走，有一个大亭子，亭中卧有一块石碑，上书“杏坛”二字，出自金朝大书法家党怀英的手笔。亭子旁边有一座桥，洙水和泗水在此交汇。过桥后进入大殿，殿中极为壮丽，供奉着宣圣及四配、十哲的塑像，一个个头上全都戴着冕旒冠。供桌上放着形状像牛、象、辟邪的三只铜鼎，造型古朴，通体碧绿，用钉子钉在桌案上。台阶下是历代帝王所立的碑记，其中元朝的石碑特别高大，驮着它的赑屃是用风磨铜制成的，有一丈多高。

左殿有三间，规模略小，是孔氏的家庙。东西两面的墙壁上，挂着小木匾，上面写着历代帝王的祭文。西面墙壁的角落里，则是高祖皇帝祭文殿后。庙中凡明朝的封号，一概搁置不用，以显其气魄之大，不奉迎当朝。孔家人说："普天之下只三家人家。那就是我家，江西张家，凤阳朱家。但是，江西张家，一股道士气；凤阳朱家，暴发户，一股小家子气。"

孔林[1]

曲阜出北门五里许，为孔林。紫金城城[2]之，门以楼，楼上见小山一点，正对东南者，峄山[3]也。折而西，有石虎、石羊三四在榛莽[4]中。过一桥，二水汇，泗水也。享殿后有子贡[5]手植楷[6]。楷大小千余本，鲁人取为材、为棋枰。享殿正对为伯鱼[7]墓，圣人葬其子得中气[8]。由伯鱼墓折而右，为宣圣墓。去数丈，案一小山[9]，小山之南为子思[10]墓。数百武[11]之内，父、子、孙三墓在焉。

谯周[12]云：“孔子死后，鲁人就冢次而居者百有余家，曰‘孔里’。”《孔丛子》[13]曰：“夫子墓茔方一里，在鲁城北六里泗水上。”诸孔氏封[14]五十余所，人名昭穆[15]，不可复识。有碑铭三，兽碣俱在。《皇览》[16]曰：“弟子各以四方奇木来植，故多异树，不能名。一里之中未尝产棘木、荆草。”[17]紫金城外，环而墓者数千家，三千二百余年，子孙列葬不他徙，从古帝王所不能比隆[18]也。宣圣墓右有小屋三间，扁曰“子贡庐墓处”。盖自兖州至曲阜道上，时官以木坊[19]表识，有曰“齐人归讙[20]处”，有曰“子在川上[21]处”，尚有义理；至泰山顶上，乃勒石曰“孔子小天下[22]处”，则不觉失笑矣。

【注】

1. 孔林：孔子及其家族的墓地，原本称至圣林。位于曲阜城北。
2. 城：环绕孔林筑墙垣，高一丈，厚五尺，长十余里。
3. 峄（yì）山：又名“邹峄山”“邹山”“东山”，位于山东省邹城市东南。
4. 榛莽（zhēnmǎng）：杂乱丛生的草木。
5. 子贡：端木赐，字子贡，孔子学生。春秋末年卫国人。孔门十哲之一。

6. 楷（jiē）：又称“黄连木”，落叶乔木。
7. 伯鱼：孔子的儿子鲤的字。
8. 得中气：得中和之气。
9. 案一小山：以一座小山为界。案，界。
10. 子思：孔伋，字子思，孔子嫡孙、孔鲤之子。孔子的思想学说由曾参传子思，子思的门人再传孟子。
11. 武：古以六尺为步，半步为武。
12. 谯周：字允南，巴西郡西充国人。三国时期蜀汉学者、官员。幼贫丧父，少读典籍，精研六经，颇晓天文，为蜀地大儒之一，门下有陈寿、罗宪等学生。
13.《孔丛子》：有三卷二十一篇，旧题孔鲋撰。主要记叙孔子及子思、子上、子高、子顺、子鱼（即孔鲋）等人的言行。
14. 封：封土。此指坟墓。
15. 昭穆：墓地葬位的左右次序。《周礼·春官·冢人》：“先王之葬居中，以昭穆为左右。”
16.《皇览》：三国魏文帝时刘劭、王象、桓范、韦诞、缪袭等奉敕所撰，撰集经传，分门别类，供皇帝阅读，故称为“皇览”。共四十余部，约八百余万字。原书隋唐后已失传。
17.“谯周云”至此，引自《水经注·泗水》，有若干字不同。
18. 比隆：同等兴隆。
19. 木坊：木制牌坊。
20. 齐人归讙（huān）：语出《左传·定公十年》。鲁定公与齐侯会于夹谷，以孔子为相，使齐人归郓、讙、龟阴之地。讙，鲁地名，在今山东省肥城市南。
21. 子在川上：语出《论语·子罕》：“子在川上曰：逝者如斯夫！不舍昼夜。”
22. 孔子小天下：语出《孟子·尽心上》：“孟子曰：‘孔子登东山而小鲁，登泰山而小天下。’”孟子此语是修辞，并非确有其事，故下文有“不觉失笑”云。

【译】

出曲阜北门五里左右，就是孔林。孔林被“紫金城”围着，入口处是一座门楼。登上门楼往东南看，能看到一座小山，小得如同一个点，那就是峄山。转向西面走去，发现有石虎、石羊三四只，卧在乱草杂树之中。跨过一座桥，见两条小河在此交汇，合成泗水。

在供祭祀用的享殿后面，有子贡手植的楷树。大大小小的楷树共一千多棵，当地人将这些树当作木材来用，或制作棋盘。享殿正对着孔子的儿子伯鱼的墓，据说孔子在此安葬儿子，是为了得中和之气。从伯鱼墓右转走去，就是宣圣孔子之墓。几丈开外，隔开一座小山，南面是孔子的孙子子思的坟墓。父、子、孙三代的坟墓，就在这区区数百步之内。

谯周云：“孔子死后，鲁国人在其墓旁结庐守墓的多达百家，称为‘孔里’。”《孔丛子》记载：“孔夫子的墓地一里见方，在鲁城北六里的泗水河畔。”孔子一族的墓地共有五十多处，但人名、辈分已经无法辨认了。碑铭共有三块，石碑和驮碑的石兽都还在。《皇览》记载：“孔子的弟子带来四面八方的珍奇树木在此种植，所以许多奇异的树木都叫不出名字。方圆一里之内不长荆棘、杂草。”

紫金城外有坟墓几千座，将其团团环绕，三千二百（应为二千二百）多年间，孔门子孙都依次葬在这里，从不转移到别的地方，其规模之盛，即便是古代的帝王也不能与之相比。

宣圣墓右边有三间小房子，匾上的题字为“子贡庐墓处”。其实，从兖州到曲阜的大路上，当时官府就立着不少木头牌坊作为标记。有的上写“齐人归讙处”，有的上写“子在川上处”，这些倒还有道理。可到了泰山顶上，看到石上刻着“孔子小天下处”，我就不觉失笑了。

燕子矶[1]

燕子矶，余三过之。水势湁潗[2]，舟人至此，捷捽[3]抒取[4]，钩挽铁缆，蚁附而上。篷窗中见石骨棱层，撑拒水际，不喜而怖，不识岸上有如许境界。

戊寅[5]到京[6]后，同吕吉士[7]出观音门，游燕子矶。方晓佛地仙都，当面蹉过[8]之矣。登关王殿，吴头楚尾，是侯[9]用武之地，灵爽赫赫，须眉戟起。缘山走矶上，坐亭子，看水江瀊洌[10]，舟下如箭。折而南，走观音阁，度索上之[11]。阁傍僧院。有峭壁千寻，碚礧[12]如铁；大枫数株，蓊以他树，森森冷绿；小楼痴对，便可十年面壁。今僧寮佛阁，故故[13]背之，其心何忍？是年，余归浙，闵老子[14]、王月生[15]送至矶，饮石壁下。

【注】

1. 燕子矶：位于南京北郊观音门外，长江三大名矶之一。山石直立江上，三面临空，形似燕子展翅欲飞，故名为燕子矶。在古代是重要渡口。燕子矶附近有弘济寺、观音阁等建筑。
2. 湁潗（chìjí）：翻腾汹涌的样子。
3. 捽（zuó）：揪，抓。
4. 抒取：攀附，握持。
5. 戊寅：崇祯十一年。
6. 京：指南京。
7. 吕吉士：吕福生，字吉士，绍兴人。
8. 蹉（cuō）过：错失，错过。
9. 侯：指关羽。
10. 瀊洌（piēliè）：水流轻疾的样子。
11. 度索上之：手攀绳索而上。
12. 碚礧（bèiléi）：堆积的大岩石。
13. 故故：故意，特意。

14. 闵老子：当时南京著名茶人。详见本书《闵老子茶》篇。
15. 王月生：当时南京名妓。详见本书《王月生》篇。

【译】

燕子矶，我曾经三次经过。那地方江水汹涌，涡卷险绝，船工到了那里，会眼明手快地用挠钩挽住铁缆，像蚂蚁一样攀附而上。坐在船窗下便可看到突出的岩石层累嶙峋，阻遏水道。虽然风景奇佳，却只会令人惊恐，难以叫人欢喜。我从未想过长江岸边还有如此境地。

崇祯十一年，我到了南京后，便同吕吉士一起出观音门，去燕子矶游玩。这才知道如此佛地仙都，以前竟然错过了。我们登上关王殿。这里地处吴头楚尾，正是关羽可以大展神威的地方。殿中的关羽塑像，灵威赫赫，须眉飞扬。我们沿山道走到燕子矶上，坐在亭子里俯瞰江面，只见江流湍急，下行的船只快似脱弦之箭。

转向南，手攀缆索上了观音阁。观音阁旁是一座僧院。又有千丈峭壁，巨石累累，黝黑似铁。几棵高大的枫树，浓荫遮蔽了别的树木，绿莽森森，透着凉意。在这样的小楼中这么痴痴地坐着，似乎面壁十年也并非什么难事。可如今的僧寮佛阁，全都故意背朝峭壁而建，真是辜负胜景，其心何忍啊。

这一年，我回浙江老家去，闵老子、王月生等人送我一直送到燕子矶。我们在石壁之下畅饮作别。

鲁藩[1]烟火

兖州鲁藩烟火妙天下。烟火必张灯，鲁藩之灯，灯其殿，灯其壁，灯其楹柱，灯其屏，灯其座，灯其宫扇伞盖。诸王公子、宫娥僚属、队舞乐工，尽收为灯中景物。及放烟火，灯中景物又收为烟火中景物。天下之看灯者，看灯灯外；看烟火者，看烟火烟火外，未有身入灯中、光中、影中、烟中、火中，闪烁变幻，不知其为王宫内之烟火，亦不知其为烟火内之王宫也。殿前搭木架数层，上放"黄蜂出窠""撒花盖顶""天花喷礴"。四旁珍珠帘八架，架高二丈许，每一帘嵌孝、悌、忠、信、礼、义、廉、耻一大字。每字高丈许，晶映高明。下以五色火漆塑狮、象、橐驼之属百余头，上骑百蛮，手中持象牙、犀角、珊瑚、玉斗诸器，器中实"千丈菊""千丈梨"诸火器，兽足蹑以车轮，腹内藏人。旋转其下，百蛮手中瓶花徐发，雁雁行行，且阵且走[2]。移时，百兽口出火，尻[3]亦出火，纵横践踏。端门[4]内外，烟焰蔽天，月不得明，露不得下。看者耳目攫夺，屡欲狂易[5]，恒内手持之[6]。昔有一苏州人，自夸其州中灯事之盛，曰："苏州此时有起火[7]，亦无处放，放亦不得上。"众曰："何也？"曰："此时天上被起火挤住，无空隙处耳！"人笑其诞。于鲁府观之，殆不诬[8]也。

【注】

1. 鲁藩：张岱父张耀芳为鲁王府中长史。
2. 且阵且走：一边排队列阵一边奔跑。
3. 尻（kāo）：臀部。

4. 端门：宫城的正门。
5. 狂易：精神失常。
6. 内：同“纳”。
7. 起火：花炮名，后部带苇秆，引火后能升空。
8. 诬（wū）：无中生有。《周易·系辞》：“诬善之人，其辞游。”

【译】

山东兖州鲁王府的烟火真可谓是妙绝天下。放烟火时必定要张挂彩灯。鲁王府挂起灯来，大殿上要挂，墙壁上要挂，楹柱上要挂，屏风上要挂，座位上要挂，宫扇伞盖上也都要挂。诸王、公子、宫娥、僚属、舞蹈队、吹鼓手，全都成了彩灯世界中的景物。等到放烟火时，彩灯世界中的景物又成了烟火世界中的景物。世上看灯的人，都只在彩灯之外看灯；看烟火的人，也都只在烟火之外看烟火，从没有将自身置入灯中、光中、影中、烟中、火中的。而像鲁王府这样的，由于闪烁变幻的缘故，就搞不清到底是王宫内放烟火，还是放烟火放出了一个王宫。

放烟火时，会在大殿前搭起一座多层的木架子，然后在那上面放出“黄蜂出窠”“撒花盖顶”“天花喷礴”等烟火。木架的四周立着八挂珍珠帘，高二丈出头，每一帘上都嵌有“孝、悌、忠、信、礼、义、廉、耻”中的一个大字。每个字都高一丈开外，晶映闪烁。下面陈列着用五色火漆塑成的狮、象、骆驼等野兽一百多头。这些野兽的身上骑着四方蛮夷，蛮夷的手中拿着象牙、犀角、珊瑚、玉斗等器物，器物之中其实藏有“千丈菊”“千丈梨”等火器。野兽的脚下踏着车轮，肚子里藏着人。转动车轮，蛮夷手中的瓶花就徐徐开放，雁行参差，列队而行。过了一会儿，百兽的口中喷出火来，屁股也喷出火来，纵横往来，纷然杂沓。

此时，正门内外，烟火蔽天，月亮失去了光辉，连露水也下不来了。看烟火的人眼睛、耳朵都大受刺激，屡屡几乎发狂，只得一直极力把持自己。

从前有一个苏州人，夸耀他们那里举办灯节时的盛况，说："在苏州，就算你有起火，也无处可放，就算放也放不上去。"大家就问："为什么？"那人说："因为那时天上都被起火挤满了，一点空隙都没有了呀！"于是大家都笑他说得也太玄乎了。但从鲁王府的烟火盛况来看，那个苏州人恐怕也不是在吹牛吧。

朱云崃女戏

朱云崃教女戏，非教戏也。未教戏先教琴，先教琵琶，先教提琴、弦子[1]、箫管、鼓吹、歌舞，借戏为之，其实不专为戏也。郭汾阳[2]、杨越公[3]、王司徒[4]女乐，当日未必有此。丝竹错杂，檀板清讴，已妙腠理[5]，唱完以曲白终之，反觉多事矣。

西施歌舞，对舞者五人，长袖缓带，绕身若环，曾挠[6]摩地，扶旋猗那[7]，弱如秋药[8]。女官内侍，执扇葆璇盖、金莲宝炬、纨扇宫灯二十余人，光焰荧煌，锦绣纷叠，见者错愕。

云老好胜，遇得意处，辄盱目[9]视客；得一讚语，辄走戏房，与诸姬道之，佹[10]出佹入，颇极劳顿。且闻云老多疑忌，诸姬曲房密户，重重封锁，夜犹躬自巡历，诸姬心憎之。有当御者[11]，辄遁去，互相藏闪，只在曲房，无可觅处，必叱咤而罢。殷殷防护，日夜为劳，是无知老贱自讨苦吃者也，堪为老年好色之戒。

【注】

1. 提琴、弦子：提琴，胡琴的一种；弦子，三弦。
2. 郭汾阳：唐郭子仪，平定安史之乱时立下大功，被封为汾阳王。
3. 杨越公：隋权臣杨素，被封为越国公。
4. 王司徒：指汉末司徒王允。
5. 腠理（còulǐ）：肌肉的纹理。
6. 曾挠：指弯腰。
7. 猗那（ēnuó）：柔美、盛美。
8. 秋药：秋日的白芷。
9. 盱目（xūmù）：瞪大眼睛。
10. 佹（guǐ）：诡异。
11. 当御者：侍寝者。

【译】

朱云崃教女伶演戏，也可说不是在教戏。在那之前，他会先教琴，先教琵琶，先教胡琴、三弦、箫管，教鼓吹、歌舞，也就是说，他仅仅是利用戏曲的形式罢了，并不专为演戏。想当年郭汾阳、杨越公、王司徒的女乐班子里，也未必有这样的做法吧。一旦排演起来，丝竹乐器错杂，檀板打着拍子，清歌婉转悠扬，仅仅是这样就已经妙不可言，而唱完之后用韵白收尾，反倒觉得多此一举了。

排演西施歌舞时，有五人相对而舞，长袖宽带，像是绕在身上的环一样。弯腰伏地，扶持旋舞，如同秋风中芳草一般柔美。又有二十多人扮作宫女、太监，手里拿着团扇、羽盖、金莲、宝炬、纨扇、宫灯，真是光焰闪烁，锦绣纷呈，令观众无不感到惊奇错愕。

而朱云崃这老头又十分好胜，每逢演到得意处，就瞪大眼睛盯着观众看。倘若得到一句称赞的话，他就马上跑进后台，告诉众位舞姬。反反复复，颠进颠出，极为辛苦。

又听说这老头疑心病很重，平时将这些舞姬全都关在内室，门户重重，加了好多道锁。到了晚上他还要亲自巡查，弄得人人心怀怨恨。得陪他睡觉的人，往往都会溜掉，并且互相掩护藏匿。而他明明知道就在曲房里面，可就是找不到，最后只能痛骂一顿而告终。为了防备女伶与外界接触，白天夜里都如此辛苦劳累，这个既无知又无耻的老头子真是自讨苦吃。年老而又好色之人，应当引以为戒。

绍兴琴派

丙辰[1]，学琴于王侣鹅[2]。绍兴存王明泉[3]派者推侣鹅，学《渔樵问答》《列子御风》《碧玉调》《水龙吟》《捣衣环珮声》等曲。戊午[4]，学琴于王本吾[5]，半年得二十余曲：《雁落平沙》《山居吟》《静观吟》《清夜坐钟》《乌夜啼》《汉宫秋》《高山流水》《梅花弄》《淳化引》《沧江夜雨》《庄周梦》，又《胡笳十八拍》《普庵咒》等小曲十余种。王本吾指法圆静，微带油腔。余得其法，练熟还生，以涩勒出之，遂称合作[6]。同学者，范与兰[7]、尹尔韬[8]、何紫翔[9]、王士美[10]、燕客[11]、平子[12]。与兰、士美、燕客、平子俱不成，紫翔得本吾之八九而微嫩，尔韬得本吾之八九而微迂。余曾与本吾、紫翔、尔韬取琴四张弹之，如出一手，听者駴服[13]。后本吾而来越者，有张慎行、何明台，结实有余而萧散不足，无出本吾上者。

【注】

1. 丙辰：万历四十四年。张岱时年二十岁。
2. 王侣鹅：未详。
3. 王明泉：绍兴人，明末琴师。
4. 戊午：万历四十六年。
5. 王本吾：松江人，音乐家，擅古琴。
6. 合作：原指诗文创作合乎法度，此处借指琴曲演奏中规中矩。
7. 范与兰：明末清初艺人，好琴，喜欢种兰花以及伺弄盆景。参见卷八《范与兰》篇。
8. 尹尔韬：字芝仙，号袖花老人。山阴人，通音律，授中书舍人，定乐谱。明亡之后隐居不出。著有《原琴正议》《审音奏议》。
9. 何紫翔：生平不详。作者所著《琅嬛文集》中有《与何紫翔》一篇，与之探讨琴艺。
10. 王士美：见卷一《木犹龙》注。

11. 燕客：见卷一《天砚》注。
12. 平子：张峄，字平子，作者之弟，刘宗周弟子，有诗名。
13. 駴服：骇服，惊讶诚服。

【译】

万历四十四年，我曾跟王侣鹅学过琴。绍兴所存的王明泉琴派琴师中，琴艺首推王侣鹅。我跟他学了《渔樵回答》《列子御风》《碧玉调》《水龙吟》《捣衣环珮声》等琴曲。

万历四十六年，我又去跟王本吾学琴。半年的时间里，学了二十多曲：《雁落平沙》《山居吟》《静观吟》《清夜坐钟》《乌夜啼》《汉宫秋》《高山流水》《梅花弄》《淳化引》《沧江夜雨》《庄周梦》等。还有《胡笳十八拍》《普庵咒》等小曲十多种。

王本吾弹琴时，指法圆融、沉静，略带浮滑。我学会了他的这种指法，练熟之后再返回到生疏的状态，以生涩顿挫的手法将其发挥出来，终于达到了中规中矩的境界。

当时一起学琴的有范与兰、尹尔韬、何紫翔、王士美、燕客、平子等人。与兰、士美、燕客和平子都没学好，紫翔学得王本吾琴艺十之八九但稍显稚嫩，尔韬学得王本吾琴艺十之八九但略嫌板滞。我曾经跟本吾、紫翔、尔韬用四张琴同时弹奏，琴声整齐划一，如出一手，听众无不骇然叹服。

在王本吾之后来到绍兴的古琴名家中，有张慎行、何明台等人。他们的琴艺功底扎实但缺了点散淡的况味，没有能超过王本吾的。

花石纲[1]遗石

越中无佳石。董文简[2]斋中一石，磊块正骨，窋窕[3]数孔，疏爽明易，不作灵谲波诡，朱勔[4]花石纲所遗，陆放翁[5]家物也。文简竖之庭除[6]，石后种剔牙松[7]一株，辟咡[8]负剑[9]，与石意相得。文简轩[10]其北，名"独石"，轩石之，轩独之，无异也。石篑先生[11]读书其中，勒铭志之。大江以南花石纲遗石，以吴门徐清之[12]家一石为石祖。石高丈五，朱勔移舟中，石盘[13]沉太湖底，觅不得，遂不果行。后归乌程董氏[14]，载至中流，船复覆。董氏破资募善入水者取之。先得其盘，诧异之，又溺水取石，石亦旋起。时人比之延津剑[15]焉。后数十年，遂为徐氏有。再传至清之，以三百金竖之。石连底高二丈许，变幻百出，无可名状。大约如吴无奇[16]游黄山，见一怪石，辄瞋目叫曰："岂有此理！岂有此理！"

【注】

1. 花石纲：宋徽宗时运输东南花石船只的编组。宋代陆运、水运各项物资大都编组为"纲"。
2. 董文简：董玘，原名元，字文玉，号中峰，谥文简。浙江会稽人。
3. 窋窕（zhúzhà）：指石上孔洞。
4. 朱勔（miǎn）：江苏苏州人。北宋官员。时宋徽宗垂意奇花异石，朱勔奉迎上意，搜求浙中珍奇花石进献。政和年间，在苏州设应奉局，靡费官钱，百计求索，勒取花石，用船从淮河、汴河运入京城，号称"花石纲"。此役连年不绝，百姓备遭涂炭，中产之家全都破产，甚至卖子鬻女以供索取。方腊起义时，即以诛杀朱勔为号召。朱勔在奉迎皇帝的同时，又千方百计巧取豪夺，广蓄私产，生活糜烂。钦宗即位，将他削官放归田里，后又流放到循州关押，复遣使将他斩首处死。
5. 陆放翁：陆游。
6. 庭除：庭前阶下。

7. 剔牙松：栝子松俗称。
8. 辟咡（èr）：交谈时侧着头，不使口气触及对方，以示尊敬。
9. 负剑：指姿势如负剑。
10. 轩：筑轩。
11. 石篑先生：陶望龄，字周望，号石篑，浙江会稽人。有诗名。曾在袁宏道的鼓励下，收集整理著名画家徐渭散佚的作品，编成三十卷《徐文长集》。
12. 徐清之：徐泰时之子。徐泰时，江苏长洲人，曾在苏州建东园（即今"留园"）。袁宏道之《园亭纪略》，除盛赞园内景色"皆可醉客"外，着重提到石屏与石峰。"垒上太湖石一座，名瑞云峰，高三丈馀，妍巧甲于江南。"洵为镇园之宝。下言"石祖"，即瑞云峰，至今仍在苏州留园。
13. 石盘：石之底座。
14. 董氏：董份，字用均，号浔阳山人，又号泌园，浙江乌程人。徐泰时岳父。
15. 延津剑：延津，古代津渡名。晋时属延平县（今福建省南平市东南），故称。据《晋书·张华传》载，丰城令雷焕得龙泉、太阿两剑，以其一与张华。后华被诛，剑即失其所在。雷焕死，其子持剑行经延平津，剑忽跃出堕水。使人入水取之，但见两龙蟠萦，波浪惊沸。剑亦从此亡去。后遂以"延津剑"指龙泉、太阿两剑。
16. 吴无奇：吴士奇，字无奇，号恒初，安徽歙县人。官至太常寺卿，以忤宦官魏忠贤致仕。著有《绿滋馆稿》《史裁》等。

【译】

绍兴这一带没有什么好石头。

董文简家里有一块石头，高大挺拔，有几个窟窿，显得疏朗透亮，不故作奇形怪状。其实，这是朱勔在征发花石纲时遗留下来的，原本是陆放翁家中旧物。文简将它立在庭院之中，奇石的背后又种了一棵剔牙松，歪头曲背的姿态正好与奇石的意趣相得益彰。

文简在奇石的北侧造了间屋子，名为"独石"，无非是说因为有了这块石头而筑轩，而石头又唯独这么一块。石篑先生曾在此轩中读书，并刻石记录此事。

大江以南的花石纲遗石中，苏州徐清之家中的一块堪称为石之祖宗。这块石头高一丈五，朱勔在将它从一条船移往另一条船时，石头的底座掉进太湖，怎么也打捞不着，只好将石头留下。后来该石归乌程董份所有，水运时，船至中流就翻掉了。董份出了大价钱请擅长潜水的人下去打捞，先捞起的却是该石的底座，感到极为诧异，再次下潜，石头也很快就打捞上来了。当时，人们将这桩稀奇事比作失而复得的延津剑。

又过几十年后，这块石头就归徐泰时所有了。传到下一代的徐清之手里，花去三百两银子将其立起来。该石连同底座在内，总共高二丈出头，其形状变幻百出，无可名状。据说吴无奇游黄山时，每看到奇峰怪石，就瞪大眼睛大叫道："岂有此理！岂有此理！"估计这块石头也有这么奇吧。

焦山[1]

仲叔[2]守瓜州[3]，余借住于园[4]，无事辄登金山寺。风月清爽，二鼓，犹上妙高台[5]，长江之险，遂同沟浍[6]。一日，放舟焦山，山更纡谲[7]可喜。江曲過[8]山下，水望澄明，渊无潜甲[9]。海猪[10]、海马[11]，投饭起食，驯扰[12]若豢鱼。看水晶殿，寻《瘗鹤铭》[13]，山无人杂，静若太古[14]。回首瓜州烟火城中，真如隔世。饭饱睡足，新浴而出，走拜焦处士祠。见其轩冕[15]黼黻[16]，夫人列坐，陪臣四，女官四，羽葆[17]云罕[18]，俨然王者。盖土人奉为土谷[19]，以王礼祀之。是犹以杜十姨配伍髭须[20]，千古不能正其非也。处士有灵，不知走[21]向何所？

【注】

1. 焦山：长江中一小岛，在今江苏镇江附近，因汉末学者焦先隐居此地而得名。《夜航船》："焦山者，汉末隐士焦先隐此，故名。上有《瘗鹤铭》，陶隐居所书，雷火断之，今堕江岸。"
2. 仲叔：张岱父二弟张聯芳，字尔葆。工书画，精鉴赏，与沈周、文征明、董其昌齐名。崇祯十六年，李自成攻破河南，淮安告急，张尔葆练乡勇守青江浦。
3. 瓜州：又作"瓜洲"。今江苏省扬州市邗江区南瓜洲镇，大运河与长江交汇处北岸。长江沙碛冲积而成，其状如瓜。是镇江对岸之要地。
4. 于园：瓜州富豪于五所的庭院。详见本书卷五《于园》篇。
5. 妙高台：坐落于镇江金山最高峰妙高峰。为宋代诗僧了元所建。
6. 浍（kuài）：田间水沟。
7. 纡谲（yūjué）：曲折。
8. 曲過（guō）：水流回旋。
9. 甲：指鳞甲类，如传说中的蛟龙鼋鼍。
10. 海猪：江豚。
11. 海马：小鱼，状如马头，故名。
12. 驯扰：顺服，驯伏。
13.《瘗（yì）鹤铭》：葬鹤之铭文，南朝摩崖刻石。原刻在今江苏镇江焦山西麓崖石上。传为陶弘景所书。宋时受雷击崩落长江中，清康熙时移置山上，后砌入定慧寺壁间，今存残石。《瘗鹤铭》在中国书法史有着重要的地位和影响。

瘗，埋葬。
14. 太古：远古。
15. 轩冕：古时帝王、高官的车乘和冕服。
16. 黼黻（fǔfú）：绣有华美花纹的礼服。多指帝王、高官所穿之服。
17. 羽葆：用鸟羽装饰的车盖。
18. 云罕：旌旗。
19. 土谷：土地神，谷神。
20. 以杜十姨配伍髭须：元俞琰《席上腐谈》："温州有土地杜拾姨无夫，五撮须相公无妇。州人迎杜拾姨以配五撮须，合为一庙。杜拾姨为谁？乃杜拾遗也。五撮须为谁？乃伍子胥也。少陵有灵，必对子胥笑曰：'尔尚有相公之称，我乃为拾姨，岂不雌我耶？'"
21. 走：逃跑。

【译】

二叔主持瓜州时，我曾借住在于园，空闲时常上金山寺去玩。在月明风清的夜里二更时分，更是会爬上妙高台眺望风景。此时，俯瞰长江天险，就如同田间沟渠一般。

有一天，我坐船去焦山，发觉这座山迂回曲折，十分有趣。长江在山下环绕而过，水面清澈透明，水下鱼鳖等等一览无余。那些江豚、海马鱼看到有饭粒抛下，马上就浮上来争夺，就像家里养着的鱼一样驯服。我参观了水晶殿，寻访了《瘗鹤铭》，山里没一点人声嘈杂，静得宛如远古一样。回头遥望瓜州人烟稠密的城中景象，令人不禁有恍若隔世之感。

吃饱睡足，洗个澡后，我就去拜谒焦处士祠堂。只见那焦处士头戴高帽，身着华服，与夫人并排坐着，周围侍立四名陪臣、四名宫女，华盖旌旗，俨然一副帝王模样。看来当地人是将他当作土地神来供奉，以帝王的礼仪来祭祀他。这就像"杜十姨配伍髭须"，永远纠正不过来了。焦处士倘若地下有知，不晓得会逃到哪里去呢？

表胜庵[1]

炉峰[2]石屋[3]，为一金和尚结茆守山之地，后住锡柯桥[4]融光寺[5]。大父造表胜庵成，迎和尚还山住持，命余作启[6]。启曰：

“伏以丛林表胜，惭给孤之大地布金[7]；天瓦[8]安禅[9]，冀宝掌[10]自五天[11]飞锡[12]。重来石塔，戒长老特为东坡[13]；悬契松枝，万回师却逢西向[14]。去无作相，住亦随缘。伏惟九里山[15]之精蓝，实是一金师之初地。偶听柯亭[16]之竹篴[17]，留滞人间；久虚石屋之烟霞，应超尘外。譬之孤天之鹤，尚眷旧枝；想彼弥空之云，亦归故岫。况兹胜域，宜兆异人，了住山之夙因，立开堂之新范。护门容虎，洗钵归龙[18]。茗得先春，仍是寒泉[19]风味；香来破腊[20]，依然茅屋梅花[21]。半月岩[22]似与人猜，请大师试为标指；一片石[23]政[24]堪对语，听生公[25]说到点头。敬藉山灵，愿同石隐。倘净念结远公[26]之社，定不攒眉；若居心如康乐[27]之流，自难开口。立返山中之驾，看回湖上之船[28]。仰望慈悲，俯从大众。”

【注】

1. 表胜庵：作者祖父张汝霖所建。
2. 炉峰：香炉峰，绍兴会稽山支峰，形如香炉，故名。
3. 石屋：由两块巨石天然相抵而在其下方形成的空间。
4. 柯桥：在绍兴城西北二十六里。
5. 融光寺：宋绍兴六年僧智性创柯桥接待院，明正统十二年改称融光寺，俗称柯桥寺。
6. 启：书信。该信收入《琅嬛文集》时题为《迎一金和尚启》。
7. “惭给孤”句：相传释迦牟尼成道后，憍萨罗国给孤独长者以重金购置波斯匿王太子祇陀的花园，建筑精舍，作为释迦牟尼说法的场所。太子心中不愿，于是为难他说："只要你用黄金铺满园子，园子就属于你。"给孤独长者丝毫不以为难，全心诚意照办，终于使祇陀感动而献出树林，由长者捐资兴建精舍。因以二人名字命名此精舍，称"祇树给孤独园"。

8. 天瓦：天瓦山房，在表胜庵下，背负绝壁，楼台在丹崖青嶂间。

9. 安禅：入定。佛教指僧人静坐敛心，摒除杂念，使心安定于一处。

10. 宝掌：古印度名僧。

11 五天：古印度分东、南、西、北、中五部，故称五天或五天竺。

12 飞锡：典出《天中记》引《释氏通鉴》："舒州潜山最奇绝，而山麓尤胜。志公与白鹤道人皆欲居之，因禀武帝。帝以二人俱具灵通，俾各以物识其地，得者居之。道人云：'某以鹤止处为记。'志公云：'某以卓锡处为记。'已而鹤先飞去，至麓将止，忽闻空中锡飞声，志公之锡遂卓于山麓，而鹤惊止他所。"

13. "戒长老"句：苏轼《重请戒长老住石塔疏》一文有云："大士未曾说法，谁作金毛之声；众生各自开堂，何关石塔之事。去无作相，住亦随缘。长老戒公，开不二门，施无尽藏。念西湖之久别，本是偶然；为东坡而少留，无不可者。"戒长老，戒弼，宋高僧，博通佛儒，工诗善书。

14."万回师"句：用唐朝万回法师探望兄长的典故。传说万回的哥哥久戍辽阳（一说安西），母亲十分挂念，叫他前去探望。万回早上前去，晚上就带了哥哥的信回来了。事见《宋高僧传》卷十八。悬契松枝：指万回契于兄弟情谊，如松柏长青。万回，唐高僧，河南阌乡人。高宗时奉旨剃度。武后当国，召入内道场。中宗复位，封法云公。

15. 九里山：侯山。在绍兴城南，当与香炉峰同一山脉，所以作者为避免行文重复，以"九里山之精蓝"代指"炉峰石屋"。

16. 柯亭：又名"高迁亭"，在今浙江绍兴西南。晋伏滔《〈长笛赋〉序》记载："（蔡）邕避难江南，宿于柯亭之馆，以竹为椽，邕仰眄之曰：'良竹也。'取以为笛，音声独绝。"

17. 篴：古同"笛"。

18. 洗钵归龙：典出《晋书·僧涉传》：僧涉者，西域人也，不知何姓。……能以秘祝下神龙，每旱，坚常使之咒龙请雨。俄而龙下钵中，天辄大雨。

19. 寒泉：九里山之溪水名。

20. 香来破腊：典出杜甫《江梅》："梅蕊腊前破，梅花年后多。"

21. 依然茅屋梅花：元末大画家诸暨人王冕，晚年携妻子从元大都回浙江后，就隐居在九里山。他结庐三间，又在屋外种了上千株梅花，自题为"梅花屋"。

22. 半月岩：又称"半月泉"，在山阴法华山天衣寺侧，泉隐岩下，虽月圆，池中只见其半，景色绝佳。宋绍兴初，僧法聪凿开岩石而成满月，人甚惜之。唐李绅《题天衣寺》："殿涌全身塔，池开半月泉。"

23. 一片石：典出张鷟《朝野佥载》："温子昇作《韩陵山寺碑》，（庾）信读而写其本。南人问信曰：'北方文士何如？'信曰：'唯有韩陵山一片石堪共语。'"

24. 政：通"正"。

25. 生公：竺道生，晋末高僧，相传在苏州虎丘山讲经，石皆点头。

26. 远公：慧远，晋高僧。

27. 康乐：谢灵运，晋陈郡阳夏人，袭封康乐公。中国山水诗的开创者，著《晋书》。曾与高僧慧远结为忘年之交，然拜慧远为师，却遭拒绝。

28. 看回湖上之船：一金和尚要从柯亭回香炉峰，必须乘船渡过鉴湖，故云。

【译】

香炉峰石屋禅院，曾是一金和尚搭建草堂守山之处，后来他移去柯桥的融光寺驻锡。祖父建成表胜庵后，迎一金大师重返此山担任寺院住持，命我作信启。我这样写道：

“晚辈恭敬禀告，表胜禅院已经建成。此处虽不像给孤独园那样能用黄金铺地，但天瓦山房极为安静，还是可供大师打坐参禅的。大师如能来此驻锡，那便如高僧宝掌从五天竺飞来一般。当年戒弼长老重回西湖石塔当住持，是为苏东坡的真情所感动。万回大师手足情深，所以能万里之遥而朝夕往回。

您这样的高僧大德，离去的时候并无什么特别的表示，停留下来也只是随缘而已。晚辈恭敬地禀告，九里山的精舍伽蓝，原本就是大师您当初驻锡之地。您偶然听到柯亭那边悠扬的笛声，而留滞尘世间。久无人迹的石屋禅寺有烟霞美景，超凡尘外。譬如空中孤鹤，尚且眷恋栖息过的树枝。漫天的云彩，也会飘回过往的山谷。况且如此胜境，高士莅临乃有好兆。大师若前来，既能了却曾住此山的前缘，又能在此地开创一代新风。您来之后，可让猛虎来替您守护山门，能让神龙来为您洗净钵盂。早春品茗，依旧能够尝到前冬的寒泉清冽。香动岁末，仍是茅屋边梅花疏影。此地半月岩似乎对人躲躲闪闪，正需大师您来点破奥妙。也有足可与之论道的灵石一片，正待您如生公前来，闻道点头。您完全可以凭借着山之灵气，与灵石一同归隐。

倘若您内心清净，希望如高僧慧远那样结社修行，那么对于我的邀请一定不要皱眉；倘若我像谢灵运结交慧远那样只想与您成为忘年交，自然是无法开口相邀。真心希望您能立刻启程返回山中，乘上渡湖之船。晚辈在此仰望您的慈悲，希愿您能俯听大众心声。”

梅花书屋

陔萼楼[1]后老屋倾圮[2]，余筑基四尺，造书屋一大间。傍广耳室[3]如纱幮[4]，设卧榻。前后空地，后墙坛[5]其趾[6]，西瓜瓤[7]大牡丹三株，花出墙上，岁满三百余朵。坛前西府二树，花时积三尺香雪。前四壁稍高，对面砌石台，插太湖石数峰。西溪梅骨古劲，滇茶数茎，妩媚其傍。梅根种西番莲，缠绕如缨络。窗外竹棚，密宝襄[8]盖之。阶下翠草深三尺，秋海棠疏疏杂入。前后明窗，宝襄、西府，渐作绿暗。余坐卧其中，非高流佳客，不得辄入。慕倪迂[9]"清閟"，又以"云林秘阁"名之。

【注】

1. 陔（gāi）萼楼：张岱府邸楼名。
2. 倾圮（pǐ）：坍毁，倒塌。
3. 耳室：耳房，堂屋两旁小屋，如人之两耳，故名。
4. 纱幮（chú）：亦作"纱厨"。纱帐。室内张施用以隔层或避蚊。幮，古代一种似橱形的帐子。
5. 坛：用土堆成的平台。
6. 趾：同"址"，墙脚，墙根。
7. 西瓜瓤：牡丹的品种之一。花朵大，呈银红色。
8. 宝襄：宝相花，蔷薇的一种，多瓣，花朵大，色彩鲜艳，能攀援棚架。
9. 倪迂：倪瓒，字元镇，号云林子，江苏无锡人。性好洁而迂僻，人称倪迂。元末画家。家有清閟阁，多藏法书名画。著有《清閟阁集》。

【译】

陔萼楼后面的老房子倒塌后，我重新夯筑了四尺来高的地基，建起一间大书屋。又在一旁拓展出一个耳房像个大纱幮，里面放了卧榻。书屋前后都有空地，我在后墙的墙根处堆了个花坛，种上三棵“西瓜瓤”大牡丹，花开伸到墙上，一年能有三百余朵。

花坛前面种两棵西府海棠，待到花时，花朵层层叠叠，仿佛积起三尺来高的香雪。屋前西墙壁稍高，于是就在墙对面砌了石台，上面立几块高大的太湖石。旁边种着枝干苍劲古拙的西溪梅花，还有几棵云南滇茶，以其妩媚妖娆来衬湖石。梅花下面种着西番莲，缠绕其间，如同璎珞一般。

书屋的窗外搭有竹棚，让宝相蔷薇攀援其上，将其覆盖。台阶下青草有三尺深，草间疏疏朗朗地点缀着秋海棠。书屋的前后都有十分敞亮的窗户，窗外的宝相蔷薇和西府海棠茂盛起来后，绿荫遮蔽了阳光，屋里才幽暗起来。

我平时就待在这个书屋里，或坐或躺，十分自在，倘若不是高雅风流的客人，我是不准他们随便进入的。这间书屋通常叫作“梅花书屋”，但我一向羡慕倪云林的“清閟”书阁，所以又命名为“云林秘阁”。

不二斋[1]

不二斋，高梧三丈，翠樾千重，墙西稍空，腊梅补之，但有绿天，暑气不到。后窗墙高于槛，方竹数竿，潇潇洒洒，盛子昭[2]“满耳秋声”横披一幅。天光下射，望空视之，晶沁如玻璃、云母，坐者恒在清凉世界。图书四壁，充栋连床；鼎彝尊罍[3]，不移而具[4]。余于左设石床竹几，帷之纱幕，以障蚊虻；绿暗侵纱，照面成碧。夏日，建兰、茉莉，芗泽[5]浸人，沁入衣裾。重阳前后，移菊北窗下，菊盆五层，高下列之，颜色空明，天光晶映，如沉秋水。冬则梧叶落，腊梅开，暖日晒窗，红炉毾㲪[6]。以昆山石[7]种水仙，列阶趾。春时，四壁下皆山兰，槛前芍药半亩，多有异本。余解衣盘礴[8]，寒暑未尝轻出。思之如在隔世。

【注】

1. 不二斋：张岱曾祖父张文恭在居室旁建的讲学场所。
2. 盛子昭：元代著名书画家。
3. 罍（léi）：大型器皿，用于盛酒和酿酒。
4. 具：此作动词使用。
5. 芗泽：香泽，香气。芗，通“香”。
6. 毾㲪（tàdēng）：毛织地毯。
7. 昆山石：产于江苏昆山玉峰山，又称为巧石、玲珑石。
8. 解衣盘礴：解下衣服，箕踞而坐，一副神闲意定，不拘形迹的样子。典出《庄子·田子方》：“宋元君将画图，众史皆至，受揖而立，舐笔和墨，在外者半。有一史后至者，儃儃然不趋，受揖不立，因之舍。公使人视之，则解衣般礴裸。君曰：‘可矣，是真画者也。’”

【译】

不二斋是我的书房。院子里植有梧桐，高达三丈，绿叶苍翠，树荫重重。墙西略显空旷，我就用蜡梅加以补白。于是，抬头望去，满眼皆绿，暑气无法侵入屋内。后窗外有一道高于花栏的围墙，其间种了几竿方竹，竹叶沙沙作响，俨然盛子昭画“满耳秋声”横披一幅。阳光照射，仰望晶莹澄澈，如同玻璃、云母。坐在室内，就如身处清凉世界。

屋内，图书堆满四壁，上达屋梁，下至地板。鼎、彝、尊、罍之类的古玩，全都摆放在伸手可及的地方。我在屋左安排石榻、竹几，并用纱帐将其罩住，以隔绝蚊子、虻虫。幽暗浓郁的树荫侵入纱帐，就连我的脸都染绿了。

到了夏天，建兰、茉莉纷纷开放，香气袭人，渗进衣服里。

重阳节前后，我就将菊花移到北窗下。花盆从上往下能够排列五层。菊花色泽明艳，在晶莹的天光映照之下，仿如沉入明净秋水之中。

冬天梧桐叶落，蜡梅开放。天气晴朗的日子里，我就在窗前晒晒太阳。屋里燃着火炉，铺着毛毯。水仙花种在昆山石中，摆放在台阶之下。

春天，四面墙根处都是山兰。窗前种的芍药半亩，可有不少珍品。

我在此书房中无拘无束，随性生活，无论寒暑都不轻易出门。唉，如今回想起来，真是恍若隔世啊。

砂罐锡注[1]

宜兴罐，以龚春[2]为上，时大彬[3]次之，陈用卿[4]又次之。锡注，以黄元吉为上，归懋德[5]次之。夫砂罐，砂也；锡注，锡也。器方脱手，而一罐一注价五六金，则是砂与锡与价，其轻重正相等焉，岂非怪事！然一砂罐、一锡注，直跻之商彝、周鼎之列而毫无惭色，则是其品地也。

【注】

1. 锡注：锡制的酒壶。
2. 龚春：供春，明末著名制陶艺人。
3. 时大彬：号少山，明末著名制陶艺人。
4. 陈用卿：宜兴陶工，俗称陈三呆子，崇祯年间制壶高手。
5. 黄元吉、归懋德：明末制作锡壶名家。

【译】

宜兴的砂罐，龚春做的最好，时大彬的稍差一点，陈用卿的又差了一点。锡注，黄元吉做的最好，归懋德的稍差一点。要说这砂罐，不就是砂吗？锡注，不就是锡吗？可做成之后一脱手，一个砂罐、一把锡注就值五六两银子了。要是说所用的砂与锡与售卖的钱两，轻重正相等，这不成了怪事吗？一个砂罐、一把锡注，能跻身商彝、周鼎之间而毫无惭色，靠的是它难得的质地、品位啊。

沈梅冈[1]

沈梅冈先生忤相嵩[2]，在狱十八年。读书之暇，傍攻匠艺，无斧锯，以片铁日夕磨之，遂銛利。得香楠尺许，琢为文具[3]一，大匣三、小匣七、壁锁二；棕竹[4]数片，为箑[5]一，为骨[6]十八，以笋[7]、以缝[8]、以键[9]，坚密肉好[10]，巧匠谢不能事。夫人[11]丐[12]先文恭[13]誌公墓，持以为贽[14]，文恭拜受之。铭其匣曰："十九年，中郎节[15]。十八年，给谏[16]匣。节邪匣邪同一辙。"铭其箑曰："塞外毡，饥可餐[17]。狱中箑，尘莫干[18]。前苏后沈名班班。"梅冈制，文恭铭，徐文长[19]书，张应尧[20]镌，人称四绝，余珍藏之。又闻其以粥錬土[21]，凡数年，范[22]为铜鼓者二，声闻里许，胜暹罗[23]铜。

【注】

1. 沈梅冈：名沈束，字宗安，号梅冈，浙江会稽人。明嘉靖二十三年进士。曾任徽州推官、礼科给事中。嘉靖二十八年因得罪严嵩，被下狱，长达十八年。其妻三次在宫门跪奏，请求代替丈夫服刑。最后终于被放归故里。
2. 相嵩：严嵩。
3. 文具：梳妆匣子。又称奁具。小巧精致，用以放置梳妆用具、金银珠宝、首饰等。
4. 棕竹：又称观音竹、棕榈竹、矮棕竹。
5. 箑（shà）：扇子。
6. 骨：扇骨。
7. 笋：同"榫"。
8. 缝：隙缝。
9. 键：销子。
10. 肉好（hào）：折扇扇柄销钉处的孔及边缘。肉，边。好，中间的孔。
11. 夫人：指沈束夫人张氏，曾上书请求代夫系狱，帝不许。
12. 丐（gài）：乞求。
13. 文恭：张元忭，字子荩，号阳和，谥号文恭。山阴人，嘉靖进士，授翰林修撰，是张岱的曾祖。

14. 贽（zhì）：古代初次拜见尊长所送的礼物。
15. 中郎节：典出西汉中郎将苏武奉汉武帝之命持旌节出使匈奴，被扣留十九年。
16. 给谏：明清时期六科给事中的别称，掌稽察、弹劾。
17. “塞外”二句：匈奴单于为胁迫苏武投降，将他囚禁于地窖，断绝饮食，“天雨雪，武卧啮雪，与旃毛并咽之，数日不死”。
18. 尘莫干：灰尘不能沾污。
19. 徐文长：徐渭，字文长，浙江山阴人。明代文学家、书画家、戏曲家、军事家。
20. 张应尧：江苏嘉定人，以竹刻闻名。
21. 以粥錬土：用黏稠的米粥与泥土拌和。
22. 范：模子。
23. 暹罗：今泰国。所产铜质量上乘。

【译】

沈梅冈先生因得罪奸相严嵩，下狱十八年。狱中，他在读书之余，还致力于手艺活儿。监狱里没有斧头、锯子，他就不分昼夜地磨铁片，磨得锋利异常。得到了一块一尺多长的香楠木，他就将它雕琢为一个梳妆匣子：三个大匣子、七个小匣子、两把壁锁。而得到几片棕竹后，就将它做成一把扇子，有十八根扇骨，通过榫卯、隙缝、销键等，将扇柄的关捩处做得坚固细密、精巧无比，就连能工巧匠见了也会甘拜下风。

沈先生的夫人请求我曾祖父文恭公为其夫君写墓志铭，拿了沈先生这些狱中的作品来当作见面礼。文恭公恭敬行礼后便收下了。他给匣子作铭文道：“苏武之旄节，曾陪中郎将十九年。沈公之木匣，耗费给事中十八年。节与匣啊，一脉相承。”

给扇子作铭文道：“塞外毡毛，可以充饥。狱中扇子，尘不可玷。前有苏武，后有沈公。英名长存，永载史册。”

匣子和扇子，由梅冈先生制作，铭文出自文恭公之手，后来又由徐文长书写、张应尧镌刻，时人称之为四绝，我一直珍藏着。

又听说沈先生曾经用米粥拌和着泥土制作模子，花了几年的时间，浇铸出两个铜鼓。敲击起来，声音能传至一里开外，胜过暹罗铜鼓。

岣嵝山房[1]

岣嵝山房，逼山、逼溪、逼弢光[2]路，故无径不梁，无屋不阁。门外苍松傲睨，蓊以杂木，冷绿万顷，人面俱失。石桥低磴[3]，可坐十人。寺僧刳[4]竹引泉，桥下交交牙牙，皆为竹邮[5]。天启甲子，余键户其中者七阅月，耳饱溪声，目饱清樾。

山上下多西栗[6]、边笋[7]，甘芳无比。邻人以山房为市，蓏[8]果、羽族[9]日致之，而独无鱼。乃潴[10]溪为壑，系巨鱼数十头。有客至，辄取鱼给鲜。日晡，必步冷泉亭、包园、飞来峰。一日，缘溪走看佛像，口口骂杨髡[11]。见一波斯坐龙象[12]，蛮女四五献花果，皆裸形，勒石誌之，乃真伽像也。余椎落其首，并碎诸蛮女，置溺溲处以报之。寺僧以余为椎佛也，咄咄作“怪事”，及知为杨髡，皆欢喜讚叹。

【注】

1. 岣嵝(gǒulǔ)山房：在杭州灵隐韬光山下，为明末李茇所建。李茇，号岣嵝。张岱的《西湖梦寻》中有《岣嵝山房》篇，对此记述颇祥。岣嵝，山巅。
2. 弢光：韬光，庵名。在杭州灵隐附近的半山腰上，因唐代韬光禅师居此而得名。
3. 磴（dèng）：石阶。
4. 刳（kū）：剖，剖开。
5. 竹邮：引水用竹管。
6. 西栗：据说从西竺带来的栗种。《杭州府志》卷七十八：“灵隐有西栗树，慧理自西竺携来种此，实小而味美。”
7. 边笋：也作“鞭笋”，夏天长在毛竹鞭上的笋。
8. 蓏（luǒ）：草本植物的果实。
9. 羽族：泛称鸟类。此指家禽野鸟之类。
10. 潴（zhū）：水积聚。此指筑坝围池。
11. 杨髡：杨琏真伽，又作琏真伽、杨琏真珈、杨琏真加。西夏人，藏传佛教僧人，吐蕃高僧八思巴帝师弟子，见宠于忽必烈。善于盗墓，曾盗掘南宋诸皇帝、皇后陵寝及公侯卿相坟墓，将盗来的陪葬品用作修建寺庙的资金。髡，秃头。

12. 龙象：本指罗汉中之大力者，此处指狮、象。《西湖梦寻·飞来峰》："且杨髡沿溪所刻罗汉，皆貌己像，骑狮骑象，侍女皆裸体献花。"

【译】

岣嵝山房，由于它靠近山、靠近溪流、靠近通往韬光庵的路，所以每条小径都有桥梁，每间房屋都像是架空的楼阁。门外苍松屹立、藐视众人，再加上其他郁郁葱葱的杂树，形成了一个广袤的绿色阴凉世界，走入其中，连人脸都看不清了。石桥上低矮的石阶，可以坐十来个人。寺里的和尚用剖开的毛竹接引泉水，故而桥底下竹管纵横，犬牙交错。

天启四年，我在此山房里闭门住了七个月。耳朵畅听了潺潺的溪流之声，眼睛饱览了树木的苍翠阴翳。

山上山下有很多的西栗、鞭笋，香甜无比，非常好吃。附近的山民们将山房当成了集贸市场，瓜果、野味，每天都拿来卖，可唯独没有鱼。于是我在溪上筑坝围起了一个大水潭，将几十条大鱼豢养其中。有客人来时，就取来给他们尝鲜。

傍晚时分，我必定出门，去冷泉亭、包园、飞来峰一带溜达。有一天，我沿着小溪边走边看佛像，听到有许多人在骂杨髡。我走上前去一看，见刻着的是一个波斯胡人骑着狮子、大象一类的动物，有胡女四五人在向他献花和水果，却都是赤身裸体的。旁边的石碑上刻着铭文，得知这确实是杨琏真伽的像。于是我便敲掉了他的脑袋，将那些胡女也都砸碎了，并将其统统扔进小便池里，以惩罚他们所犯下的罪孽。庙里的和尚起先以为我在破坏佛像，口中纷纷念叨“怪事，怪事”，等他们知道我捣毁的是杨髡的像时，就全都十分高兴，并赞叹不已了。

三世藏书

余家三世积书三万余卷。大父诏余曰："诸孙中惟尔好书，尔要看者，随意携去。"余简[1]太仆[2]、文恭大父丹铅所及有手泽存焉者，汇以请。大父喜，命舁去，约二千余卷。天启乙丑[3]，大父去世，余适往武林，父、叔及诸弟门客、匠指[4]、臧获[5]、巢婢[6]辈乱取之，三代遗书，一日尽失。

余自垂髫[7]聚书四十年，不下二万卷。乙酉[8]避兵入剡[9]，略携数簏随行，而所存者，为方兵[10]所据，日裂以吹烟，并舁至江干，藉甲内，挡箭弹，四十年所积，亦一日尽失。此吾家书运，亦复谁尤[11]！

余因叹古今藏书之富，无过隋、唐。隋嘉则殿分三品，有红琉璃、绀琉璃、漆轴之异。殿垂锦幔，绕刻飞仙。帝幸书室，践暗机，则飞仙收幔而上，橱扉自启；帝出，闭如初。隋之书计三十七万卷。唐迁内库书于东宫丽正殿，置修文、著作两院，学士得通籍[12]出入。太府[13]月给蜀都[14]麻纸五千番[15]，季给上谷墨三百三十六丸，岁给河间、景城、清河、博平四郡兔千五百皮为笔，以甲、乙、丙、丁为次[16]。唐之书计二十万八千卷。我明中秘书[17]不可胜计，即《永乐大典》一书，亦堆积数库焉。余书直九牛一毛耳，何足数哉！

【注】

1. 简：挑选。
2. 太仆：指作者高祖张天复，曾任甘肃道行太仆卿。
3. 天启乙丑：天启五年。张岱祖父于该年三月去世。

4. 匠指：工匠及杂役。
5. 臧获：家仆。
6. 獠婢：婢女。
7. 垂髫（tiáo）：古时儿童不束发，头发下垂，因以“垂髫”指儿童。
8. 乙酉：顺治二年，明亡后第二年。这一年南明弘光朝崩溃，清军攻克杭州，直逼绍兴。
9. 剡（shàn）：剡溪。在浙江嵊州南。顺治二年乙酉，张岱为避兵乱，入嵊县西白山中。
10. 方兵：见卷一《越俗扫墓》注。当时方国安绑架了张岱的儿子，胁迫张岱出钱犒劳，府邸也被他所占据。
11. 尤：怨恨，归咎。
12. 通籍：汉制，将记有姓名、年龄、身份等的竹片挂于宫门外，经核对，合者乃得入宫。籍，二尺竹牒。
13. 太府：官名，掌贡赋货财。
14. 蜀都：今四川成都。
15. 番：片，枚，块。
16.“以甲、乙”句：用甲、乙、丙、丁为书籍分类编号。《夜航船》卷八：“玄宗两都各聚书四部，以甲、乙、丙、丁为号：甲，经部，赤牙签：乙，史部，绿牙签：丙，子部，碧牙签：丁，集部，白牙签。”
17. 中秘书：宫中藏书的机构。

【译】

我家经过三代人的累积，藏书曾多达三万多卷。我祖父曾对我说：“孙子一辈中，只有你喜欢读书，你要读什么书，尽管拿去。”于是我挑选了一批留有高祖太仆公、曾祖文恭公以及祖父批注手迹的书，集中在一起后请他给我。祖父十分高兴，吩咐人替我挑了回去，总共约有两千多卷吧。

天启二年，祖父去世之时，我正好去了杭州。父亲、叔叔及诸弟们的门客、工匠杂役、男女奴仆等人都随便拿书，历经三代积累起来的书籍只一天就散失殆尽了。

我自己从还是个垂发小童时就开始藏书，历经四十年，不少于两万卷。乙酉年为避兵祸逃难去了剡溪，当时随身只带了几箱书，留在家里的那些书，就被方国安的军士占有了。他们每天撕了书页卷烟来抽。还把书抬到钱塘江边，将书页垫进甲胄之内，用以抵挡箭矢、枪弹。我四十年来收藏的图书也在一天之内全都散失了。这就是我家藏书的命运，事到如今，可以怨谁呢？

我因此而为藏书之事感叹不已，而历古至今要论藏书之多，则无过于隋、唐二朝了。隋朝的嘉则殿将书分为三类，用红琉璃、绀琉璃和油漆的卷轴来加以区别。大殿中垂挂着锦幔，四周雕刻着飞仙。皇帝来到书室之中，用脚踏下机关，飞仙就收卷起垂幔，橱门自动开启。皇帝出去后，一切又关闭如初。隋朝藏书共有三十七万卷。

唐朝时，宫里的书都搬进了东宫丽正殿，设置了修文、著作两院，学士凭身份牌出入。太府每月供给成都产的麻纸五千张，每季度供给上谷产的墨二百二十六锭，每年供给河间、景城、清河、博平四郡产的兔皮一千五百张用来制笔。以甲、乙、丙、丁的编号来标记经、史、子、集。唐朝的藏书共有二十万八千卷。我大明中秘书，藏书也多得不可胜数，仅仅是《永乐大典》这一部，就要堆满几间库房。与之相比，我的藏书简直就是九牛一毛，又算得了什么呢？

卷三

丝社

越中琴客不满五六人，经年不事操缦[1]，琴安得佳？余结丝社，月必三会之。有小檄曰："中郎音癖，《清溪弄》三载乃成[2]；贺令神交，《广陵散》千年不绝[3]。器繇神以合道，人易学而难精。幸生嵒壑之乡[4]，共志丝桐之雅。清泉磐石，援琴歌《水仙》之操[5]，便足怡情；涧响松风，三者皆自然之声，政须类聚。偕我同志，爰立[6]琴盟，约有常期，宁虚芳日[7]。杂丝和竹，用以鼓吹清音；动操鸣弦，自令众山皆响。非关匣里，不在指头，东坡老方是解人[8]；但识琴中，无劳弦上，元亮辈政堪佳侣[9]。既调商角，翻信肉不如丝[10]；谐畅风神，雅羡心生于手。从容秘玩，莫令解秽于花奴[11]；抑按盘桓[12]，敢谓倦生于古乐[13]。共怜同调之友声[14]，用振丝坛[15]之盛举。"

【注】

1. 操缦：操弄琴弦。
2. "中郎"二句：东汉音乐家蔡邕曾入清溪访鬼谷先生，其所居山有五曲，皆有幽居灵迹。每一曲制一弄。东曲作《游春》，南曲作《渌水》，中曲作《幽居》，北曲作《坐愁》，西曲作《愁思》。三年曲成，出示马融、王允、董卓，皆异之。中郎，汉初平元年蔡邕拜左中郎，世称蔡中郎。
3. "贺令"二句：《太平广记》卷三百二十四："会稽贺思令善弹琴，尝夜在月中坐，临风抚奏。忽有一人，形器甚伟，著械有惨色。至其中庭，称善。便与共语，自云是嵇中散，谓贺云：'卿下手极快，但于古法未合。'因授以《广陵散》，贺因得之，于今不绝。"
4. 嵒壑之乡：多山峦溪谷的地方。语出《晋书·顾恺之传》："（恺之）还至荆州，人问以会稽山川之状。恺之云：'千岩竞秀，万壑争流，草木蒙笼，若云兴霞蔚。'"
5.《水仙》之操：《水仙操》，琴曲名。春秋时伯牙在海岛闻水声有感而作。事详《乐府解题》。
6. 爰立：以礼而立。

7. 芳日：指聚会之佳日。
8. “非关”三句：苏轼《琴诗》：“若言琴上有琴声，放在匣中何不鸣。若言声在指头上，何不于君指上听。”
9. “但识”三句：白居易《白氏六帖》载：渊明不解琴，而畜素琴一张，弦徽不具，常抚摩之，曰：“但识琴中趣，何劳弦上声。”
10. 肉、丝：肉，歌喉；丝，弦乐。
11. 花奴：唐汝阳王李琎小名。
12. 抑按盘桓：操琴指法。抑按，左手按弦。盘桓，左手按弦后往来移动，即“走手音”。嵇康《琴赋》：“或徘徊顾慕，拥郁抑按，盘桓毓养，从容秘玩。”
13. 倦生于古乐：典出《礼记·乐记》：“魏文侯问于子夏曰：‘吾端冕而听古乐则唯恐卧，听郑卫之音则不知倦。敢问古乐之如彼，何也？新乐之如此，何也？’”
14. 友声：此指同好之雅趣。语出《诗经·小雅·伐木》：“嘤其鸣矣，求其友声。”
15. 丝坛：丝竹之坛，乐坛。

【译】

绍兴的古琴爱好者还不到五六个人，况且多年不弹奏练习，琴艺又怎么会好？我成立了一个丝社，每个月必定聚会三次。为此，我写有通告如下：

“蔡中郎爱好音乐成癖，耗费三年时间作成琴曲《清溪弄》；贺思令与嵇康神交，致使《广陵散》千年不绝。乐器借由神灵之力而合于大道，凡人学琴往往是入门容易而难以精湛。幸好我辈生于山川烟云之乡，且都有志于琴艺之高雅志趣。在清泉磐石之间，弹奏一曲《水仙操》，就足以怡情养性了。琴声汇合松涛以及山涧回声，三种声响都是自然之音，本就该让它们聚在一起的。我等有同好之人，在此立下琴社盟誓，定期聚会，绝不爽约。运用弦乐与管乐的合奏，生发出清澈悠扬的音乐。拨动琴弦，使群山为之回响。琴声之妙，与琴匣无关，也不在手指之上，对此，苏东坡先生早已心领神会。陶渊明深得琴之真谛，根本不需要劳动琴弦，这样的高人，正是我们的绝佳好友。音调律和之后，便令人不得不信‘肉不如丝’了。风采情致谐畅之后，雅羡之心自会从手上生出。我们自顾从容把玩，用不着叫花奴来解秽。运用抑按往还等手法奏出悠扬之琴声，谁还会说古乐令人厌倦呢？让我们珍惜同好之雅趣，共同奏响乐坛之盛况吧。”

南镇祈梦

万历壬子[1]，余年十六，祈梦于南镇[2]梦神之前，因作疏曰：

“爰自混沌谱[3]中，别开天地；华胥国[4]里，蚤见春秋[5]。梦两楹[6]，梦赤舄[7]，至人不无；梦蕉鹿[8]，梦轩冕[9]，痴人敢说。惟其无想无因，未尝梦乘车入鼠穴，捣齑啖铁杵[10]；非其先知先觉，何以将得位梦棺器，得财梦秽矢[11]？正在恍惚之交，俨若神明之赐。某也躨跜偃潴[12]，轩翥樊笼，顾影自怜，将谁以告？为人匠玩[13]，吾何以堪！一鸣惊人，赤壁鹤[14]耶？局促辕下，南柯蚁耶？得时则驾，渭水熊[15]耶？半榻蘧除[16]，漆园蝶[17]耶？神其诏我，或寝或吪[18]；我得先知，何从何去。择此一阳[19]之始，以祈六梦[20]之正。功名志急，欲搔首而问天；祈祷心坚，故举头以抢地。轩辕氏圆梦鼎湖[21]，已知一字而一有验；李卫公[22]上书西岳，可云三问而三不灵。肃此以闻，惟神垂鉴。”

【注】

1. 万历壬子：万历四十年。
2. 南镇：南镇山，即绍兴会稽山，山下有南镇庙，祭祀会稽山神。
3. 混沌谱：据明洪应明《仙佛奇踪》记载，陈抟在华山修行时，“一日，有一客过访先生，适值其睡。见旁有一异人，听其息声，以黑笔记之，满纸糊涂莫辨。客怪而问之。其人曰：‘此先生华胥调、混沌谱也。’”混沌、华胥，都指梦境。
4. 华胥国：相传黄帝昼寝而梦，游于华胥氏之国。见于《列子·黄帝》。
5. 春秋：代指历史。
6. 梦两楹：《礼记·檀弓上》记孔子梦见自己“坐奠于两楹之间”，就觉得自己快要死了。按殷制，人死后要将灵柩停于两楹之间。孔子为殷人后代，所以会这么想。据说他将此梦告诉子贡之后，果然“寝疾七日而没”。两楹，指殿堂的中央。
7. 梦赤舄（xì）：秦始皇东巡至海，闻千岁翁安期生之名，请见与语三日三夜，临别赐给金、璧数千万，安期生将宝物悉数弃置在阜乡驿亭内，留书以赤玉舄一双为报，飘然而往蓬莱仙境。事见《列仙传》卷上。赤舄，古代帝王贵族所穿的礼鞋。

8. 梦蕉鹿：指梦见获财之事。《列子·周穆王》：“郑人有薪于野者，遇骇鹿，御而击之，毙之。恐人见之也，遽而藏诸隍中，覆之以蕉，不胜其喜。俄而遗其所藏之处，遂以为梦焉。”

9. 梦轩冕：指梦见做官。轩冕，轩车和冕服，古时卿大夫所用。

10. “惟其”三句：典出《世说新语·文学》：“卫玠总角时，问乐令梦，乐云：‘是想。’卫曰：‘形神所不接而梦，岂是想邪？’乐云：“因也。未尝梦乘车入鼠穴，捣齑啖铁杵，皆无想无因故也。’”

11. “何以”二句：典出《世说新语·文学》：“人有问殷中军：‘何以将得位而梦棺器，将得财而梦矢秽？’殷曰：‘官本是臭腐，所以将得而梦棺尸；财本是粪土，所以将得而梦秽污。’时人以为名通。”

12. “某也”句：形容陷入困境。蹴踞（kuíní），虬龙盘曲蠕动的样子。偃潴（yǎnzhū），堤堰拦水。

13. 匠玩：指出于匠人之手毫无灵性的摆设。

14. 赤壁鹤：苏轼夜游赤壁，见有孤鹤横江东来，掠舟而西，寝梦两道士羽衣蹁跹。见其《后赤壁赋》。

15. 渭水熊：典出《史记·齐太公世家》：“西伯将出猎，卜之，曰‘所获非龙非彲，非虎非罴，所获霸王之辅’。于是周西伯猎，果遇太公于渭之阳。”

16. 蘧除（qúchú）：又作“蘧蒢”，用苇或竹编成的粗席。

17. 漆园蝶：典出《庄子·齐物论》：“昔者庄周梦为胡蝶，栩栩然胡蝶也。自喻适志与，不知周也。俄然觉，则蘧蘧然周也。不知周之梦为胡蝶与？胡蝶之梦为周与？周与胡蝶，则必有分矣。此之谓物化。”

18. 或寝或吪：语出《诗经·小雅·无羊》：“或降于阿，或饮于池，或寝或讹。”吪又作“讹”，行动，与“寝”对。

19. 一阳：指冬至。因从冬至日始，太阳北移，故古人称“一阳之始”。

20. 六梦：语出《周礼·春官·占梦》：“以日月星辰占六梦之吉凶：一曰正梦，二曰噩梦，三曰思梦，四曰寤梦，五曰喜梦，六曰惧梦。”

21. “轩辕”句：典出《史记·封禅书》：“黄帝采首山铜，铸鼎于荆山下。鼎既成，有龙垂胡髯下迎黄帝。”“一字而一有验”，每一个字都应验。皇普谧《帝王世纪》：“黄帝梦大风吹天下之尘垢皆去。又梦人执千钧之弩，驱羊万群。帝寤而叹曰：‘风为号令，执政者也。垢去土，后在也，天下岂有姓风名后者哉？夫千钧之弩，异力者也，驱羊数万群，能牧民为善者也，天下岂有姓力名牧者哉？’于是依二占而求之，得风后于海隅，登以为相，得力牧于大泽。”

22. 李卫公：李靖，本名药师，陕西三原人。因曾被封卫国公，故世称“李卫公”。唐初著名将领。李靖撰有《上（一作“献”）西岳书》一文，其中有“若三问不对，亦何神之有灵？”之语。

【译】

万历四十年，我十六岁，去南镇庙的梦神前祈梦。写作祈文如下：

“想那混沌谱中，别有天地；华胥国里，早知历史。梦见停灵柩于两楹之间而预知大限将至，梦见红色礼鞋而遥想仙家洒脱无羁，是至圣至尊之人都有过的事情；梦见蕉叶盖鹿而贪财，梦见轩冕堂皇而求贵，则是痴人的信口开河。假如真的无所思就无所因，又怎会梦见乘车驶入鼠穴，捣菜时不吃菜而去啃铁杵呢？梦境自能预告将来，如若不然，怎么会在升官之前梦见棺材，发财之前梦见污秽呢？这不就是神魄恍惚之时，神明所赐的预示吗？

想我翻腾于泥塘之中，扑翅在樊笼之内，顾影自怜，心中郁闷又有谁可以相告呢？成为毫无灵性的摆设，我是不堪忍受的。是像掠过赤壁夜空的仙鹤那样一鸣惊人呢，还是像南柯之蚁，终生困厄于车辕之下？是应时得势，仿佛当年垂钓渭水的太公吕尚，还是沉湎床榻，如同漆园庄生之蝴蝶？是静是动，有待神明指点；何从何去，我想预先得知。故而我择此一阳之始的冬至日，前来祈求六梦之中的正梦。急于建功立业，故搔首而问天；诚心祈祷祝愿，不惜叩头以触地。昔日轩辕氏在鼎湖占梦，每一字都已应验；而李卫公于西岳上书，却三问而都不灵验。小生在此恭敬求告，还望神明不吝垂鉴。”

禊泉

惠山泉[1]不渡钱唐，西兴[2]脚子挑水过江，喃喃作怪事。有缙绅先生造大父，饮茗大佳，问曰："何地水？"曰："惠泉水。"缙绅先生顾其价[3]曰："我家逼近卫前[4]，而不知打水喫，切记之。"董日铸[5]先生常曰："浓、热、满三字尽茶理，陆羽[6]《经》可烧也。"两先生之言，足见绍兴人之村之朴。

余不能饮潟卤[7]，又无力递惠山水。甲寅[8]夏，过斑竹庵[9]，取水啜之，磷磷有圭角，异之。走看其色，如秋月霜空，噀天为白；又如轻岚出岫，缭松迷石，淡淡欲散。余仓卒见井口有字画，因帚刷之，"禊泉"字出，书法大似右军[10]，益异之。试茶，茶香发。新汲少有石腥，宿三日气方尽。辨禊泉者无他法，取水入口，第撟舌舐腭，过颊即空，若无水可嚥者，是为禊泉。好事者信之。汲日至，或取以酿酒，或开禊泉茶馆，或甕而卖，及馈送有司者。董方伯[11]守越，饮其水，甘之，恐不给，封锁禊井，禊泉名日益重。会稽陶溪、萧山北干、杭州虎跑[12]，皆非其伍，惠山差堪伯仲。在蠡城[13]，惠泉亦劳而微熟[14]，此方鲜磊，亦胜一筹矣。长年[15]卤莽，水递不至其地，易他水，余笞之，詈[16]同伴，谓发其私。及余辨是某地某井水，方信服。昔人水辨淄、渑[17]，侈[18]为异事。诸水到口，实实易辨，何待易牙？余友赵介臣[19]亦不余信，同事久，别余去，曰："家下水实进口不得，须还我口去。"

【注】

1. 惠山泉：在江苏无锡惠山山麓，因陆羽品题而得名，世称天下第二泉。
2. 西兴：西陵。在钱塘江西，属萧山。因有水陆码头，脚夫多集中于此。
3. 价：随从仆人。
4. 卫前：属萧山，在绍兴西北。“惠泉”和“卫前”在绍兴方言中发音相同。
5. 董日铸：董懋策，字揆仲，号日铸，会稽人。精易学，讲学蕺山。万历四十一年去世，张岱祖父张汝霖曾为其写祭文。
6. 陆羽：字鸿渐，唐代著名茶道家，人称“茶圣”，著有《茶经》。
7. 澙卤（xìlǔ）：此指含盐碱的苦涩之水。
8. 甲寅：万历四十二年。张岱时年十八岁。
9. 斑竹庵：绍兴城内离东昌坊口不远的长庆寺，俗名斑竹庵。
10. 右军：王羲之，字逸少，琅邪临沂人。东晋书法家，被后人誉为“书圣”。因曾任右军将军，后人称其为“王右军”。晚年移居山阴。
11. 董方伯：董承诏，武进人。万历三十五年进士，时任浙江左布政使，故称“方伯”。
12. 会稽陶溪、萧山北干、杭州虎跑：陶溪，溪名，在浙江绍兴陶晏岭。北干，北干山，在浙江萧山，山下有干泉。虎跑，虎跑泉，在杭州西南大慈山。泉水晶莹甘洌，有天下第三泉之称。
13. 蠡城：春秋时越国都城，传为范蠡所筑，故称，又代指绍兴。
14. 熟：水不新鲜。
15. 长年：浙江方言称长工为“长年”。
16. 詈（lì）：骂人。
17. 昔人水辨淄、渑：淄、渑，古水名，在今山东省内。传说春秋时易牙能够辨别这两条河里的水，齐桓公不信，多次试验后才相信。
18. 侈：夸大。
19. 赵介臣：生平事迹不详。张岱在其所著《快园道古》中载其一段逸事：“赵介臣为清朝教官，其友孟子塞致书责之，谓：‘吾辈明伦，政在今日，尔奈何为教官，且坐明伦堂上？’介臣愧不能答。两年后，子塞亦贡，亦为教官，晤介臣，介臣曰：‘天下学官制度不一，岂贵庠没有明伦堂耶？’”

【译】

无锡惠山的泉水是从来不过钱塘江的，西兴的脚夫挑水过江，会嘀咕着暗称怪事。有一次，一位缙绅先生来看望我祖父，喝茶后觉得味道极好，就问：“用的是什么地方的水？”祖父答道：“是惠泉水。”缙绅先生回头对跟班说：“我们家离卫前这么近，怎么就不知道去那儿打水来吃呢？记下了。”

董日铸先生常说："喝茶只有'浓、热、满'三字，陆羽的《茶经》有什么用？烧了吧。"

从这两位先生的话中，就足以看出绍兴人有多粗，有多实了。

我喝不下苦涩的盐碱水，又无运来惠山泉水的实力。万历四十二年夏天，我去斑竹庵，品尝了那里的井水，清洌爽口，叫人大为惊讶，走近来看其色泽，只见井中之水如秋月霜空，白蒙蒙的；又如云雾飘出山谷，缭松迷石，淡淡欲散。我急忙察看井口，果然有字，于是以帚刷清后，显出"禊泉"二字，像极王羲之书法，就更觉诧异。试用此水来泡茶，结果茶叶清香被激发得淋漓尽致。不过，刚刚打上来的水略有些石腥味儿，放三天才散尽。

辨别禊泉也没什么别的办法，将水含入口中，弓起舌头抵住上腭，若水流过两颊即空，像是无水可咽的，便是禊泉了。

一些好事者认定这水好喝后，就每天都来汲取。有人用来酿酒，有人用来开禊泉茶馆，还有人装在水缸里卖，甚至当作礼物去送给当官的。

董太守到绍兴上任后，喝了此水，觉得甘美可口，担心自己不够喝，就封锁了禊井，结果禊泉就越发有名。若论水质，那么会稽的陶溪、萧山的北干、杭州的虎跑，都不能与之相比，只有惠山泉水勉强可与之匹敌。在绍兴的话，惠泉水经长途多少不新鲜了，而禊泉水得其鲜洁，所以更胜一筹。

我家有个长工，鲁莽贪懒，不肯去当地运禊泉水来，用别处的水来糊弄我，我打了他的屁股。他受罚后责骂同伴，说他们告密。等到我说出那是某地某井的水，他才心悦诚服。

古人曾以易牙能辨别淄、渑之水为异事。其实，不同地方的水喝到嘴里，立刻就能分辨清楚的，何必非要易牙来辨呢？我的朋友赵介臣本不相信这话，相处久了，临别时也会对我说：“都怪你，家里的水我已经没法喝了，你要还我的（不挑剔的）嘴巴！”

兰雪茶

日铸[1]者，越王铸剑地[2]也，茶味棱棱[3]，有金石之气。欧阳永叔[4]曰：“两浙之茶，日铸第一。”王龟龄[5]曰：“龙山瑞草，日铸雪芽。”日铸名起此。京师茶客，有茶则至，意不在雪芽也。而雪芽利之[6]，一如京茶式，不敢独异。

三峨[7]叔知松萝[8]焙法，取瑞草试之，香扑冽[9]。余曰：“瑞草固佳，汉武帝食露盘无补多欲[10]；日铸茶薮，‘牛虽瘠，偾于豚上’[11]也。”遂募歙人入日铸，扚[12]法、掐法、挪[13]法、撒法[14]、扇法[15]、炒法、焙法、藏法，一如松萝。他泉瀹[16]之，香气不出，煮禊泉[17]，投以小罐[18]，则香太浓郁。杂入茉莉，再三较量，用敞口瓷瓯淡放之，候其冷，以旋滚汤[19]冲泻之，色如竹箨[20]方解，绿粉初匀，又如山窗初曙，透纸黎光。取青妃白[21]，倾向素瓷，真如百茎素兰同雪涛并泻也。雪芽得其色矣，未得其气，余戏呼之“兰雪”。

四五年后，兰雪茶一閧如市焉。越之好事者不食松萝，止食兰雪。兰雪则食，以松萝而纂[22]兰雪者亦食，盖松萝贬声价俯就兰雪，从俗也。乃近日徽歙间松萝亦改名兰雪，向以松萝名者，封面系换，则又奇矣。

【注】

1. 日铸：日铸岭，在会稽县东南。
2. 越王铸剑地：越王允常聘欧冶子铸剑，据《嘉泰会稽志》所记，欧冶子铸五剑，采金铜之精于日铸山下。

3. 棱棱：形容茶味重浊不滑。
4. 欧阳永叔：欧阳修，字永叔，北宋著名文学家。其《归田录》卷一云：“草茶盛于两浙，两浙之品，日注为第一。”日注，即日铸。
5. 王龟龄：王十朋，字龟龄，号梅溪，福建乐清人。南宋政治家、诗人，官至龙图阁学士。
6. 利之：谓随客所好，未能保持自身特色。
7. 三峨：张炳芳，号三峨，是张岱的三叔。
8. 松萝：徽州歙县松萝山所产之茶。
9. 扑冽：香气浓烈扑鼻。
10.“汉武帝”句：汉武帝造神明台，上有承露盘，有铜仙人舒掌捧铜盘承接露水，并用此露水和玉屑服下，以求仙道。这里比喻瑞草茶产量很少，不能满足大量的消费。
11.“牛虽瘠”二句：牛虽瘦，但压在猪身上，猪必死无疑。言日铸茶多，足可用。《左传·昭公十三年》：“牛虽瘠，偾于豚上，其畏不死？”孔颖达疏：“言牛倒豚上，豚必死也。”
12. 扚（dí）：掐。
13. 挪：同“揉”。
14. 撒法：蒸压之法，用以去除草木之气。
15. 扇法：炒茶时须一人在灶旁扇之，以祛热气，否则黄色香味俱减。
16. 瀹（yuè）：煮。
17. 禊泉：禊泉水。
18. 小罐：指小泥壶。
19. 旋滚汤：刚烧开的水。
20. 竹箨：竹子嫩壳。
21. 妃：通“配”。
22. 纂：同“篡”，冒名。

【译】

日铸岭，曾是越王铸剑之地。那里出产的茶，味极鲜明，有金石气。欧阳修曾说：“两浙之茶，日铸第一。”王十朋曾道：“龙山瑞草，日铸雪芽。”从此，日铸这地方就出名了。京师的茶贩子们，一到采茶季节就赶来，其实也并不为雪芽，而茶农为了获利，也愿意效仿京师饮茶口味来制作雪芽，不敢彰显特色。

我三峨叔懂得松萝茶制法，用此法来加工瑞草，制成的茶叶清香扑鼻。我说：“瑞草自然不错，可就像汉武帝饮仙露一样，供不应求啊。

口铸那儿茶叶多的是，正所谓‘牛虽瘦，也压得死猪’。”于是招募徽州歙县的茶工到日铸去制茶，所用扚、掐、挪、撒、扇、炒、焙、藏等手法，都跟制松萝时一模一样。制成的茶叶，用别处泉水来煮，香气出不来，而用禊泉来煮，再注入小泥壶内，香气又太浓了。于是掺入茉莉花，再三斟酌用量，用敞口瓷瓯凉着，冷却后，再浇以刚烧开的沸水，茶汤的颜色就如嫩壳刚脱落的竹子，碧绿之上白粉均匀，又像朝阳初照山窗时，透过窗户纸的曙光。绿色的茶汤要配以白色的器皿，所以将茶舀入素白的瓷器之中时，那景象真如上百根洁白的兰花连同雪涛一齐泻下。由于取名为“雪芽”仅仅反映出它的色泽，没表现出它的香气来，所以我戏称它为“兰雪”。

四五年后，兰雪茶名声大噪。绍兴城中的一些好事者全都不喝松萝，只喝兰雪了。虽说他们要看到是兰雪茶才肯喝，可冒名为兰雪的松萝茶他们也喝，大概是松萝的名声有所下降而屈就兰雪，以顺应世俗了吧。然而，近来歙县一带产的松萝也叫兰雪了，一向称作松萝的茶叶，居然改头换面了，这又是奇事一件。

白洋潮[1]

故事[2]，三江[3]看潮，实无潮看。午后喧传曰："今年暗涨潮。"岁岁如之。庚辰[4]八月，吊朱恒岳少师[5]，至白洋，陈章侯[6]、祁世培[7]同席。海塘上呼看潮，余遄[8]往，章侯、世培踵至。立塘上，见潮头一线，从海宁而来，直奔塘上。稍近，则隐隐露白，如驱千百群小鹅，擘翼惊飞。渐近喷沫，冰花蹴起，如百万雪狮蔽江而下，怒雷鞭之，万首簇簇[9]，无敢后先。再近，则飓风逼之，势欲拍岸而上。看者辟易[10]，走避塘下。潮到塘，尽力一礴[11]，水激射，溅起数丈，着面皆湿。旋卷而右，龟山[12]一挡，轰怒非常，炮碎龙湫[13]，半空雪舞。看之惊眩，坐半日，颜始定。

先辈言：浙江潮头自龛、赭两山[14]漱[15]激而起。白洋在两山外，潮头更大，何耶？

【注】

1. 白洋：白洋镇，在绍兴县（今柯桥区）西北，明朝时在此设巡司。农历八月半前后可在此地观看钱塘江潮水。
2. 故事：旧例，旧俗。
3. 三江：三江口，在绍兴城北。绍兴、萧山区域内的钱清江、浦阳江、若耶溪（一说钱清江、钱塘江、曹娥江）在此入海得名。
4. 庚辰：崇祯十三年。当为"戊寅"，即崇祯十一年。
5. 朱恒岳少师：朱燮元，字懋和，号恒岳，山阴人。万历二十年进士，历官大理评事、四川左布政使、兵部尚书等，因有功，加少保。崇祯中进太子少师，死于任上。张岱有《祭少师朱恒岳公文》，见《琅嬛文集》卷六。
6. 陈章侯：陈洪绶，字章侯，号老莲，诸暨人。明代著名画家。代表作有《水浒叶子》等。陈为张岱二叔张尔葆的女婿，与张岱往来密切，张称其为"字画知己"。另参见本卷《陈章侯》。
7. 祁世培：祁彪佳，参见卷一《木犹龙》。

8. 遄（chuán）：快，迅速。
9. 簇簇：浪头聚集涌动的样子。
10. 辟易（bìyì）：退避，多指受惊吓后控制不住而离开原地。
11. 礴（bó）：水流撞击。
12. 龟山：又名乌风山。《绍兴府志》："乌风山，在府城西北五十里，滨于海，有洞出乌风。一名龟山，当潮生时，远望之，宛然如龟出没水中。"
13. 龙湫：龙潭。
14. 龛（kān）、赭（zhě）两山：龛山在萧山县东南，赭山在海宁县西南。二山相对，扼钱塘江入海口，谓之海门。
15. 漱：冲刷。

【译】

"三江观潮"是一种由来已久的旧俗，但其实也没什么可看的，往往是到了下午，人们就嚷嚷着说："今年是暗潮。"几乎年年如此。

崇祯十一年八月，为了祭奠朱恒岳少师，我去了白洋镇。陈章侯、祁世培也与我同席。海塘上忽然有人喊看潮，我便立刻赶去。陈章侯和祁世培也接踵而至。

大家站在海塘上，只见潮水的前沿如同一条线，从海宁方向推移过来，直奔海塘。稍稍靠近之后，潮水就隐隐约约地透出了白色，好像千百群小鹅被人驱赶着，张开翅膀在扑腾蹦达。潮头渐近，水沫喷飞，涌起白浪好似冰花，接着，像有百万头雪白的狮子遮蔽江面，身后雷霆震怒，挥鞭驱赶一般，令它们昂起头挤簇，拼命向前奔窜，无一敢于落后。再近一些，浪潮便如飓风扑面，看架势就是要拍打堤岸涌上来了。看潮的人们惊恐万状，纷纷后退，逃避堤岸下。潮头推至海塘，便使出全力重重拍打在堤岸上，潮水急射而起，高达数丈，将看潮人淋了个一头一脸。随后，潮水便翻卷着迅速扭头向右奔去，然而却被龟山挡住，它轰啸着愤怒异常，溅起漫天水花，像巨炮炸碎龙潭，飞雪满天。如此情景，直看得人心惊胆战，头晕目眩，要坐上好久，才恢复正常面色。

老辈人说：“浙江大潮，乃是由于冲刷龛、赭两山激荡而起。”那么，白洋山还在这两座山的外面，却为何潮头更大呢？

阳和泉

禊泉出城中，水递者日至。臧获到庵借炊，索薪、索菜、索米，后索酒、索肉；无酒肉，辄挥老拳。僧苦之，无计脱此苦，乃罪泉，投之刍秽[1]。不已，乃决沟水败泉，泉大坏。张子知之，至禊井，命长年浚之。及半，见竹管积其下，皆黧[2]胀作气；竹尽，见刍秽，又作奇臭。张子淘洗数次，俟泉至，泉实不坏，又甘洌。张子去，僧又坏之。不旋踵，至再、至三，卒不能救，禊泉竟坏矣。是时，食之而知其坏者半，食之不知其坏而仍食之者半，食之知其坏而无泉可食、不得已而仍食之者半。壬申[3]，有称阳和岭[4]玉带泉[5]者，张子试之，空灵不及禊而清洌过之，特以"玉带"名不雅驯。张子谓：阳和岭实为余家祖墓，诞生我文恭[6]，遗风余烈，与山水俱长。昔孤山[7]泉出，东坡名之"六一"[8]，今此泉名之"阳和"，至当不易。盖生岭、生泉，俱在生文恭之前，不待文恭而天固已"阳和"之矣，夫复何疑！士人有好事者，恐玉带失其姓[9]，遂勒石署之，且曰："自张志'禊泉'而'禊泉'为张氏有，今琶山[10]是其祖垄，擅之益易。立石署之，惧其夺也。"时有传其语者，阳和泉之名益著。铭曰："有山如砺，有泉如砥。太史[11]遗烈，落落磊磊。孤屿溢流，六一擅之。千年巴蜀[12]，实繁其齿。但言眉山[13]，自属苏氏。"

【注】

1. 刍秽：稻草垃圾等污秽之物。

2. 黧（lí）：黑中带黄。
3. 壬申：崇祯五年。
4. 阳和岭：在绍兴城南。又名张公岭。
5. 玉带泉：在绍兴城南琵琶山中。《山阴县志》中有记载。
6. 文恭：作者曾祖张元忭谥文恭。
7. 孤山：在杭州西湖。
8. “六一”：泉在杭州孤山之南，欧阳修号六一居士，苏轼为纪念欧公，故将其命名为“六一泉”。详见《西湖梦寻》卷三《六一泉》。
9. 失其姓：不属于它的主人（指当地人）。
10. 琶山：绍兴琵琶山，阳和岭即在此山。
11. 太史：作者曾祖张元忭曾官任翰林院，故称。
12. 巴蜀：张氏祖籍为四川绵阳。
13. 眉山：北宋苏洵及其子苏轼、苏辙的家乡。

【译】

自从城里发现了禊泉，去那儿运水的人每天络绎不绝。一些大户人家的奴仆到了斑竹庵，就要借那里的厨房做饭，还跟和尚们要柴、要菜、要米，甚至还要酒、要肉。庙里没有酒肉，他们就动手打人。和尚们头痛不已，又无法逃避，于是就怪罪于泉水，将稻草垃圾等污秽之物投入井中。这还不行，就引来臭沟水灌入井里，终至泉水彻底败坏。

我知道后，赶去禊井，命长工淘井。淘了一半，见下面塞了许多竹管，全都浸泡得又黑又臭。捞尽竹管后，显出了腐烂稻草，也散发奇臭。就这样命人淘了数次，直到出现泉水为止。泉水还不坏，依旧甘甜清冽。

可等我一走，和尚们又将其破坏了。我得知后马上又来淘洗，可这样一而再再而三，终至无法挽救，禊泉也就彻底报废了。

当时，有一部分人喝了之后知道泉水已败坏，有一部分人是喝了也不知道败坏而照喝的，再就是一部分人喝了知道败坏，可由于没有别的泉水可喝而不得已继续喝的。

崇祯五年，有人称赞阳和岭的玉带泉，我尝了尝，觉得与禊泉相比，空灵不及而清洌过之，只是这“玉带”之名不够雅驯。于是我说：“这阳和岭其实是我家祖坟所在地，后来出了我曾祖父文恭，其遗风余烈，与山水一样绵长。从前在杭州的孤山发现了泉水，苏东坡为了纪念欧阳修，就为其取名为‘六一泉’，现在给这眼泉水取名为‘阳和’，应该是最恰当不过的了。想这岭、这泉，都早在文恭出生之前就有了，不等文恭号‘阳和’而老天爷早已称这里为‘阳和’，又有什么可犹豫的呢？”

当地有好事之人，唯恐失去玉带泉，便将其名刻在石碑上，还说：“自从张某人写了篇关于‘禊泉’的文章，‘禊泉’就变成他们张家的了，现在这琶山，原本就是他张家祖坟，要占为己有就更方便了。所以立块石碑写写清楚，不要让他夺了去。”

没料想这话传开之后，阳和泉的名声反倒更响了。

为此，我撰铭文道：“有山如砺，有泉如砥。太史遗烈，落落磊磊。孤屿溢流，六一擅之。千年巴蜀，实繁其齿。但言眉山，自属苏氏。”

闵老子茶

周墨农[1]向余道闵汶水茶不置口。戊寅[2]九月至留都[3]，抵岸，即访闵汶水于桃叶渡[4]。日晡[5]，汶水他出，迟[6]其归，乃婆娑[7]一老。方叙话，遽起曰："杖忘某所。"又去。余曰："今日岂可空去？"迟之又久，汶水返，更定矣，睨余曰："客尚在耶？客在奚为者？"余曰："慕汶老久，今日不畅饮汶老茶，决不去。"汶水喜，自起当罏。茶旋煮，速如风雨。导至一室，明窗净几，荆溪[8]壶、成宣[9]窑瓷瓯十余种，皆精绝。灯下视茶色，与瓷瓯无别，而香气逼人，余叫绝。余问汶水曰："此茶何产？"汶水曰："阆苑[10]茶也。"余再啜之，曰："莫绐余！是阆苑制法，而味不似。"汶水匿笑曰："客知是何产？"余再啜之，曰："何其似罗岕[11]甚也？"汶水吐舌曰："奇，奇！"余问："水何水？"曰："惠泉。"余又曰："莫绐余！惠泉走千里，水劳而圭角[12]不动，何也？"汶水曰："不复敢隐。其取惠水，必淘井，静夜候新泉至，旋汲之。山石磊磊藉瓮底，舟非风则勿行，故水之生磊。即寻常惠水犹逊一头地，况他水邪！"又吐舌曰："奇，奇！"言未毕，汶水去。少顷，持一壶满斟余曰："客啜此。"余曰："香扑烈，味甚浑厚，此春茶耶？向瀹者的是秋采。"汶水大笑曰："予年七十，精赏鉴者，无客比。"遂与定交。

【注】

1. 周墨农：见卷一《木犹龙》注。

2. 戊寅：崇祯十一年。
3. 留都：南京。
4. 桃叶渡：南京渡口名，在秦淮河与青溪合流处。
5. 晡（bū）：傍晚。
6. 迟：等待。
7. 婆娑：蹒跚的样子。
8. 荆溪：江苏宜兴南水名，借指宜兴。
9. 成宣：明成化、宣德两朝。
10. 阆苑：琅源，琅源松萝茶。
11. 罗岕（jiè）：产于浙江长兴白岘罗岕山区的一种茶，相传因唐末名士罗隐居此而得名。明末清初时极为贵重。
12. 圭角：爽利劲儿。

【译】

周墨农跟我说闵汶水的茶道修为极高，他不用喝，光是观色闻香就能辨别茶的高下好坏。

崇祯十一年九月我去留都南京，上岸后直奔桃叶渡，造访闵汶水。当时已近黄昏，闵汶水有事不在家，我便等他。老爷子步履蹒跚，刚到家与我寒暄几句，又忽地站起身来，说：

“拐杖忘在那儿了。”

说完，便又出门。我心想：“今天岂能白跑一趟？”

又等许久，老爷子终于回来。此时，已入夜了。

他见我还在，斜着眼看我道：

“啊呀，您还在这儿？您来有何贵干？”

我道：

“慕先生之名已久，今日没喝到您的茶，是不想离开的。”

老爷子很高兴，亲自去生炉子。茶转头就煮好，快如风雨忽至。他将我引入一间屋子，里面明窗净几，荆溪壶、成宣窑瓷瓯摆了十多种，件件精美异常。我在灯下察看那茶的颜色，竟与瓷质茶盅没有分别，但香气逼人。我连声叫好，问他道：

“这是哪儿的茶？”

他说：

“阆苑。”

我啜了一口，说：

“别哄我！这茶的制法是阆苑茶的制法，但味道不像。”

老头无声一笑，问道：

“您知道这是哪儿的茶？”

我又啜了一口，说：

“怎么这么像罗岕呢？”

老头吐了下舌头，说：

“奇，奇！”

我又问：“水是哪里的？”

他答道：

“惠泉。”

我说：“又哄我！惠泉远在千里之外，长途运来，却依旧保持鲜洁爽利，有这道理？”

汶水道：“不能再瞒您了。咱们取惠泉水，一定先淘井，待到夜深人静，新泉冒出后，立刻汲取。盛水的瓮底要放上许多当地的小石子。没有风不能开船，因为要快。这样运来的水，即便是寻常惠泉水比之也略逊一筹，别的水那就更没法比了。”

说完，他又吐了吐舌头，道：“奇，奇！”

话没说完，他转身走开，不一会儿，提着茶壶回来，给我满满地斟了一杯：

“您尝尝这个。”

我说：

“香气扑鼻，味道浑厚，是春茶吧？您方才煮的，是秋天摘的。”

老头大笑，说：

“我今年七十了，还从未见谁有您这般鉴赏之力啊。”

由此与他做莫逆之交。

龙喷池

卧龙骧首于耶溪[1]，大池百仞出其颔下。六十年内，陵谷迁徙，水道分裂。崇祯己卯[2]，余请太守檄，捐金纠众，畚锸[3]千人，毁屋三十余间，开土壤二十余亩，辟除瓦砾刍秽千有余艘，伏道[4]蜿蜒，偃潴澄靛[5]，克还旧观。昔之日不通线道[6]者，今可肆行舟楫矣。

喜而铭之，铭曰："蹴醒骊龙[7]，如寐斯揭[8]。不避逆鳞，抉其鲠噎。潴蓄澄泓，煦湿濡沫[9]。夜静水寒，颔珠[10]如月。风雷逼之，扬鬐鼓鬣。"

【注】

1. 卧龙骧首于耶溪：卧龙，卧龙山；骧首，昂首；耶溪，若耶溪，在绍兴南若耶山下，北流入镜湖。
2. 己卯：崇祯十二年。
3. 畚锸（běnchā）：挖运泥土的工具。
4. 伏道：河道。伏，通"覆"，偃伏。
5. 偃潴澄靛：用堤堰拦水，使其沉淀变清。潴，积水。
6. 线道：如线一般细的狭窄水道。
7. 蹴醒骊龙：意为开河凿池时，众多民工踩踏泥土，震惊了水下黑龙。
8. 如寐斯揭：如同将它从梦中搅醒。
9. 煦湿濡沫：谓游鱼吐沫以相滋润，此谓令百姓受益。
10. 颔珠：传说骊龙颔下有宝珠。此以龙珠代指池塘。

【译】

卧龙昂首于若耶溪畔，下巴下方有一个深不可测的池塘。六十年来，山谷移位，水流分道。崇祯十一年，我恳请太守发出布告，捐资集众，召来自带工具的民夫千余人，拆毁房屋三十余间，开辟土地二十余亩，清出一千多船的瓦砾稻草，疏通蜿蜒的河道，筑堤拦水，让池水沉淀变清，恢复往日景观。过去不通的狭窄水道，如今也可以任意行舟了。

欣喜之余，我作铭文一篇，写道：“蹴醒骊龙，如寐斯揭。不避逆鳞，抉其鲠噎。潴蓄澄泓，煦湿濡沫。夜静水寒，颔珠如月。风雷逼之，扬鬐鼓鬣。”

朱文懿[1]家桂

桂以香山[2]名，然覆墓[3]木耳，北邙[4]萧然，不堪久立。单醪河[5]钱氏二桂，老而秃；独朱文懿公宅后一桂，干大如斗，枝叶䁅䰾[6]，樾荫亩许，下可坐客三四十席。不亭、不屋、不台、不栏、不砌，弃之篱落间。花时不许人入看，而主人亦禁足勿之往，听其自开自谢已耳。樗栎[7]以不材终其天年，其得力全在弃也。百岁老人多出蓬户，子孙第[8]厌其癃瘇[9]耳，何足称瑞！

【注】

1. 朱文懿：朱赓，字少钦，号金庭，山阴人。隆庆二年进士，历任礼部左、右侍郎。死后赠太保，谥文懿。为张岱祖父张汝霖岳父。
2. 香山：绍兴山名，其地产桂。
3. 覆墓：为坟墓遮荫。
4. 北邙：山名，在洛阳北，东汉及魏王侯公卿多葬于此。后泛称墓地。
5. 单醪河：箪醪河，又名“投醪河”“劳师泽”，在绍兴城内。《夜航船》云：“箪醪河：在绍兴府治南。勾践行师日，有献壶浆者，跪而受之，取覆上流水中，命士卒乘流而饮。人百其勇，一战遂有吴国，因以名之。”
6. 䁅䰾（míngméng）：枝叶茂密的样子。
7. 樗（chū）栎：指无用之材。语出《庄子·逍遥游》：“吾有大树，人谓之樗，其大本拥肿而不中绳墨，其小枝卷曲而不中规矩，立之涂，匠者不顾。”《庄子·人间世》：“匠石之齐，至于曲辕，见栎社树……曰：‘……散木也，以为舟则沉，以为棺椁则速腐，以为器则速毁，以为门户则液樠，以为柱则蠹。是不材之木也，无所可用……’”
8. 第：只。
9. 癃瘇（lóngzhǒng）：年老体衰、行动不便的样子。

【译】

桂树以绍兴香山的最有名，然而只用来给坟墓遮荫，墓地萧瑟，桂树也难以长寿。单醪河钱家那两棵，又老又秃。唯独朱文懿公宅后一棵，长得极为壮硕，树干粗壮如斗，枝叶密密麻麻，树荫覆盖一亩余地，可坐三四十桌客人。朱家既不给它盖亭子，也不建屋、建台，不设栏干，不砌石围，就那么把它弃置在篱院之内。桂花盛开时不许外人进去看，连主人自己都不到那儿去，任由桂花自开自落。其实，樗栎之类不成材的树木之所以能够善终，就在于被人抛弃。百岁老人往往出在穷人家，也只因子孙嫌其老态龙钟而不当一回事罢了，哪里是什么可值得称道的祥瑞呢？

逍遥楼[1]

滇茶[2]故不易得，亦未有老其材八十余年者。朱文懿公逍遥楼滇茶，为陈海樵[3]先生手植，扶疏蓊翳，老而愈茂。诸文孙[4]恐其力不胜葩，岁删其萼[5]盈斛，然所遗落枝头，犹自燔山熠谷[6]焉。文懿公，张无垢[7]后身[8]。无垢降乩[9]与文懿，谈宿世因甚悉，约公某日面晤于逍遥楼。公伫立久之，有老人至，剧谈良久，公殊不为意。但与公言："柯亭绿竹庵梁上，有残经一卷，可了之。"寻[10]别去，公始悟老人为无垢。次日，走绿竹庵，简梁上，有《维摩经》[11]一部，缮写精良，后二卷未竟，盖无垢笔也。公取而续书之，如出一手。先君言，乩仙供余家寿芝楼，悬笔挂壁间，有事辄自动，扶下书之，有奇验。娠祈子，病祈药，赐丹，诏取某处，立应。先君祈嗣，诏取丹于某簏临川笔[12]内，簏失钥闭久，先君简视之，鐄[13]自出，觚管[14]中有金丹一粒，先宜人[15]吞之，即娠余。朱文懿公有姬媵，陈夫人[16]狮子吼[17]，公苦之。祷于仙，求化妒丹。乩书曰："难，难！丹在公枕内。"取以进夫人，夫人服之，语人曰："老头子有仙丹，不饷诸婢，而余是饷，尚昵余。"与公相好如初。

【注】

1. 逍遥楼：在绍兴城怪山（又名龟山、塔山、宝林山、东武山）下，朱赓所建。
2. 滇茶：云南滇茶茶花。
3. 陈海樵：陈鹤，字鸣轩，号海樵，山阴人。朱赓的岳父。擅长书法、绘画。
4. 文孙：原指周文王之孙。后泛用为对他人之孙的美称。
5. 萼：花萼，此指初生的花蕾。

6. 燔（fán）山熠（yì）谷：燔，烧。熠，照亮。
7. 张无垢：张九成，字子韶，号无垢居士，浙江钱塘人。绍兴二年进士，历任宗正少卿、礼部侍郎兼侍讲、刑部侍郎。后受秦桧陷害而谪官。
8. 后身：佛教有“三世”的说法，谓转世之身为“后身”。
9. 乩（jī）：本意为通过占卜问吉凶。此指扶乩，将一丁字形木棍架在沙盘上，由两人扶着架子，依法请神，木棍于沙盘上画出文字，作为神明的启示，以显吉凶。
10. 寻：不久。
11.《维摩经》：佛教经典，全名为《维摩诘所说经》，又称《维摩诘经》，共三卷十四品。维摩诘是与释迦摩尼同时代的在家居士，修大乘佛法而成佛，故后世居士多诵读其经。
12. 临川笔：毛笔，王羲之曾为临川内史，故名。
13. 鐄：同“簧”，锁簧。
14. 觚（gū）管：此指毛笔的笔管。
15. 宜人：作者生母陶氏。明朝五品官的妻、母封为宜人。
16. 陈夫人：海樵山人陈鹤之女，封一品夫人。
17. 狮子吼：语出宋洪迈《容斋三笔》卷三：“陈慥字季常，公弼之子，居于黄州之岐亭，自称龙丘先生，又曰方山子。好宾客，喜畜声妓，然其妻柳氏绝凶妒，故东坡有诗云：‘龙丘居士亦可怜，谈空说有夜不眠。忽闻河东师子吼，拄杖落手心茫然。’河东师子，指柳氏也。”“狮子吼”一语源自佛教，有威严之意。因陈慥素喜谈佛，苏轼借此调侃。“河东”为柳姓郡望，这里指柳氏。后常以“河东狮吼”来比喻妻子的妒悍。

【译】

云南滇茶茶花本就很难得到，更别说八十树龄的了。朱文懿公逍遥楼中的那棵还是陈海樵先生亲手种下，如今却枝繁叶茂，绿荫森森，真是越老越精神。朱家几个孙子怕花开得太多，压坏了老树，每年都要打下满满一斛的花蕾，可留在枝头上的花蕾绽放后，依然灿烂非凡，光耀山谷。

文懿公，是张无垢居士的转世后身。无垢曾降乩给文懿，谈论起宿世因缘十分详细。一次，张无垢约文懿公于某日在逍遥楼会晤。文懿去后伫立许久，来了一个老人，两人畅谈许久，文懿公也没怎么在意，后来老人对文懿公说：

“柯亭绿竹庵的梁上，有残经一卷，你去把它抄完了吧。”

随后，他就告辞而去了。到了这时，文懿公才幡然醒悟：原来这个老人就是张无垢。

第二天，文懿公赶到绿竹庵，在房梁上果然找到一部《维摩经》，誊写精良，只是最后的两卷没抄完，估计出自张无垢的手笔吧。文懿公带回去后续抄了后面的两卷，前后字迹竟然一模一样，如出一人之手。

家父说过，乩仙就供在我家的寿芝楼上，乩笔挂墙上，有事的时候它自己会动，取下来扶着，就会写出神灵的启示，非常灵验。妇人怀孕后可用来祈求生儿子。有人生病时用来求药，它会赐下丹药，并告知到哪里去取，立刻应验。先父曾用它来祈求子嗣，它告知可到某个竹箱里的毛笔杆中去取丹药。可那个竹箱的钥匙早丢了，也好久没打开过了。没想到就在先父反复察看的当口儿，锁簧竟然自己跳了出来，而箱中的笔管里也确实有这么一粒金丹。我母亲吃了，就怀上了我。

朱文懿公有姬妾，可夫人陈氏的醋劲特大，是个“河东狮吼”，弄得他很头痛。他就向神灵诉苦，请求“化妒丹”。神灵降下乩书道：“难，难！金丹在你的枕头里。”

他取了献给夫人。夫人服下后，便对人说：“老头子得了仙丹不给小老婆们，只给我一个吃，看来他还是爱我啊。”于是就与文懿公恩爱如初了。

天镜园

天镜园[1]浴凫堂[2]，高槐深竹，樾暗千层，坐对兰荡[3]，一泓漾之，水木明瑟，鱼鸟藻荇，类若乘空。余读书其中，扑面淋头，受用一绿，幽窗开卷，字俱碧鲜。每岁春老，破塘[4]笋必道此。轻舠[5]飞出，牙人[6]择顶大笋一株掷水面，呼园中人曰："捞笋！"鼓枻[7]飞去。园丁划小舟拾之，形如象牙，白如雪，嫩如花藕，甜如蔗霜。煮食之，无可名言，但有惭愧。

【注】

1. 天镜园：绍兴张岱家的园林。
2. 浴凫堂：天镜园中一个堂名。
3. 兰荡：天镜园中的湖名。
4. 破塘：又名坡塘，绍兴城南的一个集镇，附近山野所产竹笋在此地集散，称破塘笋。
5. 舠（dāo）：一种小船，形如刀。
6. 牙人：买卖中间人，此处指运笋进城的菜贩。
7. 鼓枻（yì）：摇桨行船。

【译】

天镜园浴凫堂前，槐树高大，竹林森森，荫翳重重，该堂又面朝兰荡湖，堂前碧水荡漾，水木鲜明，鱼鸟藻荇，都如浮在空中一般。

我在堂中读书，满眼绿色，扑面淋头。幽窗下翻开书卷，每个字都是鲜绿鲜绿的。

每到晚春时节，贩运破塘笋的船只必定经过此处。到时会有轻舟飞出，笋贩子挑一只顶大的笋抛在水面上，并朝园中大喊："捞笋！"旋即奋力划桨，飞驰而去。园丁自会划着小船出去将笋捞起来，这笋的形状如同象牙，雪白雪白的，鲜藕一般地嫩，砂糖一般地甜。煮来吃，味道妙不可言，只觉受之有愧。

包涵所[1]

西湖之船之楼，实包副使涵所创为之。大小三号：头号置歌筵，储歌童；次载书画；再次偫[2]美人。涵老以声伎非侍妾比，仿石季伦[3]、宋子京[4]家法，都令见客。常靓妆走马，媻姗勃窣[5]，穿柳过之，以为笑乐。明槛绮疏[6]，曼讴[7]其下，擫籥[8]弹筝，声如莺试。客至，则歌童演剧，队舞鼓吹，无不绝伦。乘兴一出，住必浃旬[9]，观者相逐，问其所止。南园在雷峰塔下，北园在飞来峰下。两地皆石薮，积牒磥砢，无非奇峭。但亦借作溪涧桥梁，不于山上叠山，大有文理[10]。

大厅以拱斗抬梁，偷[11]其中间四柱，队舞狮子甚畅。北园作八卦房，园亭如规，分作八格，形如扇面。当其狭处，横亘一床，帐前后开阖，下里帐则床向外，下外帐则床向内。涵老据其中，扃[12]上开明窗，焚香倚枕，则八床面面皆出。穷奢极欲，老于西湖者二十年。金谷[13]、郿坞[14]，着一毫寒俭不得，索性繁华到底，亦杭州人所谓"左右是左右[15]"也。西湖大家，何所不有。西子有时亦贮金屋。咄咄书空[16]，则穷措大[17]耳。

【注】

1. 包涵所：包应登，字涵所，浙江钱塘人。万历十四年进士，官至福建提学副使，后退归西湖，以声色自娱。与张岱祖父张汝霖是好友。本文与《西湖梦寻》卷四之《包衙庄》内容相同。
2. 偫（zhì）：储。
3. 石季伦：西晋富豪石崇，字季伦。家巨富，生活豪奢，多畜声伎，邀客宴集，便命美人行酒。
4. 宋子京：宋祁，字子京，雍丘人。北宋天圣二年进士，奏名第一，历任大理寺丞、国子监直讲、史馆修撰、工部尚书等，家畜声伎。

5. 媻（pán）姗勃窣（sū）：摇曳多姿，缓缓而行。语出汉司马相如《子虚赋》：“于是乃相与獠于蕙圃，媻姗勃窣上金堤。”

6. 明槛绮疏：明槛，敞露的栏杆。绮疏，镂花窗户。

7. 曼讴：轻歌曼舞。

8. 擫籥（yèyuè）：演奏管乐。

9. 浃旬：满十天。浃，整个儿的。

10. 文理：指艺理匠心，多与“思致”连用。

11. 偷：省却。

12. 扃（jiōng）：门。

13 金谷：金谷园，故址在今河南洛阳。作者在《夜航船》有介绍：“石崇为荆州刺史时，劫远使商客，致富不赀。有别馆，在河阳之金谷，一名梓泽园，中有清泉茂林，竹柏药草之属，莫不毕备。尝与众客游宴，屡迁其处，或登高临下，或列坐水滨，琴瑟笙筑合载车中，道路并作，令与鼓吹递奏，昼夜不倦。后房数百，俱极佳丽之选，以縠羞精丽相高，求市恩宠。”

14 郿坞：东汉时董卓所建，高、厚各七丈，与长安城相当，号万岁坞，世称“郿坞”。坞中广聚珍宝、粮谷，故址在今陕西省眉县。

15. 左右是左右：反正如此。

16. 咄咄书空：典出《世说新语·黜免》：“殷中军被废。在信安，终日恒书空作字。扬州吏民寻义逐之，窃视，唯作‘咄咄怪事’四字而已。”咄咄，感叹词，表示惊奇不解；书空，用手指在空中虚写字形。

17. 穷措大：不谙世务的穷书生。

【译】

西湖上的船上有楼，其实是包涵所副使首创的。他还将楼船由大到小分为三号：头号楼船上可设置歌舞筵席，备有伶童；二号楼船上载有书画；三号楼船上备有歌姬美人。

涵老认为歌姬与侍妾不同，他仿效石崇、宋祁的做法，让她们都出来见客。他时常让歌姬们浓妆艳抹骑马出游，袅娜娉婷地穿行于柳树之间，以此欢笑作乐。或者让歌姬们在精美的花窗和敞露的栏杆下轻歌曼舞，吹管拨弦，声如雏莺试喉，美妙动人。有客人来，则伶童演剧，奏乐群舞，无不美妙绝伦。乘兴外出时，必定要在外面住上十余天，看热闹的人会一路追逐，并打听他们的去向。

南园在雷峰塔下，北园在飞来峰下。这两处都是石头成堆，层层叠叠，无不峭拔奇特。这些石头也被用作溪涧桥梁，而不在山上叠山，颇见匠心意趣。

大厅以斗拱支撑横梁，省去了中间的四根柱子，所以十分宽敞，就是在里面舞上几队狮子也绰绰有余。

北园建了个八卦房。园子的亭子是圆形的，亭子里面分为八格，每一格的形状都像扇面，收窄处都横放一张床，床上的帐子前后都能开合，将里面的帐子放下，床就面朝外；将外面的帐子放下，床就面朝内。涵老待在亭子的正中间，门上开有明亮的窗户。他焚上一炉香，靠在枕头上，八张床上的风光尽收眼底。

涵老穷奢极欲，在西湖边养老二十年。豪宅堪比金谷、郿坞，没有一丝一毫的朴素寒酸，将铺张奢华推到了极致。也就是杭州人所说的“左右是左右”了。

这些西湖豪门，什么没有呢？就连西施这样的美女有时也会被他们金屋藏娇的，只有那些不开眼的穷酸书生才会闻之不解。

斗鸡社

天启壬戌[1]间好斗鸡，设斗鸡社于龙山下，仿王勃《斗鸡檄》[2]檄同社。仲叔[3]、秦一生[4]日携古董、书画、文锦、川扇等物与余博，余鸡屡胜之。仲叔忿懑，金其距，芥其羽[5]，凡足以助其腷膊[6]䎃咮[7]者无遗策，又不胜。人有言徐州舞阳侯樊哙[8]子孙斗鸡雄天下，长颈乌喙，能于高桌上啄粟。仲叔心动，密遣使访之，又不得，益忿懑。一日，余阅稗史，有言唐玄宗以酉[9]年酉月生，好斗鸡而亡其国。余亦酉年酉月生，遂止。

【注】

1. 天启壬戌：天启二年。张岱时年二十六岁。
2. 王勃《斗鸡檄》：王勃，字子安，"初唐四杰"之一。据《唐书·王勃传》载，时诸王好鸡，勃戏为文《檄英王鸡》，遭唐高宗斥逐。《斗鸡檄》不见于《王子安集》，已经失传，张岱也没有读过。
3. 仲叔：见卷二《焦山》注。
4. 秦一生：见卷一《天砚》注。
5. "金其距"二句：意谓给公鸡鸡距套上金属，给鸡翅撒上芥粉刺激对方的眼睛。典出《左传·昭公二十五年》："季、郈之鸡斗，季氏介其鸡，郈氏为之金距。"
6. 腷膊（bìbó）：翅膀相互排打的声音。
7. 䎃咮（zhúzhòu）：剟，啄；咮，鸟嘴。
8. 樊哙：汉初功臣，少以屠狗为业，后随刘邦起义，以军功封舞阳侯。樊哙是狗屠出身，此处所谓"樊哙子孙"未必真实，暗中讥讽其为下层土豪的可能性更大。
9. 酉：地支的第十位，对应于生肖中的鸡。

【译】

天启二年，流行斗鸡，我们在卧龙山下设立了斗鸡社。我效仿王勃作《斗鸡檄》，发出檄文，挑战社内同好。仲叔、秦一生两人每天都带着古董、书画、锦缎、川扇等物品来跟我斗鸡，而我的鸡屡战屡胜。仲叔气不过，给他的鸡套上金属爪套，翅膀上撒上芥粉，凡是能让他的鸡翅膀扑打更有力、鸡嘴啄咬更凶猛的招全都用上了，可还是赢不了。

有人说徐州舞阳侯樊哙子孙有一只斗鸡天下无敌，脖子长长的，嘴巴黑黑的，能够啄食高桌上的小米。仲叔听了怦然心动，悄悄派人去寻访，可又弄不到手，就越发地郁闷了。

有一天，我读野史小说，读到唐玄宗是酉年酉月生的，因迷上了斗鸡而亡了国。想到我也是酉年酉月生的，于是就再也不斗鸡了。

栖霞[1]

戊寅[2]冬，余携竹兜[3]一、苍头一游栖霞，三宿之。山上下左右鳞次而栉比之岩石颇佳，尽刻佛像，与杭州飞来峰同受黥劓，是大可恨事。山顶怪石巉岏，灌木苍郁，有颠僧住之。与余谈，荒诞有奇理，惜不得穷诘之。

日晡，上摄山顶观霞，非复霞理，余坐石上痴对。复走庵后，看长江帆影，老鹳河[4]、黄天荡[5]，条条出麓下，悄然有山河辽廓之感。一客盘礴余前，熟视余，余晋[6]与揖，问之，为萧伯玉[7]先生，因坐与剧谈，庵僧设茶供。伯玉问及补陀[8]，余适以是年朝海归，谈之甚悉。《补陀志》[9]方成，在箧底，出示伯玉，伯玉大喜，为余作叙。取火下山，拉与同寓宿，夜长，无不谈之，伯玉强余再留一宿。

【注】

1. 栖霞：山名，在南京东北。有栖霞寺、南朝石刻千佛岩、舍利塔等古迹。
2. 戊寅：崇祯十一年。
3. 竹兜：一种有座位而无轿厢的竹制的轿子。
4. 老鹳河：又名鹳水。
5. 黄天荡：南京东北长江下游的一段，古时江面辽阔，为南北险渡。宋建炎四年，韩世忠围困金兀术于黄天荡，金兵花一个晚上掘开老灌河旧河道直通秦淮河，逃至建康。
6. 晋：同“进”。
7. 萧伯玉：萧士玮，字伯玉。天启进士，历官吏部郎中、光禄寺卿。有文名，与汤显祖、钱谦益交往。
8. 补陀：东海普陀山。
9.《补陀志》：作者所撰海志，专记普陀之游，存于《琅嬛文集》卷二。

【译】

崇祯十一年的冬天，我带着一副竹兜，一个老仆人，去栖霞山游玩，并在那儿住了三个晚上。山的上下左右岩石颇佳，鳞次栉比的，雕刻了许多佛像。然而，与杭州飞来峰那儿的佛像一样，都像受了割鼻刺字的刑罚似的，实在是令人气恼。

山顶上怪石嶙峋，灌木苍郁，住着一个疯癫和尚。他主动跟我搭话，尽管言语荒诞不经却似乎也有些不同寻常的道理，只可惜匆匆忙忙的没能刨根问底。

黄昏时分，登上摄山山顶观看晚霞，见云霞绚烂瑰丽，异乎往常，我便坐在石头上痴痴地望着。后来又走到庙后，观看长江里的帆影，老鹳河、黄天荡都出山脚之下，历历在目，不免悄然，而有山河辽阔之感。

这时，有一个游客大大咧咧地坐到我的眼前，还直愣愣地看着我。我上前作揖，请教其尊姓大名。原来他就是萧伯玉先生。我们坐下来畅谈良久，庙里的和尚还送来茶水点心。伯玉问到了普陀山，我那年刚好渡海前去朝拜回来，所以跟他说得十分详细。何况我的《补陀志》也刚刚写成，就压在竹箱底呢。我拿出来给伯玉看，伯玉大喜，为我作了序。后来，我们取来照明的火把下山，他又拉着我同住一处，漫漫长夜，我们无所不谈，就这么着又被伯玉强留了一宿。

湖心亭看雪

崇祯五年十二月，余住西湖。大雪三日，湖中人鸟声俱绝。是日更定[1]矣，余拏[2]一小舟，拥毳衣[3]炉火，独往湖心亭看雪。雾凇沆砀[4]，天与云、与山、与水，上下一白。湖上影子，惟长堤一痕，湖心亭一点，与余舟一芥，舟中人两三粒而已。到亭上，有两人铺毡对坐，一童子烧酒，炉正沸。见余大喜，曰："湖中焉得更有此人！"拉余同饮。余强饮三大白[5]而别。问其姓氏，是金陵人，客此。及下船，舟子喃喃曰："莫说相公痴，更有痴似相公者。"

【注】

1. 更定：指初更以后。晚上八九点钟。
2. 拏（ná）：携带。此处是"乘坐"的意思。
3. 毳（cuì）衣：毛皮衣服。
4. 雾凇沆砀（hàngdàng）：凇，气遇冷凝结成的白色松散冰花。沆砀，白气弥漫之状。
5. 白：酒杯。

【译】

崇祯五年十二月，我住在西湖。下了三天大雪，湖上一片寂静，听不到一点人语鸟声。这天，晚上初更过后，我找一条小船，拥着皮衣，烤着火炉，独自前往湖心亭看雪。只见雾凇树挂，白气弥漫，天与云与山与水，已为一体，不分彼此，白茫茫一片。湖上隐约可见，只长堤一痕，湖心亭一点，我那小船一芥，船上人两三粒，而已。

到湖心亭上，见已有两人铺着毡毯相对而坐，一个童仆正在烫酒，炉正沸。他们看到我后十分高兴，说："想不到湖中还有这样的雅人！"便拉着我一同喝酒。我尽力喝了三大杯就告辞了。询问他们姓名，只说是金陵人，客居此地。等我下船的时候，船夫低声嘟哝道："不要说您这相公痴，还真有跟您一样痴的人啊！"

陈章侯[1]

崇祯己卯[2]八月十三，侍南华老人[3]饮湖舫，先月蚤归。章侯怅怅向余曰："如此好月，拥被卧耶？"余敕苍头携家酿斗许，呼一小划船再到断桥，章侯独饮，不觉沾醉。过玉莲亭[4]，丁叔潜[5]呼舟北岸，出塘栖[6]蜜橘相饷，畅啖之。章侯方卧船上嚎嚣。岸上有女郎命童子致意云："相公船肯载我女郎至一桥[7]否？"余许之。女郎欣然下，轻纨淡弱，婉瘱[8]可人。章侯被酒挑之曰："女郎侠如张一妹[9]，能同虬髯客饮否？"女郎欣然就饮。移舟至一桥，漏二下矣，竟倾家酿而去。问其住处，笑而不答。章侯欲蹑之，见其过岳王坟[10]，不能追也。

【注】

1. 陈章侯：见本卷《白洋潮》。陈贪酒好色，清初毛奇龄撰《陈老莲别传》有云："莲游于酒人，所致金钱随手尽。……顾生平好妇人，非妇人在坐不饮，夕寝非妇人不得寐；有携妇人乞画，辄应去。"
2. 己卯：崇祯十二年。
3. 南华老人：张汝懋，字众之。张岱祖父幺弟。万历四十一年进士。历任休宁县令、大理寺丞。后因得罪阉党，入狱三年，后赎出为民。
4. 玉莲亭：杭州西湖中为纪念白居易而修建的亭子。亭旁湖中多种青莲。《西湖梦寻》卷一《玉莲亭》对此亭有详细描述。
5. 丁叔潜：丁汝骧，字叔潜。万历四十七年进士，曾官叙州知府。
6. 塘栖：镇名。隶属浙江余姚。
7. 一桥：苏堤有六桥，一桥指跨虹桥。
8. 婉瘱（yì）：温顺娴静。
9. 张一妹：红拂女，唐杜光庭传奇《虬髯客传》中人物，传是隋朝宰相杨素家妓，见李靖人才出众，便连夜相投，出逃途中，在客店遇见虬髯奇人，后虬髯客赠巨财襄助李靖。此处写陈章侯借酒醉自比虬髯客。
10. 岳王坟：宋名将岳飞之墓，在杭州西湖北。

【译】

崇祯十二年八月十三日，我侍奉季祖南华老人在西湖的画舫上喝酒，月亮还没出来就早早地回家了。章侯还不痛快，问我道："放着这么好的月色不去欣赏，难道回家蒙着被子睡大觉吗？"

于是我就吩咐一位老仆人带上一坛家酿好酒，叫一条小划子重新划到断桥边。章侯自斟自饮，不知不觉地就有些醉了。船过玉莲亭时，见丁叔潜在北边岸上招呼我们。他拿出塘栖蜜橘来给我们吃，我们便吃了个畅快。

章侯躺在船里大呼小叫的当儿，岸上有个小娘子唤一小童儿来叫船，说："我家姑娘能搭你们的船去一桥吗？"我同意了。于是那女子欣然下船。只见她身着轻薄洁白绢衣，温婉可人。章侯借醉挑道："小娘子如同张一妹，颇有侠义风情，敢跟我这虬髯客一起喝酒吗？"

女子便十分爽快地与他举杯痛饮。船到一桥，已是二更天。而他们竟将一坛酒喝个精光。女子上岸去时，问她住哪儿，她笑而不答。章侯想去盯她的梢，见她转过岳王坟后便不见了踪影，也就不敢追了。

卷 四

不系园[1]

甲戌[2]十月，携楚生[3]住不系园看红叶。至定香桥[4]，客不期而至者八人：南京曾波臣[5]，东阳赵纯卿[6]，金坛彭天锡[7]，诸暨陈章侯，杭州杨与民、陆九、罗三，女伶陈素芝。余留饮。章侯携缣素为纯卿画古佛，波臣为纯卿写照，杨与民弹三弦子，罗三唱曲，陆九吹箫。与民复出寸许界尺，据小梧[8]，用北调说《金瓶梅》一剧，使人绝倒。是夜，彭天锡与罗三、与民串本腔[9]戏，妙绝；与楚生、素芝串调腔戏[10]，又复妙绝。章侯唱村落小歌，余取琴和之，牙牙如话。纯卿笑曰："恨弟无一长，以侑兄辈酒。"余曰："唐裴将军旻[11]居丧，请吴道子[12]画天宫壁度亡母。道子曰：'将军为我舞剑一回，庶因猛厉，以通幽冥。'旻脱缞衣，缠结，上马驰骤，挥剑入云，高十数丈，若电光下射，执鞘承之，剑透室而入，观者惊慄。道子奋袂如风，画壁立就。章侯为纯卿画佛，而纯卿舞剑，正今日事也。"纯卿跳身起，取其竹节鞭，重三十斤，作胡旋舞[13]数缠，大噱[14]而罢。

【注】

1. 不系园：明末安徽富商汪汝谦的游船名，该船专用于游览西湖。船名源自《庄子·列御寇》："巧者劳而知者忧，无能者无所求，饱食而敖游，泛若不系之舟，虚而敖游者也。"汪汝谦《画舫诗序》："偶得木兰一本，斫而为舟。入门数武，堪贮百壶。次进方丈，足布两席。曲藏斗室，可供卧吟。侧偃壁橱，俾收醉墨。出转为廊，廊升为台。陈眉公题曰'不系园'。"
2. 甲戌：崇祯七年。
3. 楚生：朱楚生，张家所养的女戏子。详见卷五《朱楚生》。
4. 定香桥：一名袁公桥，在西湖苏堤。
5. 曾波臣：曾鲸，字波臣，福建莆田人。流寓南京，擅画人物。

6. 赵纯卿：未详。
7. 彭天锡：江苏金坛人。生卒年不详。本为士人，与南京缙绅多有往来，喜演剧，擅长净、丑戏。详见本书卷六《彭天锡串戏》。
8. 梧：同“杌”，凳子。
9. 本腔：昆山腔。
10. 调腔戏：又名“掉腔”“绍兴高调”，明末清初流行于浙东绍兴等地的地方戏曲，由明代南戏四大声腔之一的余姚腔发展而来。
11. 裴将军旻：唐代将军裴旻，擅剑舞，与李白的诗、张旭的草书并称三绝。
12. 吴道子：唐代著名画家。
13. 胡旋舞：源自唐代西域康居国的一种舞蹈。
14. 噱（jué）：大笑。

【译】

崇祯七年十月，我带着朱楚生住不系园中观赏红叶。船到定香桥，有客人不期而至，一共八人：南京曾波臣，东阳赵纯卿，金坛彭天锡，诸暨陈章侯，杭州杨与民、陆九、罗三，还有女戏子陈素芝。我请他们喝酒。陈章侯带着白绢，给赵纯卿画佛像；曾波臣给赵纯卿画肖像；杨与民弹三弦；罗三唱曲；陆九吹箫。后来杨与民又掏出块一寸大小的醒木，就着一张小杌子用北调说了一段《金瓶梅》，令人绝倒。

当天夜里，彭天锡与罗三、杨与民串戏唱昆曲，精妙绝伦；又与朱楚生、陈素芝一起演调腔戏，同样是美妙无比。陈章侯唱乡村小调，我给他弹琴伴奏，咿咿呀呀，跟拉家常似的。赵纯卿笑道：“只恨小弟没有一技之长，不能给各位兄台助酒兴了。”

我说：“唐朝裴旻将军在给母亲居丧守孝的时候，曾请吴道子画天宫壁画以超度母亲。吴道子说：‘请将军为我舞一回剑吧。我要借助剑舞的刚猛势头来通达幽冥。’于是裴将军就脱下孝服，周身扎束停当后上马急驰，随即抽出宝剑抛向空中十数丈，深入云霄。宝剑落下时如同闪电一般。裴将军用剑鞘去接，只见宝剑“刷”地一下正好插入剑鞘，旁观之人无不惊骇。吴道子则奋袂如风，壁画一挥而就。所以说，章侯既然给纯卿画了佛像，那么纯卿舞剑，这在今天也是正当其时的事情啊。”

赵纯卿听罢跳起身来，取出他那根重达三十来斤的竹节钢鞭，跳起了胡旋舞，转了好多圈才大笑作罢。

秦淮河房[1]

秦淮河河房，便寓、便交际、便淫冶，房值甚贵，而寓者无虚日。画船箫鼓，去去来来，周折其间。河房之外，家有露台，朱栏绮疏，竹帘纱幔。夏月浴罢，露台杂坐。两岸水楼中，茉莉风起动儿女香甚。女客团扇轻纨，缓鬓倾髻，软媚着人。年年端午，京城士女填溢[2]，竞看灯船。好事者集小篷船百什艇，篷上挂羊角灯[3]如联珠，船首尾相衔，有连至十余艇者。船如烛龙火蜃[4]，屈曲连蜷，蟠委旋折，水火激射。舟中䥫钹星铙[5]，讌歌弦管，腾腾如沸。士女凭栏轰笑，声光乱乱，耳目不能自主。午夜，曲倦灯残，星星自散。钟伯敬[6]有《秦淮河灯船赋》，备极形致。

【注】

1. 河房：沿河而盖的房屋。
2. 填溢：充塞满溢。
3. 羊角灯：用经过特殊处理的羊角制作成灯罩的灯。其选上好羊角，上下端裁齐，旋成圆柱形，与萝卜丝共煮，待羊角变软，用硬木芯撑扩，再煮，改用大一号硬木芯撑扩，如此反复撑扩多次，扩到设计好的尺寸，此时羊角已呈半透明膜状，可作灯罩。当时属于名贵的奢侈品。羊角灯一般为瓜圆形，所以下文说“如联珠”。
4. 蜃（shèn）：中国神话传说的一种海怪，形似大牡蛎（一说是水龙）。
5. 䥫（sǎn）、星：䥫，弩机松弛；星，流星。
6. 钟伯敬：钟惺，字伯敬，竟陵派代表人物。曾任南京礼部主事。所作《秦淮灯船赋》有小序，录以备考：“小舫可四五十只，周以雕槛，覆以翠幕。每舫载二十许人，人习鼓吹，皆少年场中人也。悬羊角灯于两旁，略如舫中人数，流苏缀之，用绳联舟，令其衔尾。有若一舫，火举伎作，如烛龙焉。已散之，又如凫雁檠蹦波间，望之皆出于火。”

【译】

秦淮河两旁的河房，便于寄宿，便于交游，也便于狎妓。尽管房租很贵，但要住的人相当多，每天都客满。载有鼓乐的彩船，来来往往的，穿梭于各河房之间。河房的外侧，每家都建了露台，并饰有花窗朱栏、竹帘纱帐。到了夏天月明之夜，人们洗过澡就极其随便地坐在露台上乘凉。带有茉莉花香的晚风阵阵吹起，两岸水楼中青年男女的内心也开始活动起来了。女客们手执团扇，身披轻纨薄纱，头上梳着慵懒的缓鬓倾髻，着实娇媚迷人。

每年只要一到端午，南京城里的青年男女就会将秦淮河房挤得满满的，争先恐后地观看灯船。有好事者聚集了百十来只小篷船，篷上如同串珠一般挂着羊角灯。他们还将这些船首尾相连，有的十多艘串连在一起。这些船就像火龙灯蜃一般，蜿蜒连绵，曲折徘徊，灯火水光，交相掩映。船中紧铙慢钹，管弦歌唱，热闹非凡，就跟开了锅似的。青年男女们则靠在栏杆上，笑语喧哗。声光缭乱，简直叫人控制不了自己的耳朵、眼睛。一直要闹到更深夜半，曲子唱倦了，灯也燃尽了，这才四散而去。钟伯敬曾写过一篇《秦淮河灯船赋》，将这番情景描绘得淋漓尽致。

兖州[1]阅武

辛未[2]三月，余至兖州，见直指[3]阅武。马骑三千，步兵七千，军容甚壮。马蹄卒步，滔滔旷旷，眼与俱驶，猛掣始回。其阵法奇在变，旝[4]动而鼓，左抽右旋，疾若风雨。阵既成列，则进图直指前，立一牌曰“某阵变某阵”。连变十余阵，奇不在整齐而在便捷。扮胡人百余骑，数里外烟尘坌[5]起。逊卒[6]五骑，小如黑子，顷刻驰至，入辕门报警。建大将旗鼓，出奇设伏。胡骑突至，一鼓成擒，俘献中军。

内以姣童扮胡女三四十骑，荷旃[7]被毳[8]，绣袪[9]魋结[10]，马上走解[11]，颠倒横竖，躤[12]骗[13]翻腾，柔如无骨。奏乐马上，三弦、胡拨四（琥珀词）、土儿密失、叉儿机[14]，僸佅兜离[15]，罔不毕集，在直指筵前供唱，北调淫俚，曲尽其妙。是年，参将罗某，北人，胡儿胡女皆其歌童外宅，故极姣丽，恐易人为之，未必能尔也。

【注】

1. 兖州：张岱父亲张耀芳为鲁王右长史，在兖州鲁王府。
2. 辛未：崇祯四年。
3. 直指：直指使者的简称。朝廷直接派往地方的巡按御史，名义上“代天巡狩”，有很大的权力。
4. 旝（kuài）：古代战争时用来发号施令的旌旗。
5. 坌（bèn）起：飞起，扬起。
6. 逊卒（lièzú）：担任警戒的士卒。
7. 旃（zhān）：古代一种赤色曲柄旗。
8. 毳（cuì）：野兽毛皮。
9. 袪（qū）：袖口。
10. 魋结（chuíjì）：同“魋髻”，指结成椎形的发髻。
11. 走解：骑者在马上表演技艺。古代百戏之一。
12. 躤（jí）：躤柳，一种驰马射柳的骑术。

13. 骗：一种从马的身侧飞身上马的骑术。
14. 三弦、胡拨四（琥珀词）、土儿密失、义儿机：均为古代少数民族乐器。
15. 僸佅（jìnmài）兜离：古代少数民族音乐。

【译】

崇祯四年三月，我到达兖州，看到了直指使者的阅兵盛况。出场的有骑兵三千，步兵七千，军容极为雄壮。骑兵之马蹄，步兵之步伐，全都整齐威武，声势浩大，叫人目不转睛，视线随他们一起移动，直到队伍过去才猛地收回来。所演练的阵法奇就奇在变幻莫测。只要令旗摇动，鼓声响起，便左突右旋，快似疾风骤雨。阵势列好后，会有阵图送到直指使者面前，并立着一块牌子，上写“由某某阵变成某某阵”。一连变了十多个阵势，出奇之处并不在于整齐划一而在于快捷。有百余名骑兵扮作胡兵奔袭而来。看到数里外烟尘腾起后，就有五名巡哨回来报警。初看时还是几个小黑点，可一会儿的工夫就驰入辕门。于是即刻立大将之旗鼓，出奇计布置埋伏。胡骑突袭而来，只敲了一通战鼓就将他们生擒活捉，献到中军之前。

又有美少年装扮的胡女三四十骑，一个个都扛着旌旗，身披毛皮，袖口绣花，头扎椎髻。他们在马上表演杂技，横躺倒立，或驰马射柳，或飞身上马，滚鞍翻腾，柔若无骨。还在马上弹奏乐器，三弦、胡拨四（琥珀词）、土儿密失、叉儿机，僸佅兜离，一应俱全。又安排人在直指使者筵前演唱北调之俗词俚曲，美妙动人。那年，参将罗某在营中。他是北方人，扮演者都是他家的歌童姬妾，所以异常姣丽，倘若换了别人，恐怕就未必能做到了。

牛首山[1]打猎

戊寅[2]冬，余在留都，同族人隆平侯[3]与其弟勋卫[4]、甥赵忻城[5]，贵州杨爱生，扬州顾不盈[6]，余友吕吉士[7]、姚简叔[8]，姬侍王月生[9]、顾眉[10]、董白[11]、李十[12]、杨能[13]，取戎衣衣客，并衣姬侍。姬侍服大红锦狐嵌箭衣、昭君套[14]，乘款段马[15]，鞲青骹[16]，绁韩卢[17]，统箭手百余人，旗帜棍棒称是[18]。出南门，校猎[19]于牛首山前后，极驰骤纵送之乐。得鹿一、麂三、兔四、雉三、猫狸[20]七。看剧于献花岩[21]，宿于祖茔[22]。次日午后猎归，出鹿麂以飨士，复纵饮于隆平家。江南不晓猎较[23]为何事，余见之图画戏剧，今身亲为之，果称雄快。然自须勋戚豪右[24]为之，寒酸不办也。

【注】

1. 牛首山：又称牛头山，在今江苏南京，因其两座主峰南北耸峙，宛如牛首，故名。《夜航船》："牛首山：在祖堂之北，上有二峰相对，如牛角，故名。晋王导曰：'此天阙也。'又名天阙山。"相传岳飞曾在此设伏兵大破金兀术。
2. 戊寅：崇祯十一年。
3. 隆平侯：张信，临淮人。建文元年调北平都司，曾帮助朱棣定计起兵，后被封为隆平侯，子孙世袭。这里的隆平侯是指张信的子孙张拱薇，崇祯三年加太子太傅，七年四月任佥书南京中府。
4. 勋卫：侍卫官职之一。分亲卫、勋卫、翊卫三类，其中勋卫专由有勋爵之家的子弟来担任。
5. 赵忻（xīn）城：明成祖朱棣曾封功臣赵彝为忻城伯，世袭。文中的赵忻城为赵彝之后，当时的忻城伯赵之龙。此人后为马士英一党，南明弘光帝亡后就向满清投降了。
6. 杨爱生、顾不盈：杨爱生，杨鼎卿，字爱生，贵州贵阳人。其父杨文骢为张岱祖父张汝霖门生。顾不盈，顾尔迈，字不盈，曾做过范景文幕僚。
7. 吕吉士：见卷二《燕子矶》注。
8. 姚简叔：姚允在，字简叔，会稽人。工诗善画，以山水、人物见长。作者称其为"字画知己"。参见卷五《姚简叔画》。

9. 王月生：王月，秦淮名妓。有殊色，名动公卿。见卷八《王月生》。
10. 顾眉：字眉生，号横波。南京秦淮名妓，通文史，善画兰，时人推为南曲第一。后为龚鼎孳妾。
11. 董白：字小宛，天姿巧慧，容貌娟妍，后为如皋冒襄（冒辟疆）侧室。
12. 李十：李十娘，名湘真，字雪衣，能鼓琴清歌，略涉文墨。
13. 杨能：秦淮歌妓，擅昆曲。
14. 昭君套：古代一种无顶的女用皮帽罩。因形同绘画和戏曲中昭君出塞时所戴的皮帽罩，故名。北方寒冷，常用貂皮覆于额上，以御寒取暖，后演变为妇女首饰。
15. 款段马：跑不快的马。典出《后汉书·马援传》："士生一世，但取衣食裁足，乘下泽车，御款段马……斯可矣。"
16. 鞲（gōu）青骹（qiāo）：臂上架鹰。鞲，防止被鹰爪抓伤的皮革臂套衣。青骹，一种青腿的猎鹰。
17. 绁（xiè）韩卢：绁，绳索，系牲口的缰绳；韩卢，战国时韩国的名犬。色黑，故名卢。《战国策·秦策三》："以秦卒之勇，车骑之多，以当诸侯，譬若驰韩卢而逐蹇兔也，霸王之业可致。"韩卢后来也成了狗的别称。
18. 称是：与此相称或相当。
19. 校猎（jiàoliè）：遮拦禽兽以猎取之。亦泛指打猎。
20. 猫狸：狸的一种。俗称野猫。
21. 献花岩：为牛首山之南，祖堂山的一个石窟。相传唐贞观之初，法融禅师在此入定。当时有白鸟衔花来献，故名。
22. 祖茔："茔"应为"坣"（táng）之抄误，而"坣"为"堂"之古字。"祖茔"即"祖堂"，指祖堂寺，位于南京祖堂山南麓。
23. 猎较：打猎。
24. 豪右：原称西汉时期占有大量田产的豪族。汉以"右"为上，故称"豪右"。

【译】

崇祯十一年的冬天，我在留都南京，曾与族人隆平侯以及他那担任勋卫之职的弟弟、外甥赵忻城、贵州的杨爱生、扬州的顾不盈，还有我的朋友吕吉士、姚简叔，歌妓王月生、顾眉、董白、李十、杨能等人一起打过一场猎。当时，所有的来客以及歌妓全都穿上了戎装。歌妓们穿大红锦狐箭衣，头上戴着昭君套，骑温顺的马儿。我们臂上套着皮筒，皮筒上站着猎鹰，手中牵着猎犬，统领弓箭手一百多人，旗帜棍棒等物也都一应俱全。

我们出南门，围猎于牛首山前后，着实过了一把驰骋驱使的瘾。所得猎物有一头鹿、三只麂子、四只兔子、三只野鸡、七只猫狸。后来又在献花岩看了戏，当晚留宿于祖堂寺，一直到第二天下午才收队回府，并将所得的鹿麂等猎物分赏给了士卒。而后，再次到隆平侯家中开怀畅饮。

江南人一般不知道狩猎是怎么回事，我以前也只是在画中或戏里看到过。这次亲身体验了，才知道果然是豪放畅快。不过这种事也只有侯门豪族才办得成，而穷书生是办不到的。

杨神庙台阁

枫桥[1]杨神庙[2]，九月迎台阁[3]。十年前迎台阁，台阁而已；自骆氏兄弟主之，一以思致文理为之。扮马上故事二三十骑，扮传奇一本，年年换，三日亦三换之。

其人与传奇中人必酷肖方用，全在未扮时一指点为某似某，非人人绝倒者不之用。迎后，如扮胡琏[4]者，直呼为胡琏，遂无不胡琏之，而此人反失其姓。

人定，然后议扮法。必裂缯[5]为之。果其人其袍铠须某色、某缎、某花样，虽匹锦数十金不惜也。一冠一履，主人全副精神在焉。诸友中有能生造刻画者，一月前礼聘至，匠意为之，唯其使。装束备，先期扮演，非百口叫绝又不用。故一人一骑，其中思缴文理，如玩古董名画，一勾一勒不得放过焉。

土人有小小灾祲[6]，辄以小白旗一面到庙禳[7]之，所积盈库。是日以一竿穿旗三四，一人持竿三四走神前，长可七八里，如几百万白蝴蝶回翔盘礴在山坳树隙。四方来观者数十万人。市枫桥下，亦摊亦篷。台阁上、马上有金珠宝石堕地，拾者，如有物凭焉不能去，必送还神前；其在树丛田坎间者，问神，辄示其处，不或爽。

【注】

1. 枫桥：镇名，在绍兴诸暨东北。
2. 杨神庙：又称杨相公庙。相传有山寇扰乡里，有神夜逐之，神名杨俨，宋时封紫薇侯。庙期为九月十五日。

3. 台阁：一种移动式的小舞台。
4. 胡琏：又作“胡连”，明单本所作传奇《蕉帕记》中人物。该戏插科打诨十分有趣，颇受大众喜爱。
5. 缯（zēng）：古代对丝织品的总称。
6. 灾祲（jìn）：灾殃。
7. 禳（ráng）：除去邪恶或灾异。

【译】

枫桥的杨神庙，每年九月都要迎台阁。十年前迎台阁，也只是普通的台阁而已，可自从骆氏兄弟主事之后，就开始精心策划、艺术加工起来了。或用二三十骑来扮演马上故事，或演整本的传奇戏剧，而且每年都会更新，即便连办三日也是每天都不重样的。

所用的人一定要跟某戏中的某个人物极为相像。关键在于未经装扮时，一点出此人像某剧中的某个人物，就要令所有人都叹服，否则就绝不采用。而一旦采用后，就用剧中人的姓名来称呼他了。例如扮演胡琏的，就直接叫他胡琏，结果人人都叫他胡琏，而他原有的姓名反倒没人叫了。

人定下之后，就商议怎么来装扮。所用服饰必定是用锦缎制作的。如果某一人物的战袍、铠甲必须用某种颜色、某种锦缎、某种花样的料子来做，即便一匹这样的料子要花费数十两银子也在所不惜。一顶帽子、一双鞋子，都灌注着主人的全部心思。朋友当中若有精于制作描画的，会提前一个月加以礼聘，并让其充分发挥自己的手艺。装束准备停当后，便先期预演，而此时又必定要让一百人看了一百人都叫好称绝，否则又不采用。因此，这样装扮出来的一人一骑，无不体现着精细的心思和意趣，简直就如同赏玩古董名画一般，一勾一勒都不轻易放过。

当地人有个习惯，但凡遇到小灾小难，就会献一面小白旗到庙里，祈求消灾。日积月累，小白旗也就堆满了库房。到了迎台阁那天，会用一根竹竿穿小白旗三四面，许多人手里都拿着三四根这样竹竿，走在神舆前面。这个队伍可绵延七八里，远远望去像成千上万只白蝴蝶盘旋飞舞在山坳树隙之间。各地前来观看的人往往会多达几十万。有人还在枫桥下做起了生意，又是摆摊，又是搭篷的。

台阁上、马上，有金银珠宝之类掉地上，拾到的人必定会主动送到神明面前，就跟附了体似的。若有掉到树丛里或田埂下的，只管去请示神明，神明立刻就会指明地点，分毫不差。

雪精

外祖陶兰风[1]先生倅[2]寿州[3]，得白骡，蹄跲[4]都白，日行二百里，畜署中。寿州人病噎隔[5]，辄取其尿疗之。凡告期[6]，乞骡尿状，常十数纸。外祖以木香[7]沁其尿，诏百姓来取。后致仕[8]归，捐馆[9]，舅氏啬轩[10]解骖[11]赠余。余豢之十余年许，实未尝具一日草料。日夜听其自出觅食，视其腹未尝不饱，然亦不晓其何从得饱也。天曙，必至门祇候[12]，进厩候驱策，至午勿御，仍出觅食如故。后渐跋扈难御，见余则驯服不动，跨鞍去如箭，易人则咆哮蹄啮，百计鞭策之不应也。一日，与风马争道城上，失足堕濠堑死，余命葬之，谥之曰“雪精”[13]。

【注】

1. 陶兰风：陶允嘉，字幼美，号兰风，山阴人。
2. 倅（cuì）：辅助，担任副职。
3. 寿州：今安徽省寿县。
4. 跲（jiá）：蹄趾。
5. 噎隔：又名噎膈、隔、噎塞等，指饮食不下或食入即吐的病症。
6. 告期：受理诉讼的日期。
7. 木香：木香根，有健脾消食的功效。
8. 致仕：交还官职，即退休。
9. 捐馆：对人去世的婉辞。捐，放弃；馆，住所。
10. 啬轩：陶崇文，字乳周，号啬轩、啬轩道人。因政局混乱，绝意功名。
11. 骖（cān）：古代驾在车前两侧的马。此指白骡。
12. 祇候（zhīhòu）：恭候。
13. 雪精：指白驴或白骡。

【译】

我的外祖父陶兰风先生，在寿州担任副职时，得到了一头白色的骡子。连蹄带爪都是白色的，能够日行二百里。他将其喂养在衙门里。

寿州人得了噎膈之病，就来讨白骡的尿回去当药喝。故而每到受理诉讼的日子，就会收到十几张乞请骡尿的状纸。我外祖父用木香吸收骡尿，贴出告示让百姓前来取。在他告老还乡、去世之后，舅父啬轩先生就把这头骡子送给了我。

我养了它十来年，却从未为它准备过一天草料。白天夜里都听任它自己出去觅食。我看它的肚子一直是饱鼓鼓的，也不知道它是去哪里吃饱了回来的。

每天天一亮，它必等在门前，然后进厩等我去骑它。如果到了中午还不骑它，它便照旧跑出去觅食了。

后来，这厮竟也越来越骄纵难管。不过，看到我它还是老老实实，一骑上就飞奔如箭。要是换了别人，它就咆哮连连，又踢又咬，无论怎么鞭策驱赶，它都一概不理。

有一天，它跟一匹受惊的马在城头上争道，失足掉进护城河里死了。我叫人安葬了它，并给它取谥号作“雪精”。

严助[1]庙

陶堰[2]司徒庙，汉会稽太守严助庙也。岁上元设供，任事者，聚族谋之终岁。凡山物粗粗（虎、豹、麋鹿、獾猪之类），海物噩噩（江豚、海马、鲟黄、鲨鱼之类），陆物痴痴（猪必三百斤，羊必二百斤，一日一换。鸡、鹅、凫、鸭之属，不极肥不上供），水物噞噞[3]（凡虾、鱼、蟹、蚌之类，无不鲜活），羽物毨毨[4]（孔雀、白鹇、锦鸡、白鹦鹉之属，即生供之），毛物毧毧（白鹿、白兔、活貂鼠之属，亦生供之），洎非地（闽鲜荔枝、圆眼、北苹婆果[5]、沙果[6]、文官果[7]之类）、非天（桃、梅、李、杏、杨梅、枇杷、樱桃之属，收藏如新撷）、非制（熊掌、猩唇、豹胎之属）、非性（酒醉、蜜饯之类）、非理（云南蜜唧[8]、峨嵋雪蛆[9]之类）、非想（天花龙蛋、雕镂瓜枣、捻塑米面[10]之类）之物，无不集。庭实[11]之盛，自帝王宗庙、社稷坛壝[12]所不能比隆者。十三日，以大船二十艘载盘軨[13]，以童崽扮故事，无甚文理，以多为胜。城中及村落人，水逐陆奔，随路兜截，转折看之，谓之"看灯头"。且夜夜在庙演剧，梨园必倩[14]越中上三班，或雇自武林者，缠头日数万钱。唱《伯喈》《荆钗》[15]，一老者坐台下，对院本，一字脱落，群起噪之，又开场重做。越中有"全伯喈""全荆钗"之名起此。

天启三年，余兄弟携南院[16]妓王岑，老串[17]杨四、徐孟雅，圆社[18]河南张大来往观之。到庙蹴踘，张大来以"一丁泥""一串珠"名世。毬着足，浑身旋滚，一似粘疐[19]有胶、提掇有线、穿插有孔者，人人叫绝。剧至半，王岑扮李三娘，杨四扮火工窦老，徐孟雅扮洪一嫂，马小卿[20]十二岁，扮咬脐，串《磨房》《撇池》《送子》《出猎》四出[21]。科诨曲白，妙入筋髓，又复叫绝。遂解维[22]归。戏场气夺，锣不得响，灯不得亮。

【注】

1. 严助：本名庄助，西汉会稽郡吴县人，严忌之子，《汉书》为避东汉明帝刘庄讳，将其改名严助。著名辞赋家。汉武帝时任中大夫，其后任会稽太守。建元三年，闽越兵围东瓯，东瓯向汉朝告急，太尉田蚡力主不救，严助和他辩论并取得上风，汉武帝最终出兵援救。严助与朱买臣、淮南王刘安交好，刘安谋反，严助受御史张汤指控，遭牵连而被诛。
2. 陶堰：陶家堰，在绍兴东。张岱外祖父家在陶堰。
3. 噞（yǎn）：（鱼）在水面张口呼吸的样子。
4. 毨（xiǎn）：形容羽毛新生后齐整的样子。
5. 苹婆果：苹果。
6. 沙果：花红，果名。
7. 文官果：文冠果。
8. 蜜唧：以蜜饲的初生鼠。岭南人以为佳肴。
9. 雪蛆（qū）：虫名。大如指，生阴山北及峨眉山北，味美，治内热。又名冰蛆、雪蚕。
10. 天花龙蛋、雕镂瓜枣、捻塑米面：均为精美干果点心。天花，雪花。龙蛋，未详。捻塑，揉捏塑造。
11. 庭实：陈列于朝堂的供献物品。
12. 坛壝（wěi）：坛场。祭祀之所。
13. 盘軨：当作“盘铃”，乐器名，以盘铃伴奏演出的傀儡戏称“盘铃傀儡”。
14. 倩（qìng）：请人做某事。
15.《伯喈》《荆钗》：指南戏《琵琶记》《荆钗记》。
16. 南院：明南京教坊司分南院、西院。
17. 老串：什么戏都能串演的人。
18. 圆社：表演蹴鞠的团体。
19. 疐（zhì）：停滞。
20. 马小卿：作者的家养戏班女伶。
21.“王岑”等句：所提到的人物以及戏目都出自南戏《白兔记》。该戏演刘知远、李三娘的离合故事。
22. 解维：解开缆索。

【译】

陶家堰的司徒庙，其实就是汉朝会稽太守严助的庙。每年的上元节要设供办庙会。到那时，主事者会聚集族人商量一年之中的大事。供品有凶猛的野兽（虎、豹、麋鹿、獾猪之类），可怕的海怪（江豚、海马、鲟黄、鲨鱼之类），呆傻的家畜（一定要三百斤以上的猪、二百斤以上的羊，并且一天一换。鸡、鹅、凫、鸭之类，不是极肥硕则不上供），张嘴冒泡的河鲜（凡是虾、鱼、蟹、蚌之类，全都是鲜活的），羽毛齐整的禽类（孔雀、白鹇、锦鸡、白鹦鹉之类，全都是活的），皮毛细软的兽类（白鹿、白兔、活貂鼠之类，也都用活的上供），以及外地果品（闽地鲜荔枝、龙眼、北方的苹果、沙果、文冠果之类），反季水果（桃、梅、李、杏、杨梅、枇杷、樱桃之类，好生保存得如同刚摘下的一般），非寻常之物（熊掌、猩唇、豹胎之类），非常性之物（酒浸食品、蜜饯之类），奇异之物（云南的蜜唧、峨眉的雪蛆之类），异想天开之物（天花龙蛋、雕镂瓜枣、捻塑米面之类），凡此种种，应有尽有。供品之丰盛，连帝王宗庙、社稷的祭坛也不能与之相比。

十三日那天，会用二十艘大船来装载盘铃傀儡，并让小孩子装扮戏剧人物，但不讲究什么条理情节，只是一味地以多取胜。城里、乡下的百姓会从水、陆两路追赶大船，一路兜抄拦截，反复观看，称之为“看灯头”。

夜夜在庙里演戏剧。请来的戏班必定是绍兴城中最好的，或者是从杭州请来的戏班。光是每天给的缠头钱就多达几万文。所唱的戏目有《伯喈》（《琵琶记》）、《荆钗记》等。演戏时有一个老头坐在台下，一边听一边对照脚本。倘有一字错漏，则观众群起聒噪，戏就要重新演过。绍兴有所谓“全伯喈”“全荆钗”的说法，其实就是从这儿出来的。

天启三年，我们兄弟带了南院的王岑，串戏高手杨四、徐孟雅，蹴鞠名家河南张大来等人前去观看。张大来以“一丁泥”“一串珠”等蹴鞠技艺而闻名于世。球只要一到了他的脚上，就会在浑身上下旋转翻滚，如同有胶粘、有线提、有孔可供穿插一般，直令观者叫绝。

看戏看到一半，王岑扮李三娘，杨四扮火工窦老，徐孟雅扮洪一嫂，马小卿才十二岁，便扮演咬脐郎，一起演了《磨房》《撇池》《送子》《出猎》四出戏。无论是唱腔还是念白，全都妙到毫巅，又令观者叫绝。

演完后我们就解缆回家了。然而，戏台上下仍未回过神来，锣也不敲，灯也不亮。

乳酪

乳酪自驵侩[1]为之，气味已失，再无佳理。余自豢一牛，夜取乳置盆盎，比[2]晓，乳花[3]簇起尺许，用铜铛[4]煮之，瀹[5]兰雪[6]汁，乳斤[7]和汁四瓯，百沸之。玉液珠胶，雪腴霜腻，吹气胜兰，沁入肺腑，自是天供[8]。或用鹤觞[9]、花露[10]入甑[11]蒸之，以热妙；或用豆粉搀和，漉之成腐，以冷妙；或煎酥，或作皮，或缚饼[12]，或酒凝，或盐腌，或醋捉，无不佳妙。而苏州过小拙[13]和以蔗浆霜[14]，熬之、滤之、钻之、掇之、印之，为带骨鲍螺[15]，天下称至味。其制法秘甚，锁密房，以纸封固，虽父子不轻传之。

【注】

1. 驵侩（zǎngkuài）：商贩。原指马匹贩卖的中介人。
2. 比：等到。
3. 乳花：也称“乳皮”“奶皮”。
4. 铛（chēng）：平底浅锅。
5. 瀹（yuè）：浸渍。
6. 兰雪：兰雪茶，详见卷三《兰雪茶》。
7. 乳斤：乳花一斤。
8. 天供：天人之供，供给帝王的饮食。
9. 鹤觞：酒名，一名“骑驴酒”，相传北朝时河东人刘白堕善酿此酒，见于《洛阳伽蓝记》。
10. 花露：酒名。
11. 甑（zèng）：蒸食炊器。
12. 缚（zhuàn）饼：卷饼。
13. 过小拙：苏州点心师，有同名点心店。
14. 蔗浆霜：砂糖。
15. 带骨鲍螺：一种里面松软，外壳坚实，螺状乳酪点心。带骨，带壳。《清稗类钞》：“乾隆时，有以牛乳煮令百沸，点以青盐卤，使凝结成饼，佐以香粳米粥，食之，绝佳。复有以蔗饧法制如螺形，甘洁异常。始于鲍氏，故名鲍螺，亦名鲍酪。”

【译】

乳酪，自从小商小贩也都开始制作之后，就失去了它特有的气味，再也没有什么妙处可言了。

我自己养了一头牛，每天晚上挤了奶后盛放在盆子里，等到天亮时，乳花就已经浮起一尺来高。将乳花取出后放入铜锅里煮，再倒入兰雪茶的茶汤。一斤乳花要加四杯茶汤。反复煮沸后，就如同玉液珠胶一般，雪腴霜腻，吹气胜兰，沁入肺腑，简直就是帝王享用的贡品。

也可以加了鹤觞、花露之类的酒后放入蒸锅去蒸，趁热吃好吃；或掺和豆粉，过滤成豆腐状，冷却后好吃。也可以制成煎酥、擀成皮子、卷成饼子。或者用酒使其凝结，或者用盐腌，或者醋渍，味道都很好。苏州的过小拙则用白砂糖拌入其中，经过熬、滤、钻、掇、印等工艺后，制成带骨鲍螺，人称天下至味。他家的制法极为保密，锁在密室里，还得贴上封条，即便是父子之间也不肯轻易传授。

二十四桥风月

广陵[1]二十四桥[2]风月，邗沟[3]尚存其意。渡钞关[4]，横亘半里许，为巷者九条。巷故九，凡周旋折旋于巷之左右前后者，什百之。巷口狭而肠曲，寸寸节节，有精房密户，名妓、歪妓杂处之。名妓匿不见人，非向道莫得入。歪妓多可五六百人，每日傍晚，膏沐薰烧，出巷口，倚徙[5]盘礴于茶馆酒肆之前，谓之“站关”。茶馆酒肆岸上下纱灯百盏，诸摚掩映闪灭于其间，皅謍[6]者帘，雄趾[7]者阈[8]。灯前月下，人无正色，所谓“一白能遮百丑”者，粉之力也。游子过客，往来如梭，摩睛相觑，有当意者，逼前牵之去；而是妓忽出身分，肃客先行，自缓步尾之。至巷口，有侦伺者，向巷门呼曰：“某姐有客了！”内应声如雷，火燎[9]即出。一一俱去，剩者不过二三十人。沉沉二漏，灯烛将烬，茶馆黑魆无人声。茶博士不好请出，惟作呵欠，而诸妓醵[10]钱向茶博士买烛寸许，以待迟客。或发娇声，唱《劈破玉》等小词，或自相谑浪嘻笑，故作热闹，以乱时候；然笑言哑哑声中，渐带凄楚。夜分不得不去，悄然暗摸如鬼。见老鸨，受饿、受笞俱不可知矣。余族弟卓如，美须髯，有情痴，善笑，到钞关必狎妓，向余噱曰：“弟今日之乐，不减王公。”余曰：“何谓也？”曰：“王公大人侍妾数百，到晚耽耽[11]望幸，当御者亦不过一人。弟过钞关，美人数百人，目挑心招[12]，视我如潘安，弟颐指气使，任意拣择，亦必得一当意者呼而侍我。王公大人岂遂过我哉！”复大噱，余亦大噱。

【注】

1. 广陵：扬州。
2. 二十四桥：扬州名胜。姜夔《扬州慢》："二十四桥仍在，波心荡，冷月无声。念桥边红药，年年知为谁生？"
3. 邗（hán）沟：相传春秋时吴王夫差为争霸中原，在长江和淮河之间开凿出这条运河。
4. 钞关：明政府为疏通钞法而设，后逐渐成为扬州的繁华地段。当时街上有九条巷子，每条巷里通若干小巷，为妓院聚集之地。
5. 倚徙：指留连徘徊。
6. 妑鲨（bālì）：此处似指肤色黧黑者。妑，同"疤"；鲨，绿色。
7. 雄趾：大脚。
8. 阈（yù）：门槛。
9. 火燎：火把。
10. 醵（jù）：聚集，聚敛。
11. 耽耽：贪婪地注视；深邃地注视。
12. 目挑心招：眉目传情，心神招引。语出《史记·货殖列传》："今夫赵女郑姬，设形容，揳鸣琴，揄长袂，蹑利屣，目挑心招，出不远千里，不择老少者，奔富厚也。"

【译】

扬州所谓的二十四桥风月，如今在邗沟那儿倒还留有余韵。出了钞关，有九条巷子，横亘半里多地。巷子原本只有九条，但盘旋曲折于巷子前后左右的小弄堂，却要多上十倍、百倍。巷口很狭，巷子里面弯弯曲曲的，如同羊肠一般。两旁精致隐秘的房舍鳞次栉比，名妓、歪妓鱼龙混杂。

名妓藏于深宅内院，秘不见人，没人领路简直不得其门而入。歪妓则多达五六百人，每天傍晚，她们香汤沐浴，涂脂抹粉后就走出巷口，慵懒随便地徘徊流连于茶馆酒肆前，这个举动叫作"站关"。茶馆酒肆以及河岸上下有纱灯上百盏，这些妓女全都忽隐忽现地闪烁其间。脸上有疤痕或肤色黧黑的躲在门帘后面，脚大的就站在门槛里面。灯前月下，本来就很难看清人的正色，所谓“一白遮百丑”，靠的全是脂粉。

游子过客，往来如梭，他们擦亮了眼睛仔细打量，有中意的，冲上去拉了就跑。可这时妓女往往反倒做作起来，会让嫖客走在前面，自己慢吞吞地在后面跟着。到了巷口，有把风的朝巷门里高喊：“某姐有客了！”巷门里应声如雷，立刻有人举着火把出来迎接。

妓女们就这么一个个地被客人带走，最后剩下的不过二三十人。此时，已到夜间二更时分，灯烛都快燃尽了，茶馆里黑洞洞，寂静无声。茶博士不好将她们赶走，只能猛打哈欠，而妓女们会凑了钱向茶博士买来一寸长的蜡烛点着，等待晚来的嫖客。或者嗲声嗲气地唱《劈破玉》等小曲，或者相互间嬉笑打闹，故作热闹，以此来消磨时间。然而光景一长，嬉笑声中，便渐渐带出凄楚苦涩之味了。到了半夜时分就不能再赖着不走。于是一个个默不作声摸着黑走回去，如同鬼魅一般。见了老鸨，或许还要挨饿、受鞭笞呢。

我的族弟卓如，是个美髯公，性情中人，喜欢笑。他到了钞关是一定要去狎妓的。有一次他对我大笑道：“小弟我今天真是开心，一点也不比王公大人差。”我问他：“此话怎讲？”

他答道：“王公大人侍妾数百人，到了晚上一个个眼巴巴地盼望自己能被临幸，而有幸者只不过一人。小弟我过钞关，有美人数百，全都对我眉目传情、满心期盼，将我视如潘安。小弟我对她们颐指气使，挑挑拣拣，总能挑出一个中意的来伺候我。王公大人哪有我这般称心快活呢！”说完，他又大笑起来。我也看着他大笑。

世美堂[1]灯

儿时跨苍头颈，犹及见王新建[2]灯。灯皆贵重华美，珠灯[3]、料丝[4]无论，即羊角灯亦描金细画，缨络罩之。悬灯百盏尚须秉烛而行，大是闷人。余见《水浒传》“灯景诗”[5]有云：“楼台上下火照火，车马往来人看人。”已尽灯理。

余谓灯不在多，总求一亮。余每放灯，必用如椽大烛，颛令数人剪卸烬煤，故光迸重垣，无微不见。

十年前，里人有李某者为闽中二尹[6]，抚台[7]委其造灯，选雕佛匠，穷工极巧，造灯十架。凡两年，灯成而抚台已物故，携归藏椟中。又十年许，知余好灯，举[8]以相赠，余酬之五十金，十不当一，是为主灯。遂以烧珠、料丝、羊角、剔纱诸灯辅之。

而友人有夏耳金[9]者，剪彩为花，巧夺天工，罩以冰纱[10]，有烟笼芍药之致。更用粗铁线界画规矩[11]，匠意出样[12]，剔纱[13]为蜀锦皺其界地[14]，鲜艳出人。耳金岁供镇神[15]，必造灯一盏，灯后，余每以善价购之。

余一小傒善收藏，虽纸灯亦十年不得坏，故灯日富。又从南京得赵士元[16]夹纱屏及灯带数副，皆属鬼工，决非人力。灯宵，出其所有，便称胜事。

鼓吹弦索，厮养臧获[17]，皆能为之。有苍头善制盆花[18]，夏间以羊毛鍊泥墩，高二尺许，筑“地涌金莲”[19]，声同雷礮，花盖亩余。不用煞拍[20]鼓饶，清吹锁呐[21]应之，望花缓急为锁呐缓急，望花高下为锁呐高下。

灯不演剧，则灯意不酣；然无队舞鼓吹，则灯焰不发。余敕小傒串元剧四五十本。演元剧四出，则队舞一回，鼓吹一回，弦索一回。其间浓淡、繁简、松实之妙，全在主人位置[22]。使易人易地为之，自不能尔尔。故越中夸灯事之盛，必曰“世美堂灯”。

【注】

1. 世美堂：张岱家的厅堂名。
2. 王新建：王承勋，王守仁之孙。王守仁在嘉靖时受封为新建伯，世袭。王承勋在万历五年袭爵，天启五年卒。在当时，王承勋与张嬾芳、朱敬循、项元汴、周铭仲并称江南五大收藏家。
3. 珠灯：珠子灯，一种用五色珠装饰的灯。明田汝成《西湖游览志余》：“珠子灯，则五色珠为网，下垂流苏，或为龙船、凤辇、楼台故事。”
4. 料丝：制作灯具的一种丝状原料。《陔余丛考·料丝》：“用玛瑙、紫石英诸药，捣为屑，煮腐如粉，必市天花菜点之方凝。然后取以为丝，极晶莹可爱。盖以煮料成丝，故名‘料丝’耳。”
5.《水浒传》“灯景诗”：出自《水浒传》第七十二回《柴进簪花入禁院，李逵元夜闹东京》。
6. 二尹：副官，指福州同知。
7. 抚台：指巡抚。
8. 举：全部。
9. 夏耳金：绍兴灯彩剪纸艺人。参见卷八《瑞草谿亭》。
10. 冰纱：洁白透明的纱。
11. 界画规矩：意为扎成各种形状的架子。
12. 出样：翻出各种花样。
13. 剔纱：剔纱灯。一种在木框架上绷以彩纱的宫灯。
14. 鞔（mán）其界地：鞔，“鞔”之俗字，本义为把皮革蒙在鼓框上；界地，此指宫灯的分隔部分，也即木架。
15. 镇神：南镇之神。参见卷三《南镇祈梦》。
16. 赵士元：明末著名灯艺人。《夜航船》卷十二：“赵士元制夹纱及夹纱帏屏，其所劂翎毛花卉颜色鲜明，毛羽生动，妙不可言。”
17. 厮养臧获：差役，奴仆。
18. 盆花：一种泥制药盆的焰火。
19. 地涌金莲：烟花名。
20. 煞拍：拍板，响板。
21. 锁呐：唢呐。

22. 位置：布置，安排。

【译】

小时候我还骑在老家人脖子上那会儿，还能看得到王新建制作的花灯。他做的灯都极其贵重华美，那些用名贵的琉璃珠或玻璃丝制成的灯自不用说，即便是用羊角制成的灯也都会描金细画，并用缨络将其罩起来。往往是挂了上百盏灯却还要秉烛而行，让人甚是烦闷。

我看到《水浒传》的“灯景诗”中有这样的句子：“楼台上下火照火，车马往来人看人。”真是写尽了灯会的盛况。

我认为灯不在多，但总要明亮些才好，所以每次悬挂花灯时，我都要用如椽大烛，并且叫几个人专门负责剪去燃尽的烛芯，故而灯光过数重垣墙，仍无微不见。

十年前，同乡李某任闽中同知，抚台命其造灯。他选用有本事的雕佛匠，穷工极巧，造了十架花灯。历时两年。花灯造好的时候，抚台已经作古，便只好带回家藏在箱子里。又过了十来年，知道我喜欢花灯，他就全都送给了我，我酬谢他五十两白银，其实恐怕还不到其造价的十分之一吧。后来，我就将这十架灯作为主灯，用烧珠、料丝、羊角、剔纱等花灯来衬托它。

我的朋友夏耳金有一手剪折彩缎制作花朵的绝技，真可谓巧夺天工，外罩透明的白纱之后，竟有烟笼芍药之情致。他会用粗铁丝扎出各种花灯框架，匠心独运，花样翻新，还用蜀锦来蒙剔纱灯的框架。这样做出的花灯鲜艳夺目，出人意表。

为了给南镇之神上供，夏耳金每年都要制作一盏花灯。灯会过后，我就高价将其买下。

家有一童仆很会收藏花灯，即便是纸灯也十年不坏，所以日积月累，我的灯也就越来越多。我在南京买到了赵士元制作的夹纱屏以及几副灯带，皆鬼斧神工，全然不像人工制成。到了元宵佳节，我便一口气全都张挂出来，也是一时之胜事。

我家仆人婢女都会吹拉弹唱。其中有个老家人善于制作泥盆花炮。夏天里他用羊毛和黏土制造土墩，有二尺来高，并将其制成焰火花炮，名为“地涌金莲”。燃放时声音真如打雷放炮一般，烟花散将开来，能覆盖一亩多地。不用锣鼓响板，仅用一支唢呐与之呼应。唢呐声随着烟花升空之缓急而缓急，根据烟花升空之高低而高低。

张灯时若不演戏剧，则趣味不得酣畅。然而，倘若没有群舞和鼓吹，烟火花灯也就不热闹了。所以我会让家童串演元杂剧四五十本。并且每演四出，就群舞一番，鼓吹一阵，演奏一回。这其中的浓淡、繁简、松实之妙，就全看主人如何掌控了。倘若换了别人，换了别的地方，也就没有这种效果了。所以绍兴人夸耀灯事之盛，必称“世美堂灯”。

宁了

大父母喜豢珍禽：舞鹤三对，白鹇一对，孔雀二对，吐绶鸡一只，白鹦鹉、鷯哥、绿鹦鹉十数架。一异鸟名“宁了”，身小如鸽，黑翎如八哥，能作人语，绝不唅喇[1]。大母呼媵婢，辄应声曰：“某丫头，太太叫！”有客至，叫曰：“太太，客来了，看茶！”有一新娘子善睡，黎明辄呼曰：“新娘子，天明了，起来罢！太太叫，快起来！”不起，辄骂曰：“新娘子，臭淫妇，浪蹄子！”新娘子恨甚，置毒药杀之。“宁了”疑即“秦吉了”[2]，蜀叙州[3]出，能人言。一日夷人买去，秦吉了曰：“我汉禽，不入夷地。”遂惊死。其灵异酷似之。

【注】

1. 唅喇：应为“唅喇”，含糊之意。
2. 秦吉了：又称吉了、了哥、八哥，是一种常见的观赏鸟，智商很高，可学人语。因产于秦中，故名秦吉了。
3. 叙州：府名，治所在今四川宜宾。

【译】

我祖父喜欢养珍禽异鸟：有三对会跳舞的仙鹤、一对白鹇、两对孔雀、一只火鸡，还有白鹦鹉、鷯哥、绿鹦鹉十几架。

还有一只异鸟名叫“宁了”。它的身子较小如同鸽子，黑翎又像八哥，能说人话，且口齿清晰，绝不含糊。

我祖母一喊婢女，它就应声道：

“某丫头，太太叫！”

有客人来，就叫道：

“太太，来客人了，上茶！”

有个新娘子爱睡懒觉，于是天一亮它就喊：

“新娘子，天亮了，起来吧！太太叫，快起来！”

如果新娘子还不起床，它就骂道：

“新娘子，臭淫妇，浪蹄子！”

这新娘子对它恨之入骨，后来用毒药将它给毒死了。

我怀疑“宁了”就是“秦吉了”，出自蜀中叙州，能说人话。据说有一天，一只秦吉了被夷人买了去。秦吉了说：“我是汉禽，不入夷地。”于是惊怒而死。就灵性而言，两者是十分相像的。

张氏声伎

谢太傅[1]不畜声伎，曰："畏解，故不畜[2]。"王右军[3]曰："老年赖丝竹陶写[4]，恒恐儿辈觉。"曰"解"，曰"觉"[5]，古人用字深确。盖声音之道入人最微，一解则自不能已，一觉则自不能禁也。我家声伎，前世无之，自大父于万历年间与范长白[6]、邹愚公[7]、黄贞父[8]、包涵所[9]诸先生讲究此道，遂破天荒为之。有"可餐班"，以张綵、王可餐、何闰、张福寿名；次则"武陵班"，以何韵士、傅吉甫、夏清之名；再次则"梯仙班"，以高眉生、李岕生、马蓝生名；再次则"吴郡班"，以王畹生、夏汝开、杨啸生名；再次则"苏小小班"，以马小卿、潘小妃名；再次则平子[10]"茂苑班"，以李含香、顾岕竹、应楚烟、杨騄駬名。主人解事日精一日，而傒童技艺亦愈出愈奇。余历年半百，小傒自小而老、老而复小、小而复老者，凡五易之。无论"可餐""武陵"诸人，如三代法物，不可复见；"梯仙""吴郡"间有存者，皆为佝偻老人；而"苏小小班"亦强半化为异物矣；"茂苑班"则吾弟先去，而诸人再易其主。余则婆娑一老，以碧眼波斯[11]，尚能别其妍丑。山中人至海上归，种种海错[12]皆在其眼，请共舐之[13]。

【注】

1. 谢太傅：谢安，字安石，东晋政治家、名士、书法家。曾指挥著名的淝水之战，以八万兵力打败号称百万的前秦军队。死后被追赠太傅。谢安好音乐，"不畜声伎"当为南朝宋开国皇帝刘裕。

2. 畏解，故不畜：语出《南齐书·崔祖思传》："宋武节俭过人……殷仲文劝令畜伎，答云：'我不解声。'仲文曰：'但畜自解。'又答'畏解，故不畜。'"

3. 王右军：东晋书法家王羲之，官至右军将军。
4. 陶写：陶冶性情，消愁解闷。刘义庆《世说新语·言语》："谢太傅语王右军曰：'中年伤于哀乐，与亲友别，辄作数日恶。'王曰：'年在桑榆，自然至此，正赖丝竹陶写。恒恐儿辈觉，损欣乐之趣'。"
5. 觉："恒恐儿辈觉"的"觉"，以及后文"一觉则自不能禁也"中的"觉"都是"觉悟"的意思，可引申为"提醒"。意为怕自己玩音乐而提醒了儿孙辈，使他们把注意力放到音乐上面来，从而导致玩物丧志。
6. 范长白：范允临，字长倩，号长白，吴县人。范仲淹第十七代孙。万历二十三年进士，曾任福建参议。擅丹青。详见本书卷五《范长白》。
7. 邹愚公：邹迪光，字彦吉，号愚谷、愚公，江苏无锡人。万历二年进士，曾任湖广学宪。擅丹青。
8. 黄贞父：黄汝亨。详见卷一《奔云石》。
9. 包涵所：参见卷三《包涵所》。
10. 平子：张峄，字平子。张岱胞弟，明代儒学大师刘宗周入室弟子。
11. 碧眼波斯：古代波斯商人来中国做生意发财的很多，渐渐地就给人蓝眼珠子的波斯人有识人、识货之眼力的印象。
12. 海错：诸般海产。
13. "山中人"句：借用了当时的一个笑话，说有一个山里人去了趟海边，看到了种种珍奇的海鲜，回来说给同村人听后，大家都觉得十分稀罕。有人说："那就让我们舔舔你的眼珠子吧。"

【译】

谢安不畜养声伎，说："害怕自己懂音乐，所以不畜养声伎。"

王羲之也说："年纪大了就靠丝竹管弦来陶冶性情，解闷消愁，可又时常担心误导了儿孙辈。"

一个说"解"，一个说"觉"，可见古人用字之精准。能入音乐之堂奥的人原本就是最少的，但往往一"解"就自不能已，一"觉"就情不能自禁了。

我家祖上原本也没有声乐班子，是我祖父在万历年间与范长白、邹愚公、黄贞父、包涵所诸先生讲究起此道，才破了这个天荒。我家的声乐班子先有"可餐班"，以张綵、王可餐、何闰、张福寿等人而闻名；

之后是“武陵班”，以何韵上、傅古甫、夏清之等人闻名；再之后是“梯仙班”，以高眉生、李岕生、马蓝生等人闻名；再之后是“吴郡班”，以王畹生、夏汝开、杨啸生等人闻名；再之后是“苏小小班”，以马小卿、潘小妃等人闻名；再之后是平子的“茂苑班”，以李含香、顾岕竹、应楚烟、杨騄駬等人闻名。天长日久，主人的“解”一天精于一天，而小戏子的技艺也越来越出奇了。

等到我年届半百的时候，戏子已经从小孩变老头、老头又换成了小孩、小孩再变成老头，如此这般，换了五茬了。“可餐”“武陵”里的人，也如同夏、商、周三代的古董，已经看不到了；“梯仙”“吴郡”班的还有几个活着，也都是弓腰曲背的老人了；就连“苏小小班”的成员也多半投胎转世了；“茂苑班”则是我的弟弟先撒手人寰，班子也换了工人。而我自己呢，也已垂垂老矣，不过还能像蓝眼珠子的波斯商人一样，能一眼看出好坏、美丑。像那山里人刚从海边回来，种种珍奇海味都在我眼睛里，来吧，请大家都来舔我的眼珠子吧。

方物[1]

越中清馋[2]，无过余者，喜啖方物。北京则苹婆果[3]、黄鼠马牙松[4]；山东则羊肚菜[5]、秋白梨、文官果[6]、甜子[7]；福建则福橘、福橘饼、牛皮糖、红腐乳；江西则青根[8]、丰城脯；山西则天花菜[9]；苏州则带骨鲍螺[10]、山查[11]丁、山查糕、松子糖、白圆、橄榄脯；嘉兴则马交鱼脯、陶庄黄雀；南京则套樱桃、桃门枣、地栗团、窝笋团、山查糖；杭州则西瓜、鸡豆子[12]、花下藕、韭芽、玄笋、塘栖蜜橘；萧山则杨梅、莼菜、鶖鸟、青鲫、方柿；诸暨则香狸、樱桃、虎栗；嵊[13]则蕨粉、细榧；龙游[14]则糖；临海[15]则枕头瓜；台州则瓦楞蚶[16]、江瑶柱[17]；浦江则火肉[18]；东阳则南枣；山阴则破塘笋[19]、谢橘、独山[20]菱、河蟹、三江屯[21]蛏、白蛤、江鱼、鲥鱼、里河鰦[22]。远则岁致之，近则月致之、日致之。耽耽逐逐[23]，日为口腹谋，罪孽固重。但由今思之，四方兵燹，寸寸割裂，钱塘衣带水，犹不敢轻渡，则向之传食四方，不可不谓之福德也。

【注】

1. 方物：地方土特产。
2. 清馋：趣味清高的馋嘴之人，美食家。
3. 苹婆果：苹果。
4. 黄鼠马牙松：黄芽菜。松，同“菘”，白菜。
5. 羊肚菜：羊肚菌，一种食用菌类，因表面凹凸不平，状似羊肚而得名。
6. 文官果：水果名。产于我国北方，花美丽，可供观赏，果形如螺，味甜，也可榨油。
7. 甜子：当作“秋子”，似沙果而小。
8. 青根：疑指临川土产“青菜梗”。

9. 天花菜：五台山产的台蘑。
10. 带骨鲍螺：参见本卷《乳酪》注。
11. 山查：山楂。
12. 鸡豆子：鸡头米，芡实。
13. 嵊：嵊县（今嵊州）。
14. 龙游：龙游县。产糖。
15. 临海：临海县，时浙江台州府治所。
16. 瓦楞蚶：蚶类，又称"瓦楞子"。
17. 江瑶柱：干贝。
18. 火肉：火腿。
19. 破塘笋：参见卷三《天镜园》注。
20. 独山：蜀山，在绍兴城西柯山之东，俗称独山，以产菱著称。
21. 三江屯：在绍兴城西，践山背海，为明代巡检司所在地。
22. 鲦：白鲦鱼。
23. 眈眈逐逐：出自《周易·颐》："虎视眈眈，其欲逐逐。"

【译】

绍兴城里的美食家，大概没人能够超过我的了。我喜欢吃各地的土产。

例如：北京的苹果、黄芽菜；

山东的羊肚菌、秋白梨、文冠果、秋子；

福建的福橘、福橘饼、牛皮糖、红腐乳；

江西的青根、丰城脯；

山西的天花菜；

苏州的带骨鲍螺、山楂丁、山楂糕、松子糖、白圆、橄榄脯；

嘉兴的马鲛鱼脯、陶庄黄雀；

南京的套樱桃、桃门枣、地栗团、窝笋团、山楂糖；

杭州的西瓜、鸡头米、鲜藕、韭芽、玄笋、塘栖蜜橘；

萧山的杨梅、莼菜、鸠鸟、青鲫、方柿；

诸暨的香狸、樱桃、虎栗；

嵊县的蕨粉、细榧；

龙游的糖；

临海县的枕头瓜；

台州的瓦楞蚶、江瑶柱；

浦江的火腿；

东阳的南枣；

山阴的破塘笋、谢橘、独山菱、河蟹、三江屯蛏子、白蛤、江鱼、鲥鱼、里河白鲦鱼。

离得较远的，一年采购一次，离得较近的就每个月，甚至每天都买来吃。眼巴巴地望着，急吼吼地想着，只为了满足口腹之欲，想来真是罪孽深重。可是，看到如今烽火四起，交通寸断，就连钱塘江这么一衣带水，也不敢轻易渡过。那么，往昔能有那种能从四面八方搞来吃食的日子，不得不说是难得的福分了。

祁止祥癖

人无癖不可与交，以其无深情也；人无疵不可与交，以其无真气也。余友祁止祥[1]有书画癖，有蹴踘癖，有鼓钹癖，有鬼戏[2]癖，有梨园癖。壬午[3]，至南都[4]，止祥出阿宝示余，余谓："此西方迦陵鸟[5]，何处得来？"阿宝妖冶如蕊女[6]，而娇痴无赖，故作涩勒，不肯着人。如食橄榄，咽涩无味，而韵在回甘；如吃烟酒，鲠噎[7]无奈，而软同沾醉，初如可厌，而过即思之。止祥精音律，咬钉嚼铁，一字百磨，口口亲授，阿宝辈皆能曲通主意。

乙酉[8]，南都失守，止祥奔归，遇土贼，刀剑加颈，性命可倾[9]，至宝是保。丙戌[10]，以监军驻台州，乱民卤掠[11]，止祥囊箧都尽，阿宝沿途唱曲，以膳主人。及归，刚半月，又挟之远去。止祥去妻子如脱躧[12]耳，独以娈童崽子为性命，其癖如此。

【注】

1. 祁止祥：祁豸佳，字止祥，号雪瓢，山阴人。祁彪佳从兄。多才多艺，擅长书法、绘画、度曲。作者称其为"曲学知己"，并写有《寿祁止祥八十》诗。
2. 鬼戏：皮影戏。祁彪佳《祁忠敏公日记·归南快录》："午后，作书饯罗和阳公祖。止祥兄于灯下作鬼戏，眉面生动，亦一奇也。"
3. 壬午：崇祯十五年。
4. 南都：南京。
5. 迦陵鸟：迦陵频伽鸟，意译则为"好声鸟""美音鸟"或"妙声鸟"。产于印度，色黑似雀，羽毛美丽，音声清婉动听。佛教典籍常以其叫声比喻佛、菩萨之妙音。
6. 蕊女：蕊宫之女。仙女。
7. 鲠噎：同"哽噎"。
8. 乙酉：清顺治二年，也即明亡后的第二年。
9. 性命可倾，至宝是保：语出南宋周密《齐东野语》："（赵）子固方被湿衣立浅水中，手持《禊帖》示人曰：'《兰亭》在此，余不足介意也。'因题八言于卷首云：‘性命可轻，至宝是保。’盖其酷嗜雅尚，出于天性如此。”张岱改“轻”作“倾”，意谓祁止祥将阿宝看作“至宝”，即便舍了自己的性命也要保护他。
10. 丙戌：清顺治三年。当时鲁王朱以海监国于台州，祁止祥为监军。
11. 卤掠：掳掠。卤，通“虏”。
12. 躧（xǐ）：草鞋。

【译】

没有癖好的人是不能与他交朋友的，因为这样的人用情不深；没点小毛病的人是不能跟他交朋友的，因为这样的人不够率真。

我的朋友祁止祥有书画癖，有蹴鞠癖，有鼓钹癖，有鬼戏癖，有梨园癖。

壬午年，我到南京来，他将娈童阿宝带给我看。我说：“这样的西方迦陵鸟，你是从哪儿觅来的？”

阿宝如同仙女般妖冶，惯于撒娇耍赖，还故意使小性子，一点儿也不听话。畜养这样的娈童简直就像吃橄榄一样，吃的时候涩而无味，可回味却十分甘甜；又像烟酒，吃的时候如同骨鲠在喉，而且身子发软跟醉了似的，刚开始尝的时候觉得讨厌，可过了一阵之后就又想着了。

止祥精通音律，教人唱曲的时候每个字都要反复磨合，非常讲究，并且一定要自己亲口相授，所以阿宝等人都深得心意。

乙酉年，南京失守，止祥逃难回家时路上遭遇土匪，刀剑加颈，性命交关之时还拿阿宝当作宝贝一样百般维护。

丙戌年，他以监军身份驻守台州，遭遇乱民劫掠，他的财物全被抢去，身无分文。于是，阿宝就沿路唱曲，养活主人。回到家中才半个月，又带着阿宝出远门去了。止祥离开妻子和孩子如弃敝履，却唯独将娈童崽子当作自己的性命。他的癖好就这么深。

泰安州[1]客店

客店至泰安州，不复敢以客店目之。余进香泰山，未至店里许，见驴马槽房二三十间；再近，有戏子寓二十余处；再近，则密户曲房，皆妓女妖冶其中。余谓是一州之事，不知其为一店之事也。投店者，先至一厅事[2]，上簿挂号，人纳店例银[3]三钱八分，又人纳税山银[4]一钱八分。店房三等：下客夜素早亦素，午在山上用素酒果核[5]劳之，谓之"接顶"[6]。夜至店，设席贺，谓烧香后求官得官，求子得子，求利得利，故曰贺也。贺亦三等：上者专席，糖饼、五果、十肴、果核、演戏；次者二人一席，亦糖饼，亦肴核，亦演戏；下者三四人一席，亦糖饼、肴核，不演戏，用弹唱。计其店中，演戏者二十余处，弹唱者不胜计。庖厨炊爨[7]亦二十余所，奔走服役者一二百人。下山后，荤酒狎妓惟所欲，此皆一日事也。若上山落山，客日日至，而新旧客房不相袭，荤素庖厨不相溷，迎送厮役不相兼，是则不可测识之矣。泰安一州与此店比者五六所，又更奇。

【注】

1. 泰安州：今山东省泰安市。位于泰山南麓，为登山必经之路。明朝时，泰安州属济南府，治所就在今天的泰安市。
2. 厅事：原指官署视事问案的厅堂。此处指客店的登记处。
3. 店例银：从下文看，应该是最基本的住宿费，根据不同的消费等级，客人还有不同程度的开销。
4. 税山银：唐代的一种赋税名称，又称"山税"。这里相当于登泰山的门票钱。
5. 果核：果仁。
6. 顶：泰山山顶，即玉皇顶。
7. 爨（cuàn）：本义为烧火做饭，此处指灶。

【译】

到了泰安州，就不能再用老眼光来看待客店了。我去泰山进香的时候，离着客店还有一里多路，就看到有驴棚马房二三十间；走近一些，又看到有戏班子的住所二十多个；再走近一些，就是一些较为隐秘曲折的房屋了，里面尽是些搔首弄姿的妖冶妓女。一开始我还以为这是泰安一州的排场呢，后来才知道，只不过是一家客店的规模。

来住店的人，要先到一间厅堂，登记挂号，每人缴付住宿费三钱八分银子，再缴付上山费用一钱八分银子。

客房分三等：下等客房早晚都吃素，午饭在山上吃，有素菜酒水外加果仁等以为犒劳，称为“接顶”。

晚上下山回到客店，会设筵席加以庆贺。说是上山烧香后定将求官得官，求子得子，求财得财，所以要庆贺一下。贺宴也分为三等：上等的一人一桌，供应糖饼、五种水果、十盘菜肴、果仁，还能看戏；中等的是两人一桌，也有糖饼、菜肴果品，也能看戏；下等的则是三四人一桌，也有糖饼、菜肴果品，但没有戏看了，而是代之以弹唱。

粗算一下，客店中演戏的就有二十多处，弹唱的更是不计其数。烧菜做饭用的厨房也有二十多间，而端盘子跑堂的竟多达一二百人。

香客下山后，便开荤、喝酒、狎妓，随心所欲，而这些活动其实跟上山烧香都是在一天之内完成的。

如此这般，上山下山的，香客每天往来不绝，但新旧香客的房间安排绝不会冲突，准备荤菜素菜的厨房也绝不会搞混，迎来送往的伙计们全都各司其职，这一切是怎么做到的，叫人无从窥测。

更让人觉得惊奇的是，在泰安一州，这样的客店竟然多达五六家。

卷五

范长白[1]

范长白园在天平山[2]下，万石都[3]焉。龙性难驯，石皆笏起，傍为范文正公[4]墓。园外有长堤，桃柳曲桥，蟠屈湖面，桥尽抵园，园门故作低小，进门则长廊复壁，直达山麓。其缯楼幔阁[5]、秘室曲房，故故匿之，不使人见也。山之左为桃源，峭壁回湍，桃花片片流出。右孤山，种梅千树。渡涧为小兰亭，茂林修竹，曲水流觞[6]，件件有之。竹大如椽，明静娟洁，打磨滑泽如扇骨，是则兰亭所无也。地必古迹，名必古人，此是主人学问。但桃则溪之，梅则屿[7]之，竹则林之，尽可自名其家，不必寄人篱下也。

余至，主人出见。主人与大父同籍，以奇丑著。是日释褐[8]，大父嬲[9]之曰："丑不冠带[10]，范年兄亦冠带了也。"人传以笑。余亟欲一见。及出，状貌果奇，似羊肚石雕一小猱，其鼻垩[11]、颧、颐犹残缺失次也。冠履精洁，若谐谑谈笑，面目中不应有此。

开山堂小饮，绮疏藻幕，备极华缛，秘阁清讴，丝竹摇飏，忽出层垣，知为女乐。饮罢，又移席小兰亭，比晚辞去。

主人曰："宽坐，请看'少焉'。"余不解。主人曰："吾乡有缙绅先生喜调文袋，以《赤壁赋》有'少焉月出于东山之上'句，遂字[12]月为'少焉'。顷[13]言'少焉'者，月也。"固留看月，晚景果妙。主人曰："四方客来，都不及见小园雪，山石谽谺[14]，银涛蹴起，掀翻五泄[15]，捣碎龙湫[16]，世上伟观，惜不令宗子见也。"步月而出，至玄墓[17]，宿葆生叔[18]书画舫[19]中。

【注】

1. 范长白：见卷四《张氏声伎》注。
2. 天平山：在苏州城西，古称白云山，又名赐山，是范仲淹先祖归葬之地。
3. 都：聚集。
4. 范文正：范仲淹，字希文，谥文正。北宋政治家、文学家、军事家、教育家。祖籍邠州，后迁居吴县。
5. 缯楼幔阁：缯楼，即为彩楼，用彩帛结扎的棚架。缯，为一种丝帛。幔阁，悬挂着帷帐的楼阁。
6. “茂林”二句：出自王羲之《兰亭集序》：“此地有崇山峻岭，茂林修竹，又有清流急湍，映带左右，引以为流觞曲水，列坐其次。”
7. 屿：平地小山。
8. 释褐：脱去布衣而服官服，即入仕做官的意思。褐，粗布衣服。
9. 嬲（niǎo）：戏弄。
10. 丑不冠带：《彭祖百忌日》有“甲不开仓，乙不栽植……子不问卜，丑不冠带”之说。此“丑”为地支，不是“丑陋”之“丑”（繁体写作“醜”），但发音相同，故此借以打趣。
11. 鼻垩：典出《庄子·徐无鬼》：“郢人垩慢其鼻端若蝇翼，使匠石斫之。匠石运斤成风，听而斫之，尽垩而鼻不伤，郢人立不失容。”
12. 字：称谓。
13. 顷：刚才。
14. 谽谺（hānxiā）：幽深空旷。
15. 五泄：浙江诸暨瀑布名胜。
16. 龙湫：浙江雁荡山瀑布。
17. 玄墓：山名，位于苏州邓尉山西南，与邓尉相连不断，本属一山。相传东晋郁泰玄隐居并葬于此，因此得名。
18. 葆生叔：张岱仲叔尔葆，一字葆生。张岱访范长白，应在崇祯初年，张尔葆任苏州通判时。
19. 书画舫：文人学士的游船，典出米芾书画船。黄庭坚《戏赠米元章》诗之一：“沧江静夜虹贯月，定是米家书画船。”

【译】

范长白的庭园座落在苏州天平山脚下。那里汇聚着无数的岩石。天平山就像难以驯服的龙，那里的石头也都一块块地往上翘着，跟朝臣手中的笏板似的。

庭园旁边就是范仲淹的墓。园外有一道长堤，种着桃树、柳树，又建有曲桥，在湖面上回环曲折，桥的尽头就是庭园。园门故意建造得又低又小，进门后则是长廊复壁，一直通到山脚下。那些彩楼、幔阁、密室、曲房，都故意掩藏着，不让人看到。山的左侧是“桃花源”，石壁陡峭，溪流曲回湍急，桃花的花瓣会随着溪水一片片地流出来。山的右侧是“孤山”，种上千棵梅。跨过涧溪便是“小兰亭”，茂林修竹，曲水流觞，样样具备。且竹粗大如椽，明静娟洁，打磨得如同扇骨一般滑泽，这可是连真兰亭也没有的。

选地必有古迹，取名必宗古人，这正显示出主人学问之高。然而，桃树种在溪边，梅花植于丘上，修竹蔚然成林，完全可以自己来命名，不必非要“寄人篱下”的吧。

我到了之后，园子的主人就出来接待。主人与我祖父同年高登科第，以形貌奇丑而出名。当年初换官服时，我祖父曾调侃道：“俗话说‘丑不戴冠’，想不到你范年兄也戴冠束带了。”被人传为笑谈。因此，我早就想见他一面了。等他出来后，发现他果然相貌出奇，就跟用羊肚石雕成的小猕猴似的，鼻子、颧骨、脸颊也似乎有些残缺且不成比例。但他的衣着服饰极为精美洁净，言语诙谐幽默，谈笑风生，按理不该长得如此寒碜。

我们在开山堂饮酒，只见花窗帷帐，都极尽华美。忽又闻内阁之中歌声清凉，丝竹悠扬，透过重重垣墙飘荡而出。这当然是他家的女乐班子在演奏了。喝过了酒，我们又移座小兰亭。等到天色已晚，我就起身告辞了。谁知主人说：

“不急，再坐一会儿，请看‘少焉’。”

我不解其意。主人说：

“我老家有一位缙绅先生，喜欢掉书袋，因为《赤壁赋》有‘少焉月出于东山之上’一句，于是就将月亮称为‘少焉’。我刚才说的‘少焉’，就是指月亮。”

他非要我留下赏月。事实上该园子的夜景也确实是美妙异常。

主人说：“各地的来客，都没机会看到小园的雪景。那可真是山石幽深，银涛蹴起，掀翻五泄，捣碎龙湫，如此世上奇观，可惜没法让宗子你看到啊。”

我踏着月光出来，一路走到玄墓山，当夜就睡在叔父葆生的游船上。

于园

于园[1]在瓜州步[2]五里铺，富人于五所园[3]也。非显者刺[4]，则门钥不得出。葆生叔同知[5]瓜州，携余往，主人处处款[6]之。园中无他奇，奇在磥石。前堂石坡高二丈，上植果子松[7]数棵，缘坡植牡丹、芍药，人不得上，以实奇。后厅临大池，池中奇峰绝壑，陡上陡下，人走池底，仰视莲花，反在天上，以空奇。卧房槛外，一壑旋下如螺蛳缠，以幽阴深邃奇。再后一水阁，长如艇子，跨小河，四围灌木蒙丛，禽鸟啾唧，如深山茂林，坐其中，颓然碧窈[8]。瓜州诸园亭，俱以假山显，胎于石，娠于磥石之手，男女于琢磨搜剔[9]之主人，至于园可无憾矣。仪真[10]汪园，葺石[11]费至四五万，其所最加意者，为"飞来"一峰，阴翳泥泞，供人唾骂。余见其弃地下一白石，高一丈、阔二丈而痴，痴妙；一黑石，阔八尺、高丈五而瘦，瘦妙。得此二石足矣，省下二三万收其子母[12]，以世守此二石何如?

【注】

1. 于园：该园在明末清初十分有名，途经扬州、瓜州的名流雅士一般都会前去游玩。
2. 瓜州步：步，同"埠"，码头。瓜州步有两处，一在扬州，一在六合。此指前者。
3. 所园：所建筑的园林。
4. 显者刺：显贵者的名帖。
5. 同知：知府、知州的佐官，分掌督粮、缉捕、江防、水利等。
6. 款：殷勤。
7. 果子松：又名红松、海松。
8. 碧窈：碧绿幽深。
9. 琢磨搜剔：指精心构思。
10. 仪真：今江苏仪征。清避雍正帝讳改"仪真"为"仪征"。

11. 輂（jú）石：以车运石。
12. 子母：利息和本金。

【译】

于园位于瓜州步的五里铺，是富豪于五所建造的园林。然而，若非有显贵之人上门投贴，他们是不肯轻易拿出钥匙、打开园门的。我的叔父葆生任瓜州同知时，曾经带我前去游玩。那时，每到一处，园主人都极为殷勤地伺候着。

园中也没什么别的奇特之处，奇就奇在石头的堆砌上。前堂外有一道石坡，高两丈，上面种了几棵果子松，沿着坡道种了牡丹、芍药等，人是不能上去的。这是以“实”为奇。后厅临近一个大池塘，池塘里有奇峰深谷，直上直下，人走入池底，仰视莲花，那花就跟在天上一般。这是以“空”为奇。卧房的栏杆之外，有一道深谷盘旋而下，如同螺蛳壳似的，这就是以“幽阴深邃”为奇了。再往后有一座水阁，长长的像一条小船，横跨小河，四周灌木茂盛，鸟鸣啾啾，给人以深山密林的感觉。坐在如此绿荫深邃的环境里，让人觉得十分放松、舒适。

瓜州的各处园林，都以假山而出名。这些假山脱胎于石头，受孕于堆砌假山的工匠之手，是经过细思精构而成，最终来到于园也可以说是无憾了。

仪征的汪园，据说光是搬运奇石的费用就高达四五万，其中最为人所看重的，是一块名为“飞来峰”的奇石。然而，这块石头放在背阴处，周围泥泞不堪，反而被人唾骂不已。

我看到那里的地上还丢弃着一块白石，高一丈、阔二丈，样子傻傻的，妙就妙在其傻；还有一块黑石，阔八尺、高丈五，样子瘦瘦的，妙就妙在其瘦。其实能得到这两块石头就已经足够了，省下两三万用来将本求息，世世代代守护这两块石头，也不赖？

诸工

竹与漆与铜与窑，贱工也。嘉兴腊竹王二[1]之漆竹[2]，苏州姜华雨之莓箓竹[3]，嘉兴洪漆之漆，张铜之铜[4]，徽州吴明官之窑，皆以竹与漆与铜与窑名家起家，而其人且与缙绅先生列坐抗礼焉。则天下何物不足以贵人[5]，特[6]人自贱之耳。

【注】

1. 腊竹王二：工匠诨名。
2. 漆竹：上漆的竹制品，常见于扇骨。
3. 莓箓竹：梅绿竹。似湘妃竹，但较细，可以做扇骨。《夜航船》："又有以斑竹为椅桌等物者，以姜姓第一，因有'姜竹'之称。"
4. 洪漆、张铜：皆为匠人诨名。"洪漆"似应作"洪髹"，《嘉兴府志》记："洪髹善造漆器，精巧绝伦。""张铜"本名为张鸣岐，王士祯《池北偶谈》记："嘉兴铜炉则张鸣岐。"
5. 贵人：使人高贵。
6. 特：只，不过。

【译】

竹工、漆工、铜工和窑工，都是卑贱的工匠。嘉兴腊竹王二的漆竹，苏州姜华雨的莓箓竹，嘉兴洪漆的漆器与张铜的铜器，徽州吴明官的窑器，（这些人）都是靠制作竹器、漆器、铜器与烧窑起家的，可他们却都能与缙绅先生平起平坐，分庭抗礼。可见天下任何东西都能使人高贵，有些人只是自轻自贱罢了。

姚简叔画

姚简叔[1]画千古，人亦千古。戊寅，简叔客魏国[2]为上宾。余寓桃叶渡[3]，往来者闵汶水[4]、曾波臣[5]一二人而已。简叔无半面交，访余，一见如平生欢，遂榻余寓。为余料理米盐之事，不使余知。有空，则拉余饮淮上[6]馆，潦倒[7]而归。京中诸勋戚[8]大老、朋侪[9]缁衲[10]、高人名妓与简叔交者，必使交余，无或遗者。

与余同起居者十日，有苍头至，方知其有妾在寓也。简叔塞渊[11]，不露聪明，为人落落难合，孤意一往，使人不可亲疏。与余交不知何缘，反而求之，不得也。访友报恩寺，出册叶百方，宋元名笔。简叔眼光透入重纸，据梧[12]精思，面无人色。及归，为余仿苏汉臣[13]一图：小儿方据澡盆浴，一脚入水，一脚退缩欲出；宫人蹲盆侧，一手掖儿，一手为儿擤鼻涕；旁坐宫娥，一儿浴起伏其膝，为结绣裾[14]。一图：宫娥盛装端坐有所俟，双鬟尾之；一侍儿捧盘，盘列二瓯，意色向客；一宫娥持其盘，为整茶锹[15]，详视端谨。覆视原本，一笔不失。

【注】

1. 姚简叔：姚允在，字简叔。参见卷四《牛首山打猎》注。
2. 魏国：指魏国公。参见卷一《钟山》注。
3. 桃叶渡：参见卷三《闵老子茶》注。
4. 闵汶水：事见卷三《闵老子茶》。
5. 曾波臣：参见卷四《不系园》注。
6. 淮上：指秦淮河边。
7. 潦倒：举止散漫，不自检束。此指大醉后脚步踉跄。
8. 勋戚：有功勋的皇亲国戚。
9. 朋侪（chái）：朋辈。

10. 缁衲：僧衣。借指僧侣。
11. 塞渊：笃厚诚实，见识深远。
12. 据梧：靠着梧几。
13. 苏汉臣：苏汉臣，北宋汴梁人，一说钱塘人，宋代画家。北宋末年任画院待诏，南宋初年任承信郎。画学刘宗古，所绘人物、士女及佛道宗教画，用笔工整细劲，着色鲜润。尤擅描绘婴儿嬉戏之景和货郎担，情态生动。
14. 绣裾（jué）：短衣。
15. 茶锹：茶匙、茶勺。

【译】

姚简叔的画千古难得，其人也千古难遇。崇祯十一年，姚简叔寄寓魏国公府上，被奉为上宾。我那时住在桃叶渡，来往的朋友仅有闵汶水、曾波臣。与姚简叔连半面都没见过。有一天他来拜访我，一见如故，欢喜得不行，于是就在我家住下了。他为我料理柴米油盐等日常琐事，还不让我知道。一有空，他就拉着我去秦淮河边下馆子，总要喝得脚步踉跄，大醉而归。无论是京里的皇亲国戚、僧俗朋友还是高人名妓，只要是与他有交往的，他都必定要介绍给我，一个都不漏。他跟我同吃同住了十来天，直到有仆人来找他，我才知道他还有小妾在家里等着他呢。

姚简叔胸藏锦绣，从不卖弄聪明，为人落落寡合，一意孤行，让人无法亲近。也不知是哪来的缘分，让他能与我如此相交，我百思不得其解。

有一次去报恩寺拜访朋友，人家出示册叶一百来张，都是宋元时的名画。姚简叔目光犀利，直透纸背。他靠着茶几精思默想，面无表情。回去之后，他为我画了模仿苏汉臣的画。其中一幅画的是：一个小孩子扶着洗澡盆，一只脚踏在水中，另一只脚在退缩；一个宫女蹲在澡盆旁，一手搀扶着小孩子，另外一手在帮他擤鼻涕；旁边还坐着一个宫女，有一个小孩已经洗过了澡，正趴在她的膝盖上，让宫女在给他穿短袄。另一幅画的是：宫娥盛装而坐，若有所待，双鬟垂在脑后；一个侍女手中捧着托盘，盘中放着两只茶碗，看其表情像是在招待客人；另有一名宫娥手持托盘，正在整理茶匙等茶具，小心翼翼的样子。后来我再看苏汉臣原画，发现居然一笔不落。

炉峰[1]月

炉峰绝顶，复岫回峦，斗耸相乱[2]，千丈岩陬牙横梧[3]，两石不相接者丈许，俯身下视，足震慑不得前。王文成[4]少年曾趵[5]而过，人服其胆。余叔尔蕴[6]以毡裹体，缒[7]而下，余挟二樵子，从壑底搲[8]而上，可谓痴绝。丁卯[9]四月，余读书天瓦庵[10]，午后同二三友人登绝顶，看落照。一友曰："少需[11]之，俟月出去。胜期难再得，纵遇虎，亦命也。且虎亦有道[12]，夜则下山觅豚犬食耳，渠[13]上山亦看月耶？"语亦有理。四人踞坐金简石[14]上。

是日，月政望[15]，日没月出，山中草木都发光怪，悄然生恐。月白路明，相与策杖而下。行未数武[16]，半山嘄[17]呼，乃余苍头同山僧七八人，持火燎[18]、鞴刀[19]、木棍，疑余辈遇虎失路，缘山叫喊耳。余接声应，奔而上，扶掖下之。次日，山背有人言："昨晚更定，有火燎数十把，大盗百余人，过张公岭[20]，不知出何地？"吾辈匿笑不之语。谢灵运开山临澥[21]，从者数百人，太守王琇惊駴，谓是山贼，及知为灵运，乃安。吾辈是夜不以山贼缚献太守，亦幸矣。

【注】

1. 炉峰：香炉峰，会稽山最高峰，山势较为险峻。
2. 斗耸相乱：陡峭高耸，相互交叉。语出《水经注·谷水》："（缺门山）二壁争高，斗耸相乱。"斗，通"陡"。
3. 陬（zōu）牙横梧：形容山势犬牙交错。语出宋玉《高唐赋》："陬牙横梧，背穴偃跖。"陬，山脚；牙，同"互"，交错；梧，抵梧，如牛角相抵触。
4. 王文成：王守仁，谥文成。
5. 趵（bào）：跳跃。

6. 尔蕴：张烨芳，字尔蕴，号七磐，张岱七叔。性豪奢，广交游，筑室炉峰，日游城市，夜必往山宿。盛年而亡。事见《琅嬛文集》卷四《家传》之《附传》。
7. 缒（zhuì）：用绳悬人下坠。
8. 搲（wǎ）：吴语词，意为用手抓住物体往上攀登。
9. 丁卯：天启七年，张岱时年三十一岁。
10. 天瓦庵：天瓦山房，在香炉峰附近。
11. 需：等待。
12. 道：规律。
13. 渠：它。此处指虎。
14. 金简石：宛委山上有盘石，上有古字，相传为大禹玉书金简。宛委山即会稽山，又名石匮山。
15. 政望：农历十五日。政，通“正”。
16. 武：半步。
17. 噭（jiāo）：叫喊。
18. 火燎：火炬。
19. 鞥（wēng）刀：可插在靴筒里的短刀。吴人称长靴为“鞥”。
20. 张公岭：又称阳和岭，在香炉峰东面。
21. 澥（xiè）：靠陆地的海湾。作者在此用“临澥”而不用“临海”，当是避鲁王朱以海之讳。

【译】

香炉峰顶，可谓是陡峭错落，起伏曲折。千丈岩交错抵牾，两块岩石间跳空一丈多，俯身下看，令人腿脚发抖，不敢上前。据说王阳明少年时曾经一跃而过，令人不得不佩服其胆量。我叔叔尔蕴曾用毛毡裹住身体，用绳子将自己垂下去过。我则让两个樵夫一左一右夹持着，从谷底攀援而上，真是痴到了家。

天启七年四月，我在天瓦庵读书，下午便同两三个朋友一起登上顶峰，欣赏夕阳残照。一个朋友说：“我们再待一会儿，等月亮出来了再下山吧。机会难得，就算遇到猛虎，那也是天命。再说老虎也自有其生活规律，夜里只会下山去寻猪狗吃，难道它也上山赏月不成？”这话说得在理。于是我们四人就盘腿坐在金简石上。

这天，正是农历月半，太阳一落山，月亮就升起来了，山中的草木都发出奇异的光亮，静悄悄的，阴森恐怖。当时月色明亮，道路清晰可辨，我们就相互照应着拄着拐杖往山下走。没走得几步，就听得半山里有人高声喊叫。原来是我家的仆人带着七八个山里的和尚，手持火把、短刀、木棍，寻上山来了。他们唯恐我们遇上老虎惊慌中迷了路，故而一路喊叫上山。我高声响应后，他们便奔跑上来，将我们搀扶着下了山。

第二天，山后有人传言："昨晚更定时分，有大盗百十来人，打着几十个火把，翻越张公岭而去，不知他们是从哪里来的？"我们听了，都暗自好笑，却什么都不说。想当年谢灵运在山里伐木开路直到海边，随从多达数百人，太守王琇大惊失色，以为是来了山贼，等他知道是谢灵运，一颗心才放了下来。我们那天夜里没被人当作山贼绑了献给太守，也算是万幸了。

湘湖[1]

西湖，田[2]也而湖之，成湖焉；湘湖，亦田[3]也而湖之，不成湖焉。湖西湖者，坡公[4]也，有意于湖而湖之者也；湖湘湖者，任长者[5]也，不愿湖而湖之者也。任长者有湘湖田数百顷，称巨富。有术者相其一夜而贫，不信。县官请湖湘湖，灌萧山田，诏湖之[6]，而长者之田一夜失，遂赤贫如术者言。今虽湖，尚田也，不下插板[7]，不筑堰，则水立涸；是以湖中水道，非熟于湖者不能行咫尺。游湖者坚欲去，必寻湖中小船与湖中识水道之人，溯十阏[8]三，鲠咽不之畅焉。湖里外锁以桥，里湖愈佳。盖西湖止一湖心亭为眼中黑子，湘湖皆小阜、小墩、小山乱插水面，四围山趾，棱棱砺砺[9]，濡足入水，尤为奇峭。余谓西湖如名妓，人人得而媟亵[10]之；鉴湖如闺秀，可钦而不可狎；湘湖如处子，眠娗[11]羞涩，犹及见其未嫁时也。此是定评，确不可易。

【注】

1. 湘湖：在浙江萧山城西，与杭州西湖并称。
2. 田：指葑（fēng）田。湖泽中葑菱积聚处，年久腐化变为泥土，水涸成田，是谓“葑田”。《宋史·河渠志七》：“临安西湖周回三十里，源出于武林泉。钱氏有国，始置撩湖兵士千人，专一开浚。至宋以来，稍废不治，水涸草生，渐成葑田。”《宋史·苏轼传》：“（轼）又取葑田积湖中，南北径三十里，为长堤以通行者。”
3. 田：从下文看，此“田”当指“农田”。
4. 坡公：苏轼，苏东坡。北宋后期，苏轼对西湖治理做出了极大贡献。五代至北宋后期，西湖长年不治，葑草湮塞占据了湖面的一半。元祐五年，苏轼上《乞开杭州西湖状》于宋哲宗，断言：“杭州之有西湖，如人之有眉目，盖不可废也。”同年四月，动员二十万民工疏浚西湖，并用挖出来的葑草和淤泥，堆筑起自南至北横贯湖面的长堤，在堤上建六座石拱桥，自此西湖水面分东西两部，而南北两山始以沟通。

5. 任长者：任姓长者。
6. 诏湖之：朝廷下诏灌水成湖。
7. 插板：闸板。
8. 阏（è）：壅塞。
9. 棱棱砺砺（lénglénglìlì）：形容层叠嶙峋。
10. 媟亵（xièxiè）：轻薄，猥亵。
11. 眠娗（tǐng）：即腼腆。明田汝成《西湖游览志馀·委巷丛谈》："杭人言……蕴藉不躁暴者曰眠娗。"

【译】

西湖，是由田变为湖的，也真成了一个湖；湘湖，也是由田变为湖的，却不成其湖。

使西湖成湖的，是苏东坡，他是有意要开湖而使其成为一个湖的；使湘湖成湖的，是任长者，他本不愿意开湖却最终使其成为湖。

任长者在湘湖那地方有农田数百顷，人称巨富。曾有一个算命先生看了他的面相后对他说："你会在一夜之间沦落为赤贫的。"他不信。

当地的县官奏请朝廷，要开湘湖，用来灌溉萧山的农田。朝廷允准了，下诏书命他开湖。于是任长者的农田一夜之间就荡然无存，正如相面人所说的那样，一夜间沦为赤贫。

如今湘湖看起来像一个湖，其实还是农田，不放下闸板、不筑堤坝的话，湖水马上就会干涸。也因为这个缘故，湖中的水道情况复杂，不熟悉该湖往往寸步难行。游湖的人如果一定要去，就必须寻找该湖中的小船和熟悉水道的船工，即便这样，溯行十里也有三里淤塞，如同骨鲠在喉，畅快不了。

里湖、外湖之间有一座小桥，形同关锁，里湖的风景更好。

西湖之中只有一座湖心亭，如同眼中的瞳孔，而湘湖中则有许多小丘、小山零乱地插入水面，湖四周的山脚，其岩石也层叠嶙峋地浸湿在水里，甚显峭拔奇特。

我觉得西湖如同名妓，是人人都可以狎玩的；鉴湖如同大家闺秀，可钦慕而不可亲近；湘湖则如同处子，腼腆羞涩，还看得见她未嫁时的模样。这一定论，也确实难以动摇。

柳敬亭说书

南京柳麻子[1]，黧黑，满面疤瘤[2]，悠悠忽忽，土木形骸[3]。善说书，一日说书一回，定价一两。十日前先送书帕[4]下定，常不得空。南京一时有两行情人[5]，王月生[6]、柳麻子是也。

余听其说《景阳冈武松打虎》白文[7]，与本传[8]大异。其描写刻画，微入毫发，然又找截[9]干净，并不唠叨。哱夬[10]声如巨钟，说至筋节处，叱咤叫喊，汹汹崩屋。武松到店沽酒，店内无人，謈[11]地一吼，店中空缸空甓[12]皆瓮瓮有声。闲中着色，细微至此。

主人必屏息静坐，倾耳听之，彼方掉舌[13]。稍见下人呫嗫[14]耳语，听者欠伸有倦色，不辄言，故不得强。每至丙夜[15]，拭桌剪灯，素瓷静递，款款言之，其疾徐轻重，吞吐抑扬，入情入理，入筋入骨，摘世上说书之耳而使之谛听，不怕其不齰舌[16]死也。柳麻子貌奇丑，然其口角波俏[17]，眼目流利[18]，衣服恬净[19]，直与王月生同其婉娈[20]，故其行情正等。

【注】

1. 柳麻子：名逢春，号敬亭，原名曹永昌，因脸上有麻子，故外号“柳麻子”。本为南通州人，十五岁时在泰州坐事，此后隐姓埋名，浪迹苏北市井之间，靠说书度日。万历三十七年，他渡江南下，在一棵大柳树下歇息时，想到自己仍为逃犯，感慨万千，于是更姓为“柳”。
2. 疤瘤：疤痕疙瘩。疤，同“疤”。
3. 悠悠忽忽，土木形骸：性格旷达，放浪形骸，无矫饰之态。语出《世说新语·容止》：“刘伶身长六尺，貌甚丑悴，而悠悠忽忽，土木形骸。”
4. 书帕：明代官场交往中，起初相互赠送用白绢包裹着的书籍，以示清廉，称为“书帕”。后来将银票夹在书帕中，就成了较为隐秘的行贿手段了。再往后，在招妓或叫戏班的时候，也将定金夹于书帕。
5. 行情人：走红，出场费高的人。
6. 王月生：南京名妓。详见卷八《王月生》。
7. 白文：只有说白，不带弹唱的大书。评话。
8. 本传：《水浒传》原书。
9. 找截：评话术语。找，回叙前书；截，截断收场。
10. 哱夬（bóguài）：形容洪亮响脆。
11. 謈（pó）：大叫声。
12. 甓（pì）：砖。
13. 掉舌：鼓舌。谈说。
14. 呫嗫（chèniè）：低声细语。
15. 丙夜：三更时分。
16. 齰（zé）舌：咬舌自杀，表示羞愧之至。齰，啃咬。
17. 口角波俏：口齿伶俐俏皮。
18. 眼目流利：形容目有神采。
19. 衣服恬净：穿着素雅的样子。
20. 婉娈：年少貌美。

【译】

南京柳麻子，生得面色黧黑，满脸疤瘢，放浪旷达，率性天真。他擅长说书，不过每天只说一回书，定价要到一两银子。请他说书要提前十天下定金，还时常不得空。当时，南京有两大红人，即名妓王月生跟这个柳麻子。

我听过他说的大书《景阳冈武松打虎》，内容与《水浒》原著大相径庭。他的描摹刻画细致入微，回叙前书以及截断收场都干净利落，毫不唠叨。他嗓音雄厚，声若洪钟，说到紧要关头，叱咤叫喊，气势之大几乎能震塌房屋。例如，在讲到武松进店沽酒，见店里空无一人，就高喊一声，震得店里的空缸瓦甏都嗡嗡作响。可见其在常人不经意处着色，竟能细致到如此地步。

请他说书，主人一定要屏息静坐，洗耳恭听。这样，他才肯鼓动他那条三寸不烂之舌。只要被他瞥见奴仆下人在交头接耳，或者听客中有人打哈欠或面有倦色，他就停下不说了。所以，请他说书是一点也勉强不得的。

每到夜半三更，擦净了桌子，剪过了灯芯，再静悄悄地递上白瓷茶盅之后，他就会不紧不慢地说起书来。这时他所说的书，语言上轻重缓急、抑扬顿挫，极富节奏韵律；内容上也入情入理，精彩纷呈。倘若能将世上所有说书人的耳朵都摘了来令其仔细聆听，恐怕他们都要羞愧难当、咬舌自尽的吧。

柳麻子尽管相貌奇丑，但口齿伶俐，目光灵动有神，衣着素雅，简直与王月生一般美妙，所以他们俩的身价行情，倒也旗鼓相当。

樊江陈氏橘

樊江[1]陈氏，辟地为果园，枸菊[2]围之。自麦为蒟[3]酱，自秫[4]酿酒，酒香洌，色如淡金蜜珀[5]，酒人称之。自果自蓏[6]，以螫乳[7]醴[8]之为冥果[9]。树谢橘[10]百株，青不撷，酸不撷，不树上红不撷，不霜不撷，不连蒂剪不撷。故其所撷，橘皮宽而绽[11]，色黄而深，瓤坚而脆，筋解而脱，味甜而鲜。第四门[12]、陶堰[13]、道墟[14]以至塘栖[15]，皆无其比。余岁必亲至其园买橘，宁迟、宁贵、宁少。购得之，用黄砂缸，藉以金城[16]稻草或燥松毛[17]收之。阅[18]十日，草有润气，又更换之。可藏至三月尽，甘脆如新撷者。枸菊城主人橘百树，岁获绢百疋，不愧木奴[19]。

【注】

1. 樊江：绍兴地名，相传为西汉名将樊哙故地。
2. 枸菊：枸杞与菊花。
3. 蒟（jǔ）酱：代指酱。蒟，胡椒科植物，可制酱。
4. 秫（shú）：高粱。
5. 蜜珀：一种蜜色琥珀。
6. 蓏（luǒ）：草本植物的果实。
7. 螫乳（shìrǔ）：蜂蜜的别名。
8. 醴（lǐ）：甜酒。此作动词。
9. 冥果：一种青果蜜饯。
10. 谢橘：余姚东山谢玄后裔谢氏园所产之橘，个儿小却十分甘甜。
11. 皮宽而绽：皮壳宽松易剥。
12. 第四门：绍兴地名。
13. 陶堰：又称陶家堰，位于绍兴城东。
14. 道墟：市镇名，在绍兴城东。
15. 塘栖：镇名，在杭州城北，以产蜜橘著名。
16. 金城：潮州别称。
17. 燥松毛：晒干的松针。

18. 阅：经历，经过。
19. 木奴：柑橘别称。典出《水经注·沅水》："龙阳县之汜洲，洲长二十里，吴丹阳太守李衡植柑于其上。临死，敕其子曰：'吾州里有木奴千头，不责衣食，岁绢千匹。'"

【译】

樊江陈氏，开垦土地后将其辟为果园，又种植了枸杞、菊花环绕四周。他自己用麦子做蒟酱，用高粱酿酒。酿出的酒十分香洌，色泽金黄，如同琥珀，颇为好酒之人所称道。他又用蜂蜜浸渍草木植物的果实，将其制成青果蜜饯。

在果园中，他种植谢橘百十来棵，采摘时十分讲究。颜色尚青时不摘，味道还酸不摘，不在树上变红不摘，不降霜不摘，不连同蒂把一同剪下不摘。因此，他所采摘下的橘子，皮壳宽松极易剥落，颜色深黄，内瓤结实又脆，白筋松垮易脱落，味道甜而鲜美。第四门、陶堰、道墟乃至塘栖等地的橘子都无法与之相比。

我每年必定要亲自去他的果园买橘子。并且，宁可买得迟一些，买得贵一些，买得少些。买回来后，就放在黄砂缸里，底下铺上金城稻草或晒干的松针。过了十来天，稻草带上湿气了，就换上新的。这样的话，便可一直藏到来年三月底，而橘子依旧又甜又脆，跟刚刚摘下时一个样。

"枸菊城主人"陈氏靠这百十来棵橘子树，每年可换得一百来匹绢，也算是对得起这些"木奴"了。

治沅堂

古有拆字法。宣和[1]间，成都谢石[2]拆字，言祸福如响[3]。徽宗闻之，书一“朝”字，令中贵人[4]持试之。石见字，端视中贵人曰：“此非观察[5]书也。”中贵人愕然。石曰：“‘朝’字离之为‘十月十日’，乃此月此日所生之天人，得非上位耶？”一国[6]骇异。

吾越谢文正[7]厅事名“保锡堂”，后易之他姓，主人至，亟去其扁，人问之，曰：“分明写‘呆人易金堂’。”朱石门[8]为文选署[9]中额“典剧”[10]二字，继之者顾诸吏曰：“尔知朱公意乎？此二字离合言之，曰：‘曲处曲处，八刀八刀’耳。”歙[11]许相国孙志吉[12]为大理评事[13]，受魏珰[14]指，案卖黄山[15]，势张甚，当道[16]媚之，送一扁曰“大卜于门”[17]。里人夜至，增减其笔画凡三：一曰“天下未闻”，一倒读之曰“阉手下犬”，一曰“太平拿问”。后直指[18]提问，械至太平[19]，果如其言。

凡此数者皆有义味。而吾乡缙绅有名“治沅堂”者，人不解其义，问之，笑不答，力究之，缙绅曰：“无他意，亦止取‘三台三元’[20]之义云耳！”闻者喷饭。

【注】

1. 宣和：北宋徽宗年号。
2. 谢石：字润夫，北宋成都人，以拆字闻名，民间有许多关于他拆字灵验的传说。下文所述之事见于宋洪迈《夷坚志》。
3. 如响：其应如响。表示立刻应验。
4. 中贵人：显贵的侍从宦官。

5. 观察：官名“观察使”的简称。此系对宦官的尊称，并非真实官职。
6. 一国：此指整个城市。
7. 谢文正：谢迁，字于乔，号木斋，浙江余姚人，谥文正。明成化十一年状元，历任翰林院编撰、兵部尚书、东阁大学士。
8. 朱石门：朱敬循，字石门，山阴人。万历二十年进士。历任礼部郎中、太常少卿、右通政使。系东阁大学士朱赓之子，作者舅祖。
9. 文选署：吏部文选司的官署。文选司掌管官员的俸禄、升迁、调任。
10. 典剧：意为“处理繁剧之政事”。
11. 歙：歙县。
12. 许相国孙志吉：许相国的孙子许志吉。许相国，即许国，字维桢，号颖阳，歙县人。嘉靖四十四年进士，官至礼部尚书兼东阁大学士。许志吉，历任太仆寺丞、大理寺正，因依附魏忠贤，为非作歹，后被处决。
13. 大理评事：官名。负责刑狱之事。明代大理寺下设左、右二寺，按地区分理天下刑狱，寺设寺正、寺副及评事。
14. 魏珰：指魏忠贤。珰，汉代武职宦官帽子的装饰品，后借指宦官。
15. 案卖黄山：指许志吉在黄山一案中徇私枉法事。事见《明史·魏忠贤传》：“编修吴孔嘉与宗人吴养春有仇，诱养春仆告其主隐占黄山，养春父子瘐死。忠贤遣主事吕下问、评事许志吉先后往徽州籍其家，株蔓残酷。知府石万程不忍，削发去，徽州几乱。”
16. 当道：指地方上的当权者。
17. 大卜于门：古代任命宰相，要占卜可否，故后以“大卜”称命相。许国官至内阁大学士，相当于宰相，故贾继春送此匾，意谓许家为宰相之家，暗指其后人仍有人任宰相。
18. 直指：参见卷四《兖州阅武》注。
19. 太平：太平府，在今当涂。
20. 三台三元：三台，指三公，上台为太尉，中台为司徒，下台为司空。三台二字合为“治”。三元指状元（廷试第一）、会元（会试第一）、解元（乡试第一）。“三元”二字合为“沅”。

【译】

拆字之法古而有之。大宋宣和年间，成都的谢石精通拆字之术，替人预测祸福十分灵验。宋徽宗听说后，就写了一个“朝”字，让太监拿去测试。谢石看了字后，端详着太监的脸说道：“这不是您写的。”太监大惊。谢石说：“‘朝’字拆开后是‘十月十日’，此月此日所生的天人，不就是当今皇上吗？”此事传开后，举城皆惊。

我们绍兴的谢文正公给其官厅题了个“保锡堂”的名号，后来该处换了主人，而新主人一到，马上就撤去了这块匾额。有人问为什么，他说：“那匾上分明写着‘呆人易金堂’嘛。”

朱石门给文选司的官署题额为“典剧”二字，后任者环顾各位官吏后说道：“你们知道朱公是什么用意吗？将这两字拆开来讲，就是：‘曲处曲处，八刀八刀’啊。”

歙县许相国的孙子许志吉做大理评事时，受魏忠贤的指使，在处理黄山一案中，气焰极为嚣张，当地某官员为了讨好他，给他送了一块匾，上写着“大卜于门”四个大字。乡里人半夜跑去添加笔画，共有三次：一次为“天下未闻”，一次倒读后为“阉手下犬”，一次为“太平拿问”。后来朝廷特派官员来提审许志吉，将他上枷后押至太平府，果然应验了。

以上数例都颇有些意味，而我家乡一位缙绅题了个“治沅堂”的堂名，别人可就看不懂了。问他是什么意思，他却笑而不答。非要他讲，他才说：“也没有什么特别的意思，就是指望着‘三台三元’罢了！”听的人不禁为之喷饭。

虎丘中秋夜

虎丘[1]八月半，土著流寓、士夫眷属、女乐声伎、曲中名妓戏婆、民间少妇好女、崽子娈童及游冶恶少、清客帮闲、傒僮走空[2]之辈，无不鳞集。自生公台[3]、千人石[4]、鹤涧、剑池[5]、申文定[6]祠下，至试剑石[7]，一、二山门，皆铺毡席地坐，登高望之，如雁落平沙，霞铺江上。

天暝月上，鼓吹百十处，大吹大擂，十番铙钹[8]，渔阳掺挝[9]，动地翻天，雷轰鼎沸，呼叫不闻。更定，鼓铙渐歇，丝管繁兴，杂以歌唱，皆“锦帆开”“澄湖万顷”同场大曲[10]，蹲踏[11]和锣[12]，丝、竹、肉声，不辨拍煞[32]。

更深，人渐散去，士夫眷属皆下船水嬉，席席征歌，人人献技，南北杂之，管弦迭奏，听者方辨句字，藻鉴[14]随之。

二鼓人静，悉屏管弦，洞箫一缕，哀涩清绵，与肉相引，尚存三四，迭更为之。三鼓，月孤气肃，人皆寂阒[15]，不杂蚊虻。一夫登场，高坐石上，不箫不拍，声出如丝，裂石穿云，串度[16]抑扬，一字一刻。听者寻入鍼芥[17]，心血为枯，不敢击节，惟有点头。然此时雁比[18]而坐者，犹存百十人焉。使非苏州，焉讨识者！

【注】

1. 虎丘：山名，位于苏州城西北。相传吴王夫差葬其父阖闾于此，下葬后三日，有白虎踞其上，故名。号称“吴中第一名胜”，其中云岩寺塔、剑池、千人石，名声在外。

2. 走空：本义为买空卖空。此指拆白党，骗子。
3. 生公台：相传东晋高僧竺道生曾在虎丘说法，聚石为徒，石皆点头。生公台即道生说法的讲坛。
4. 千人石：又称“千人坐”，为虎丘山中心处一块平坦的大盘石，可容千人列坐，故名。
5. 剑池：在千人石北崖壁下，窄如剑形，四季不涸。据说吴王阖闾死后葬于此，并以鱼肠剑等宝剑殉葬，故名。
6. 申文定：申时行，字汝默，江苏长洲人，谥文定。嘉靖四十一年状元，历任少师兼太子太师、吏部尚书、中极殿大学士、内阁首辅。
7. 试剑石：位于虎丘山路上的一块巨石，上有裂缝，据说因吴王试剑被切开。
8. 十番铙（náo）钹（bó）：亦称“十番锣鼓”，民间鼓曲。
9. 渔阳掺（càn）挝（zhuā）：鼓曲名。
10. 皆“锦帆开”“澄湖万顷”同场大曲：传奇《浣沙记》第十四出《打围》中《普天乐》曲首句为“锦帆开，牙樯动”，第三十出《采莲》中《念奴娇序》曲首句为“澄湖万顷、见花攒锦绣，平铺十里红妆”。同场大曲，在场大合唱的曲子。
11. 蹲踏：人声嘈杂。
12. 和锣：同“和啰”，说话絮絮叨叨、重复不断。
13. 拍煞：乐曲拍节、段落之间的停顿。
14. 藻鉴：评论，鉴别。
15. 寂阒（qù）：寂静无声。
16. 串度：演唱。
17. 鍼芥：追寻至极细微处。
18. 雁比：如雁群般位置排列有序。

【译】

在苏州，到了八月中秋那天，无论是当地人还是外地人、士大夫与其家眷、歌姬舞女、妓院里名妓老鸨、民间的少妇淑女、相公娈童以及游手好闲的恶少、清客帮闲、童仆甚至江湖骗子等辈，都会汇聚到虎丘。从生公台、千人石、鹤涧、剑池、申文定祠下，一直到试剑石，一、二重山门，或席地而坐，或登高远眺，如同雁落平沙，霞铺江上一般。

待到天色昏暗，月亮出来之后，会有百十来个地方一齐奏起乐来，全都大吹大擂，或者是十番锣鼓，或者是渔阳掺挝，震天动地，响声如雷，吵得连相互间的呼叫声都听不见。

入更之后，锣鼓便渐渐停歇下来，而丝竹管乐之声又响了起来，其中也夹杂着一些演唱，一般都是“锦帆开”“澄湖万顷”之类的大合唱。嘈杂声与唱曲声、伴奏声混在一起，根本听不出个名堂来。

夜深后，人们逐渐散去，士大夫及其眷属都坐了船到水面上去游玩。每个席上都在选歌，许多人争相献技，并且南腔北调各色都有，管弦之乐轮番演奏，听的人刚刚分辨出字句，就急着加以评价。

到了二更时分，夜深人静，丝竹管弦一概息了，只听得一缕洞箫响起，哀怨青涩，悠悠不绝，与唱声相互衬托。这时，只剩下三四个仍在演奏、演唱，他们互相接替着。

到了三更时分，一轮圆月孤零零地悬在天上，夜色萧索，四无人声，连蚊虫的声响都听不见了。这时，有一人登场，高高地坐在石头上，既不吹箫也不打拍子，张开口来，声细如丝，却又裂石穿云，抑扬顿挫，一字能唱上一刻之久。听者被带入细微精妙之处，丧魂落魄，简直是心血为枯，又不敢击节赞叹，只一味儿地点头。此时，场中竟还有百十来人，错落有致地坐着呢。倘若不是苏州，又怎会有这许多的知音呢？

麋公

万历甲辰[1]，有老医驯一大角鹿，以铁钳其趾，设鲛䩞[2]其上，用笼头衔勒，骑而走，角上挂葫芦药瓮，随所病出药，服之辄愈。家大人[3]见之喜，欲售其鹿，老人欣然，肯解以赠，大人以三十金售之。五月朔日为大父寿。大父伟硕，跨之走数百步，辄立而喘，常命小傒笼之，从游山泽。次年，至云间[4]，解赠陈眉公[5]。眉公羸瘦，行可连二三里，大喜。后携至西湖六桥[6]、三竺[7]间，竹冠羽衣，往来于长堤深柳之下，见者啧啧，称为"谪仙"。后眉公复号"麋公"者，以此。

【注】

1. 万历甲辰：万历三十二年。张岱时年八岁。
2. 鲛䩞（jiāoxiǎn）：用鲛鱼皮做成的马肚带。
3. 家大人：（对外人）称自己的父亲。
4. 云间：松江华亭（今属上海）的别称。
5. 陈眉公：陈继儒，字仲醇，号空青、眉公、麋公、白石山樵，华亭人。多才多艺，以文学、书画闻名，与董其昌齐名。是作者祖父张汝霖的好友。
6. 六桥：指杭州苏堤的六座桥，即映波桥、锁澜桥、望山桥、压堤桥、东浦桥和跨虹桥。
7. 三竺：杭州三座著名天竺寺，上天竺法喜寺、中天竺法净寺、下天竺法镜寺。

【译】

万历三十二年，有一个老医师驯养了一头大角鹿。他用铁掌箍住鹿蹄，又配上了用鲛鱼皮制成的鞍鞯，用笼头勒住鹿嘴，然后骑着它上街。鹿角上挂着葫芦、药瓶，根据病人的病情开药，药到病除。

我父亲见了十分欢喜，想买下这头鹿，老人欣然应允，愿意白送。结果我父亲还是出了三十金将其买了下来。五月初一，他将该鹿作为寿礼送给了我祖父。我祖父身体壮硕，骑上后走了几百步，那鹿就停下来喘气了。因此，我祖父常叫童仆牵着它，一同游山玩水。

第二年，我祖父来到云间府，就将鹿送给了陈继儒（眉公）。陈眉公身体单薄瘦小，骑上后，那鹿可一口气走上二三里，他十分高兴。后来他带着该鹿去杭州游玩西湖六桥、三天竺。只见他头戴竹冠，身披羽衣，骑着鹿往来于长堤绿柳之下，旁观者无不啧啧称奇，称他为“谪仙”。后来陈眉公给自己又取了个号，叫“麋公”，就是出于这一缘故。

扬州清明

扬州清明日，城中男女毕出，家家展墓[1]。虽家有数墓，日必展之。故轻车骏马，箫鼓画船，转摺再三，不辞往复。监门小户[2]亦携肴核纸钱，走至墓前，祭则席地饮胙[3]。自钞关、南门[4]、古渡桥[5]、天宁寺[6]、平山堂[7]一带，靓妆藻野，袨服缛川[8]。随有货郎，路傍摆设骨董古玩并小儿戏具。博徒[9]持小杌[10]坐空地，左右铺袒衫[11]半臂，纱裙汗帨[12]，铜炉锡注[13]，瓷瓯漆奁，及肩彘[14]鲜鱼、秋梨福橘之属，呼朋引类，以钱掷地，谓之"跌成"[15]；或六或八或十，谓之"六成""八成""十成"焉。百十其处，人环观之。是日，四方流寓及徽商西贾[16]、曲中名妓，一切好事之徒，无不咸集。长塘丰草，走马放鹰；高阜平岗，斗鸡蹴踘；茂林清樾，擘阮[17]弹筝。而浪子相扑，童稚纸鸢，老僧因果[18]，瞽者说书，立者林林，蹲者蛰蛰[19]。日暮霞生，车马纷沓。宦门淑秀，车幕尽开。婢媵倦归，山花斜插。臻臻簇簇[20]，夺门而入。余所见者，惟西湖春、秦淮夏、虎丘秋差足比拟。然彼皆团簇一块，如画家横披；此独鱼贯雁比，舒长且三十里焉，则画家之手卷矣。南宋张择端[21]作《清明上河图》，追摹汴京景物，有"西方美人"[22]之思，而余目盰盰[23]，能无梦想！

【注】

1. 展墓：扫墓。
2. 监门小户：见卷一《越俗扫墓》注。
3. 饮胙（zuò）：吃祭祀过的食物。胙，祭祀用的肉食。

4. 南门：安江门，在扬州城正南面。
5. 古渡桥：指扬州城东关古渡桥。
6. 天宁寺：在今扬州城北。始建于东晋，相传原为谢安别墅，后由其子司空谢琰建为寺庙。北宋政和年间易名为天宁寺。
7. 平山堂：在今扬州大明寺，包括平山堂、谷林堂、欧阳祠三部分。初建于宋庆历八年，时欧阳修任扬州知州。由平山堂远望，南面诸山，历历在目，与此堂平，故名。
8. 靓妆藻（zǎo）野，袨（xuàn）服缛川：语出南朝宋颜延之《三月三日曲水诗序》："扬袂风山，举袖阴泽，靓庄藻野，袨服缛川。"靓妆，妆饰艳丽；袨服，盛服，艳服。
9. 博徒：赌徒。
10. 杌（wù）：小矮凳。
11. 衵（rì）衫：内衣。
12. 汗帨（shuì）：古代妇女拭汗的佩巾。
13. 锡注：锡制的酒壶。注，酒壶。
14. 肩彘（zhì）：猪腿。
15. 跌成：一种赌博游戏。据清李斗《扬州画舫录》："跌成，古博戏也，时人谓之'拾博'。用三钱者为'三星'，六钱者为'六成'，八钱者为'八叉'，均字均幕为'成'，四字四幕为'天分'。天分必幕与幕偶，字与字偶，长一尺，不杂不斜，以此为难。"其中"字"指铜钱有字的一面，"幕"指无字的一面。
16. 西贾：山西商人。
17. 擘（bò）阮：弹拨阮琴。
18. 因果：此指讲述因果报应的故事。
19. 林林、蛰蛰：形容人多。
20. 臻臻簇簇：人群簇拥的样子。
21. 张择端：字正道，山东诸城人，北宋画家，供职于翰林图画院，作有《清明上河图》。张岱作《史阙》："张择端《清明上河图》，因南渡后想见汴京旧事，故摹写不遗余力。若在汴京，未必作此。乃知繁华富贵，过去便堪入画，当年正不足观。嗟乎！南渡后人但知临安富丽，又谁念故都风物，择端此图，即谓忠简《请回銮表》可也。"
22. 西方美人：《诗经·邶风·简兮》："云谁之思，西方美人。""西方美人"原意是指来自周朝都城的美丽舞姬。朱熹《诗集传》注云："西方美人，托言以指西周之盛王。"此处是有故朝之思。
23. 盱盱（xū）：睁目直视的样子。

【译】

扬州到了清明节那天，城里的男男女女都会外出，家家户户都要去扫墓的。即便一家有好几处祖坟，也定要在一天之内祭扫完毕。因此轻车骏马、箫鼓画船，来来回回，不辞劳苦。纵然是小户人家，也要带着菜肴、果品、纸钱，步行前去扫墓。祭祀完毕之后，他们就席地而坐，享用撤下来的祭品。

从钞关、南门起，到古渡桥、天宁寺、平山堂一带，妇人的靓妆点缀着田野，士人的华服为河流增色。紧随其后的货郎小贩，则沿街摆开小玩意儿、古玩以及小孩玩具来叫卖。还有赌徒在空地上坐着小凳子，左右两边摊放着衬衣、马甲、纱裙、汗巾，铜炉、锡壶、瓷罐、漆盒，以及猪蹄、鲜鱼、河北秋梨、福州蜜橘之类，呼朋唤友招来一帮好赌之人。赌博时将铜钱抛在地上，称之为“跌成”。铜钱有时用六枚，有时用八枚，有时用十枚，称之为“六成”“八成”“十成”。这样的赌博摊竟然有百十来个，围观者成群。

这一天，从四面八方赶来的游客，徽州、山西的商人，花街柳巷的名妓，所有爱热闹的人，全都汇集在一起。

长堤上芳草丰茂，有跑马的，有放鹰的；高丘平冈上，有斗鸡的，有踢球的；树林浓荫下，有弹拨丝弦的，有鼓奏琴筝的。浮浪子弟练摔跤，儿童少年放风筝。老和尚讲因果报应，瞎子艺人开场说书。人们或站或坐，林林总总，熙熙攘攘。黄昏日暮，彩霞满天之时，回程的车马纷乱杂沓。官宦人家的太太小姐，打开了车帷轿帘。丫头侍女们头上斜插着山野草花，疲惫不堪地往回走。大家挤挤挨挨，争先恐后地涌入城门。

就我平生见闻所及，这样的景象大概只有春天的西湖畔、夏天的秦淮河、秋天的虎丘可与之相比了。不过，那些盛况都是集中在某一个地方的，如同画家绘制的横披一幅；而独有这里的境况如同鱼儿头尾相随，大雁排列成行一般，绵延逶迤，长达三十多里，简直就是画中长卷。南宋的张择端作《清明上河图》，追忆描摹了东京汴梁的繁华景象，寄托着缅怀故国的幽思之情。而我双目睁睁，岂能没那魂牵梦回之思呢？

金山竞渡

看西湖竞渡十二三次，己巳[1]竞渡于秦淮，辛未[2]竞渡于无锡，壬午[3]竞渡于瓜州，于金山寺。西湖竞渡，以看竞渡之人胜，无锡亦如之。秦淮有灯船无龙船，龙船无瓜州比，而看龙船亦无金山寺比。瓜州龙船一二十只，刻画龙头尾，取其怒；傍坐二十人持大楫，取其悍；中用彩篷，前后旌幢绣伞，取其绚；撞钲[4]挝[5]鼓，取其节；艄后列军器一架，取其锷[6]；龙头上一人足倒竖，敁敠[7]其上，取其危；龙尾挂一小儿，取其险。自五月初一至十五，日日画地而出。五日出金山，镇江亦出。惊湍跳沫，群龙格斗，偶堕洄涡，则百蜐[8]捷捽[9]，蟠委出之[10]。金山上人团簇，隔江望之，蚁附蜂屯，蠢蠢欲动。晚则万艓[11]齐开，两岸沓沓[12]然而沸。

【注】

1. 己巳：崇祯二年。
2. 辛未：崇祯四年。
3. 壬午：崇祯十五年。
4. 钲（zhēng）：古代一种乐器，形似钟而狭长，有长柄可执，口向上以物击之而鸣，在行军时敲打。
5. 挝（zhuā）：敲打。
6. 锷（è）：此有威武、肃杀之意。本义为刀剑之刃。
7. 敁敠（diānduō）：同“掂掇”，本义为用手掂量物体轻重。此处形容人在船上颠倒翻腾的样子。
8. 蜐（jié）：石蜐，又名紫蜐、龟脚、龟足。蜐平时以柄足固着于岩石缝隙中，故此借以形容水手牢牢地附身于龙船上。
9. 捽（zuó）：揪，抓。
10. 蟠委出之：从四面八方伸手将人捞起。蟠委，环绕。
11. 艓（dié）：小船。
12. 沓沓（tàtà）：形容声音嘈杂。

【译】

西湖赛龙舟，我看过十二三次。崇祯二年，在南京的秦淮河看过赛龙舟。崇祯四年，在无锡看过赛龙舟。崇祯十五年，在瓜州、在金山寺也看过赛龙舟。

西湖的赛龙舟，看点在于观赛者众多，无锡也一样。秦淮河赛龙舟，有灯船却没有龙船。说到龙舟，没有哪个地方可与瓜州相比，而观看赛龙舟，则没哪个地方可与金山寺相比。

瓜州赛龙舟时，有龙舟一二十只，龙头龙尾都刻画得栩栩如生，以彰显其怒；船边坐水手二十人，个个手执大桨，以彰显其悍；船中搭起彩篷，前后插着旌幢绣伞，以彰显其绚；擂鼓击钲，以彰显其节；船艄处列一架兵器，以彰显其锐；龙头处倒立一人，上下颠簸，以彰显其危；龙尾处挂一小孩儿，以彰显其险。

自五月初一到十五，在事先划好的区域内，每天都有比赛。而到初五那天，则金山有比赛，镇江也有比赛。到那时，江面上惊涛骇浪，龙舟相互追逐犹如群龙格斗，偶尔有落水掉入漩涡的，其他水手在牢牢附着于船体的同时，十分敏捷地将其揪住，并让船打着圈把人捞起来。金山上挤满了观赛的人，隔江望去，就跟成群的蚂蚁、蜜蜂一般，在那里蠢蠢欲动。到了傍晚，万船齐发，两岸人声鼎沸，跟开了锅似的。

刘晖吉[1]女戏

女戏以妖冶恕[2]，以啴缓[3]恕，以态度[4]恕，故女戏者全乎其为恕也。若刘晖吉则异是。刘晖吉奇情幻想，欲补从来梨园之缺陷。如《唐明皇游月宫》[5]，叶法善[6]作场[7]上，一时黑魆地暗，手起剑落，霹雳一声，黑幔忽收，露出一月，其圆如规，四下以羊角染五色云气，中坐常仪[8]，桂树吴刚，白兔捣药。轻纱幔之，内燃"赛月明[9]"数株，光焰青黎，色如初曙，撒布成梁[10]，遂蹑月窟，境界神奇，忘其为戏也。其他如舞灯，十数人手携一灯，忽隐忽现，怪幻百出，匪夷所思，令唐明皇见之，亦必目睁口开，谓氍毹[11]场中那得如许光怪耶！

彭天锡[12]向余道："女戏至刘晖吉，何必男子！何必彭大！"天锡，曲中南、董[13]，绝少许可，而独心折晖吉家姬，其所赏鉴，定不草草。

【注】

1. 刘晖吉：刘光斗，字晖吉，号讱韦。武进人。天启五年进士，曾任广西御史、大理寺丞。昆曲作家。
2. 恕：宽容，要求不那么严格。
3. 啴缓（chǎnhuǎn）：柔和舒缓。
4. 态度：表情、姿态。
5.《唐明皇游月宫》：元代白朴所作杂剧。讲唐明皇与道士叶法善游月宫，聆听月中天乐，归传其音名曰《霓裳羽衣》。
6. 叶法善：字道元，号清溪居士。传言他遇仙人授以飞升之法，唐玄宗召封越国公，尊为天师。
7. 作场：卖艺、表演。
8. 常仪：嫦娥。
9. 赛月明：一种烟花。
10. 撒布成梁："撒"疑为"撤"，即撤去一道幕布，露出桥梁。
11. 氍毹（qúshū）：毛织的布或地毯。旧时演戏多用来铺在地上，故常以此借指舞台。

12. 彭天锡：参见卷六《彭天锡串戏》。
13. 南、董：南史、董狐都是春秋时秉笔直书的史官，决不因人而褒贬。

【译】

女戏常因其有艳丽的扮相、温柔舒缓的腔调以及美妙的身姿神态，观众要求就不那么严格。女戏的地位也就因此下降。但刘晖吉排练女戏不同寻常，极富奇思妙想，并想以此来弥补梨园行中这一缺陷。就拿《唐明皇游月宫》来说吧，叶法善上场时，场上黑咕隆咚的，只见他手起剑落，霹雳一声，黑幔忽地收起，便露出了一轮月，滚圆滚圆的，如同用圆规画出的一样。四下里用羊角灯渲染出五彩云雾，中间坐着嫦娥，还有砍桂树的吴刚、捣药的白兔，并用轻纱围住。里面燃放几支"赛月明"烟花，迸发出红光紫焰，那颜色就跟天刚亮时似的。撤去一道幕布，露出桥梁后，唐明皇就走入了月宫。如此神奇的景致，简直叫人忘了是在看戏。其他如灯舞，也是十几个人都手执一灯，忽隐忽现，怪幻百出，完全超出了常人的想象，即便是唐明皇看到了，想必也定会目瞪口呆，惊呼"戏台上怎能搞得如此光怪陆离！"的吧。

彭天锡曾跟我说："女戏能演到刘晖吉的这种地步，还要男戏干吗？还要我老彭干吗？"彭天锡向来有一说一，素有"曲中南、董"之誉，很少赞许别人，可他却唯独佩服刘晖吉的女戏，可见其称赞赏识，决不是随便说说的。

朱楚生

朱楚生，女戏耳，调腔戏[1]耳。其科套[2]之妙，有本腔[3]不能得十分一者。盖四明[4]姚益城[5]先生精音律，与楚生辈讲究关节，妙入情理，如《江天暮雪》[6]《霄光剑》[7]《画中人》[8]等戏，虽昆山老教师细细摹拟，断不能加其毫末也。班中脚色，足以鼓吹[9]楚生者方留之，故班次愈妙。楚生色不甚美，虽绝世佳人，无其风韵。楚楚谡谡[10]，其孤意[11]在眉，其深情在睫，其解意在烟视媚行[12]。性命于戏，下全力为之。曲白有误，稍为订证之，虽后数月，其误处必改削如所语。楚生多坐驰[13]，一往深情，摇飏无主。一日，同余在定香桥[14]，日晡烟生，林木窅冥，楚生低头不语，泣如雨下，余问之，作饰语以对。劳心忡忡，终以情死。

【注】

1. 调腔戏：参见卷四《不系园》。
2. 科套：指戏曲演员的唱腔做派。
3. 本腔：指昆山腔。
5. 姚益城：姚宗文，字褧之，号益城，浙江慈溪人。万历三十五年进士，历任户科给事中、都御史。
6.《江天暮雪》：南戏《崔君瑞江天暮雪》简称，叙崔君瑞忘恩负义，谋害发妻的故事。
7.《霄光剑》：明徐复祚撰，写郑跖用一柄刻有卫青名字的剑（宵光剑）杀人并嫁祸于卫青的故事。
8.《画中人》：明吴炳撰，演庾启与郑琼枝故事的神话剧。
9. 鼓吹：衬托。
10. 楚楚谡谡（sùsù）：风度清雅高迈。楚楚，整洁鲜明的样子；谡谡，形容挺劲有力。
11. 孤意：执着的心意。执拗劲儿。
12. 烟视媚行：形容女子端庄娴淑的姿态。语出《吕氏春秋·审应览·不屈》："人有新取妇者，妇至，宜安矜，烟视媚行。"
13. 坐驰：身不动而心动，也即走神的意思。

14. 定香桥：参见卷四《不系园》。

【译】

朱楚生是个女戏子，唱的是调腔戏，而她的唱功做派，就是唱昆山本调的都不及她十分之一。宁波的姚益城先生精通音律，曾给朱楚生她们讲解过戏中的紧要关节，讲得精深奥妙，以至于后来他们演《江天暮雪》《霄光剑》《画中人》等戏，即便让昆山的老教习来细细琢磨，也无法再增色一丝一毫。班中其他人不断被淘汰，仅留下能陪衬朱楚生的，所以越到后来，戏班水平也就越发高妙。

其实朱楚生长得也不算太美，可即便是绝世佳人，也没有她那种风姿神韵。她看上去清丽高迈，眉梢带着执拗，但睫毛含着浓情，娴淑的神情举止，处处都透着她的善解人意。她把演戏看作性命，全身心地投入其中。唱词、念白倘若有误，稍加考证分析，过了好几个月再演，必定不会再有差池。

朱楚生喜欢独自发呆。她用情又专又深，却毫无主见。有一天，她与我在定香桥上，那时正当日落黄昏，暮霭初生，远处的树林已显得十分昏暗幽邃，她低着头不说话，泪如雨下。我问她怎么了，她也只搪塞我几句，不肯实说。她老这么劳神伤心，末了还是死在一个“情”字上。

扬州瘦马

扬州人日饮食于瘦马[1]之身者数十百人。娶妾者切勿露意，稍透消息，牙婆驵侩[2]，咸集其门，如蝇附膻，撩扑不去。黎明，即促之出门，媒人先到者先挟之去，其余尾其后，接踵伺之。至瘦马家，坐定，进茶，牙婆扶瘦马出，曰:“姑娘拜客。”下拜。曰:“姑娘往上走。”走。曰:“姑娘转身。”转身向明立，面出。曰：“姑娘借手睄睄[3]。”尽褫[4]其袂，手出，臂出，肤亦出。曰:“姑娘睄相公。”转眼偷觑，眼出。曰:“姑娘几岁了？”曰几岁，声出。曰:“姑娘再走走。”以手拉其裙，趾出。然看趾有法，凡出门裙幅先响者，必大; 高系其裙，人未出而趾先出者，必小。曰：“姑娘请回。”一人进，一人复出。看一家必五六人，咸如之。看中者，用金簪或钗一股插其鬓，曰“插带”。看不中，出钱数百文，赏牙婆或赏其家侍婢，又去看。牙婆倦，又有数牙婆踵伺之。一日、二日至四五日，不倦亦不尽，然看至五六十人，白面红衫，千篇一律，如学字者，一字写至百至千，连此字亦不认得矣。心与目谋，毫无把柄[5]，不得不聊且迁就，定其一人。插带后，本家[5]出一红单，上写彩缎若干，金花若干，财礼[6]若干，布疋若干，用笔蘸墨，送客点阅。客批财礼及缎疋如其意，则肃[6]客归。归未抵寓，而鼓乐盘担、红绿[7]羊酒在其门久矣。不一刻，而礼币、糕果俱齐，鼓乐导之去。去未半里，而花轿花灯、擎燎火把、山人[7]傧相、纸烛供果牲醴之属，门前环侍。厨子挑一担至，则蔬果、餚馔、汤点、花棚、糖饼、桌围坐褥、酒壶杯箸、龙虎寿星、撒帐牵红[8]、小唱弦索之类，又毕备矣。不待覆命，亦不待主人命，而花轿及亲送小轿一齐往迎，鼓乐灯燎，新人轿与亲送轿一时俱到矣。新人拜堂，亲送上席，小唱鼓吹，喧填热闹。日未午而讨赏遽去，急往他家，又复如是。

【注】

1. 瘦马：旧时，扬州土豪、地痞以贱价收买贫家童女，教以歌舞、琴棋、书画诸技艺，又以高价转卖给四方官绅、商贾做小妾，俗称“瘦马”。如贩马者养瘦马为肥，而得善价。据明谢肇淛《五杂组》卷八记载：“维扬居天地之中，川泽秀媚，故女子多美丽，而性情温柔，举止婉慧。所谓泽气多，女亦其灵淑之气所钟，诸方不能敌也。然扬人习以此为奇货，市贩各处童女，加意装束，教以书、算、琴、棋之属，以徼厚直，谓之‘瘦马’。然习与性成，与亲生者亦无别矣。”
2. 牙婆驵侩（zǎngkuài）：介绍买卖的中间人。
3. 睄：同“瞧”。
4. 褫（chǐ）：此指撩起衣服。本义是夺去衣服。
5. 把柄：主意。
5. 本家：指瘦马的主人。
6. 金花：给准新娘的钱，供其购置首饰、服装、脂粉之类。财礼，给女方家长的钱。
6. 肃：恭请。
7. 红绿：红绿帖，旧时婚姻所用的订婚凭证。用红、绿二色纸书写，故名。“红帖”是男家向女家求婚的求帖，“绿帖”是女家同意允婚的允帖。
7. 山人：俗称卜卦、算命、礼赞之流，此谓主持婚仪的礼赞者。
8. 撒帐牵红：此指撒帐牵红时所用之物。

【译】

在扬州，靠“瘦马”过活的居然多达几十上百人。想娶妾的人切不可透露消息，因为只要稍微透露出一点，那些牙婆、人贩子就会蜂拥上门，就跟苍蝇叮上腥物似的，赶都赶不走。

天刚亮，他们就来催着出门。先到的可先拉着主人上路，其余的紧随其后，等着下一个机会。到了“瘦马”家，坐定，上茶，牙婆扶“瘦马”出来，说：

“姑娘拜客。”

“瘦马”下拜。

牙婆说：“姑娘走上几步。”

“瘦马”走上几步。

牙婆说：“姑娘转身。”

“瘦马”转身面朝明亮处——露出脸来了。

牙婆说：“姑娘借手瞧瞧。”

说着就将其袖子捋起老高——手、臂、肌肤全露出来了。

牙婆说：“姑娘瞧相公。”

“瘦马”转眼偷窥——露出眼神来了。

牙婆问：“姑娘几岁了？”

“瘦马”回答几岁——露出嗓音来了。

牙婆说：“姑娘再走几步。”

并撩起“瘦马”的裙裾——露出脚来了。不过，看脚自有看脚的门道。凡是出门时裙幅先发出声响的，脚肯定大；将裙系高一些后，人未出而脚先出来的，脚肯定小。

牙婆说：“姑娘请回吧。”

于是一个“瘦马”进去，另一个“瘦马”又出来了。

每到一家必定要看五六个“瘦马”，过程都是一样的。有看中的，就用一枚金簪或钗插在她的鬓发处，这叫做“插带”。如果全都看不中，就出几百文铜钱，赏给牙婆或那家的婢女，然后又去别家看。这个牙婆累了，自会有另外几个替补上来。一天、两天乃至四五天，天天如此，她们不怕累，可以没完没了地看下去。可是，等看过五六十人之后，就觉得无非是白面红衫，千篇一律了。这就像学写字似的，一个字写到几百上千遍后，往往连这是个什么字都认不出来了。自己的内心与自己的眼睛商量着，其实也还是毫无头绪，最后不得不迁就着马马虎虎地定下一个来。

“插带”之后，那“瘦马”家会拿出一张红单，上面写着彩缎多少，金花多少，财礼多少，布匹多少，并用笔蘸好了墨，让客人圈点确认。客人圈点的财礼、绸缎等如果合了他们的心意，他们就恭恭敬敬地请客人回去。可没等客人到家，鼓乐、礼盒担、红绿帖、羊和酒就早已等在门口了。一会儿的工夫，下聘礼用的礼物、糕点、水果就备齐了，在鼓乐的引导下，吹吹打打地送过去。走不上半里路，花轿花灯、灯烛火把、司仪帮闲、纸烛、供果、牲醴之类，都已经门前等候着了。又有厨子挑一副担来，于是蔬果、肴馔、汤点、花棚、糖饼、桌围坐褥、酒壶杯箸、龙虎寿星、撒帐牵红、小唱弦索之类的东西，就又都备齐了。既不等复命，也不等主人吩咐，花轿以及送亲小轿就一起去接新娘子。不一会儿，鼓乐喧天，灯烟烛燎，新娘的花轿与送亲的小轿就全到了。紧接着就是新人拜堂，送客人上席，又是唱礼又是吹打，热闹非凡。然而，天未过午，讨过赏钱后他们就转身离去。原来是要急着赶往别家，将此过程从头再来一遍。

卷六

彭天锡串戏

彭天锡[1]串戏[2]妙天下，然出出皆有传头[3]，未尝一字杜撰。曾以一出戏，延其人至家，费数十金者，家业十万缘手[4]而尽。

三春多在西湖，曾五至绍兴，到余家串戏五六十场，而穷其技不尽。

天锡多扮丑净，千古之奸雄佞倖，经天锡之心肝而愈狠，借天锡之面目而愈刁，出天锡之口角而愈险。设身处地，恐纣之恶不如是之甚也[5]。皱眉眡眼[6]，实实腹中有剑，笑里有刀，鬼气杀机，阴森可畏。

盖天锡一肚皮书史，一肚皮山川，一肚皮机械[7]，一肚皮磥砢[8]不平之气无地发泄，特于是发泄之耳。

余尝见其一出好戏，恨不得法锦[9]包裹，传之不朽；尝比之天上一夜好月，与得火候一杯好茶，祗可供一刻受用，其实珍惜之不尽也。桓子野[10]见山水佳处，辄呼："奈何！奈何！"真有无可奈何者，口说不出。

【注】

1. 彭天锡：金坛人。本为富家子弟，因酷爱戏曲，耗尽家财，是明末著名的业余戏曲演员。
2. 串戏：非职业演员扮演戏曲角色。
3. 传头：来历，根据。
4. 缘手：随手，顺手。
5. 不如是之甚也：出自《论语·子张》："子贡曰：'纣之不善，不如是之甚也。'"此指彭天锡演坏人入木三分，甚至到了让人怀疑是否真有人能坏成这样。
6. 眡眼：原作"既眼"。眡，同"视"。"既眼"不通。"既"当为"眡"。眡眼，即眯缝眼，此处表现奸臣之相。
7. 机械：机变，巧智。
8. 磥砢（lěiluǒ）：本义为石头堆积，后指郁结在心中的不平之气。磥，同"磊"。

9. 法锦：古代西南少数民族地区产的一种丝织品。亦名古刺锦。

10. 桓子野：桓伊，字叔夏，小字子野。此处语出《世说新语·任诞》："桓子野每闻清歌，辄唤'奈何！'谢公闻之，曰：'子野可谓一往有深情。'""见山水佳处"者应是作者误记。

【译】

彭天锡串起戏来真可谓妙绝天下。不过他串的每一出戏都有根据、有来头，从不自己杜撰一个字。他曾为学一出戏，把人请到家里去教，花费几十两银子。十万家财就是这么着被他随手抛光的。

每年春天，他一般都在杭州西湖。也曾五次来绍兴，在我家演过五六十场，却也还没穷尽他的本事。

彭天锡扮演较多的行当是丑和净。古代的那些奸雄佞臣，自他的内心深处阐发出来，就愈发地凶狠；借他的面目表现出来，就愈发地奸邪；从他的嘴里说唱出来，就愈发地阴险了。设身处地想一下，恐怕真的纣桀也未必如此可恶吧。他皱眉眯眼，实则腹内藏剑；他笑里藏刀，更是杀机乍露、鬼气阴森，叫人不寒而栗。想来他一肚皮的书史，一肚皮的机巧，一肚皮的愤懑无法排遣，才特意用这种方式加以宣泄的吧。

我曾经看过他串的一出好戏，真是恨不得用法锦将其包裹起来，好让它永世留存。其实好戏就像天上某夜的好月，或一杯火候绝佳的好茶，只能受用一时，是珍惜不尽的。古人桓子野看到风景绝佳处，就大叫："啊呀，这可怎么办呀？这可怎么办？"看了彭天锡串的戏，我才知道这世上还真有叫人不知"怎么办"的妙景，真是不知说什么好。

目莲戏

尔蕴叔[1]演武场搭一大台，选徽州旌阳戏子[2]剽轻精悍、能相扑跌打者三四十人，搬演[3]目莲[4]，凡三日三夜。四围女台[5]百什座，戏子献技台上，如度索舞絚[6]、翻桌翻梯、觔斗蜻蜓、蹬坛蹬臼、跳索跳圈，窜火窜剑[7]之类，大非情理。凡天神地祇、牛头马面、鬼母[8]丧门、夜叉罗刹、锯磨鼎镬、刀山寒冰、剑树森罗、铁城血澥[9]，一似吴道子《地狱变相》[10]，为之费纸札[11]者万钱，人心惴惴，灯下面皆鬼色。戏中套数[12]，如《招五方恶鬼》[13]《刘氏逃棚》[14]等剧，万余人齐声呐喊。熊太守[15]谓是海寇卒至，惊起，差衙官侦问，余叔自往复之，乃安。台成，叔走笔书二对。一曰："果证幽明，看善善恶恶随形答响，到底来那个能逃？道通昼夜，任生生死死换姓移名，下场去此人还在。"一曰："装神扮鬼，愚蠢的心下惊慌，怕当真也是如此。成佛作祖，聪明人眼底忽略，临了时还待怎生？"真是以戏说法。

【注】

1. 尔蕴叔：张岱七叔张烨芳，字尔蕴。详见卷五《炉峰月》注。
2. 徽州旌阳戏子：旌阳，即今安徽旌德，明代属宁国府，与徽州毗邻。旌阳艺人或参加徽州戏班，或与徽州艺人联合演出，故当时有"徽州旌阳戏子"之称。
3. 搬演：化妆表演。也作"扮演"。
4. 目莲：印度传说人物，又译称目犍连、摩诃目犍连、目连。出身于婆罗门，皈依佛教，是释迦牟尼十大弟子之一。传说其母刘青提死后堕入饿鬼道，目连以神力得脱母亲苦难。目连戏以此为题材，在民间有着广泛的流传和影响。因在目连救母途中，串演许多民间戏曲杂耍，包罗万象，故能一连演数日。
5. 女台：主戏台之外的小戏台。
6. 絚（gēng）：大绳索。
7. 窜火窜剑：从火圈、剑圈中窜过。

8. 鬼母：此指女性丧神，做穿丧服的少妇状。
9. 铁城血澥（xiè）：铁城，指地狱，佛教传说中认为阿鼻地狱之城由铁铸成。澥，海。
10.《地狱变相》：宋黄休复《益州名画录》："当时吴生画此地狱相，都人咸观，惧罪修善。"变相：将佛经中所描述的故事，图绘成画，以传播佛法。曾流行于古印度及中国六朝、隋、唐之际。
11. 纸札：纸做的冥器。
12. 套数：也称为"套曲""散套"。此指折子戏。
13.《招五方恶鬼》：此折演玉帝得知刘青提作恶，命阎王召五方恶鬼捉拿。演出时五鬼都藏在台下，被召后突然冒出来，颇为惊悚。
14.《刘氏逃棚》：演刘青提为逃避恶鬼捉拿，从台上跑下来藏在观众之中，恶鬼也下台来四处追赶，最后抓住刘氏后押上台去继续表演。
15. 熊太守：熊鸣岐，时任绍兴知府。

【译】

我叔叔尔蕴在演武场搭一大戏台，挑选三四十个精悍矫捷、会跌打相扑的徽州旌阳戏子，让他们演目莲戏，一连演了三天三夜。四周小戏台百十来个，戏子们在台上争奇斗艳，各显其能。诸如走索舞绳、翻桌翻梯、翻跟斗竖蜻蜓、蹬坛蹬石臼、跳索跳圈，窜火圈窜剑圈之类的表演，都让人大开眼界。而天神地祇、牛头马面、鬼母丧门、夜叉罗刹、锯磨鼎镬、刀山寒冰、剑树森罗、地狱血海等角色与布景也都跟吴道子画的《地狱变相图》别无二致。光是花在纸札上的钱就上万了。观众们看得心惊胆颤，灯下看去，一个个都面无人色。有些折子戏如《招五方恶鬼》《刘氏逃棚》等，上演时台下万余人齐声呐喊，熊太守以为来了海盗，吓得跳起身，忙派衙役前来查问，后来还是我叔叔亲自去向他禀明了原委，他才放下心来。

戏台刚搭好时，我叔叔手书了两副对联。一为：

果证幽明，看善善恶恶随形答响，到底来那个能逃？

道通昼夜，任生生死死换姓移名，下场去此人还在。

一为：

装神扮鬼，愚蠢的心下惊慌，怕当真也是如此。

成佛作祖，聪明人眼底忽略，临了时还待怎生？

真是在借演戏宣扬佛法了。

甘文台[1]炉

香炉贵适用，尤贵耐火。三代青绿[2]，见火即败坏，哥、汝窑[3]亦如之。便用便火[4]，莫如宣炉[5]。然近日宣铜[6]一炉价百四五十金，焉能办之？北铸如施银匠亦佳，但粗夯[7]可厌。苏州甘回子文台，其拨蜡范沙[8]，深心有法，而烧铜色等分两[9]，与宣铜款致[10]分毫无二，俱可乱真；然其与人不同者，尤在铜料。甘文台以回回教门不崇佛法，乌斯藏[11]渗金佛[12]，见即锤碎之，不介意，故其铜质不特与宣铜等，而有时实胜之。甘文台自言佛像遭劫已七百尊有奇[13]矣。余曰：“使回回国别有地狱，则可。”

【注】

1. 甘文台：当时苏州著名铸匠。
2. 三代青绿：《夜航船·宝玩部·玩器》：“三代铜：……山、陕出土者为商彝、周鼎，河南出土者为汉器。”青绿，指（生锈了的）青铜器。
3. 哥、汝窑：宋时浙江龙泉有章氏兄弟皆善烧瓷，兄所烧者名“哥窑”之器，特点有“薄胎铁骨”，以浅绿为主，有断纹。宋代汝州也以烧瓷著称，其器胎骨深灰，釉色近于雨过天青，或含棕眼及蟹爪纹，世称“汝窑”。
4. 便用便火：使用方便且耐火。
5. 宣炉：宣德炉，明宣德年间以暹罗风磨铜和多种贵金属制成的精美铜炉，有冶炼精细、款式丰富、色彩妙丽等特点。为收藏家所看重，在当时就已经十分昂贵了，所以有很多赝品。
6. 宣铜：《夜航船》：“宣铜：宣德年间三殿火灾，金银铜熔作一块，堆垛如山。宣宗发内库所藏古窑器，对临其款，铸为香炉、花瓶之类，妙绝古今，传为世宝。”
7. 粗夯：粗糙笨重。
8. 拨蜡范沙：一种烧铸工艺。拨蜡，在泥模上涂抹黄蜡牛油；范沙，用细沙与炭末为泥涂铺在油蜡上。
9. 等分两：平衡成分、重量。
10. 款致：款式、风格。
11. 乌斯藏：西藏别称。
12. 渗金佛：用渗金技术冶铸的佛像，其法“以金铄为泥，数四涂抹，火炙成赤”。

13. 有奇：有余，还有零头。

【译】

香炉贵在适用，尤其贵在耐火。商、周、汉三代遗留下来的那些长着绿锈的古董，见火就坏。哥窑、汝窑的瓷香炉也这样。要说既好用又耐火，就非宣德炉莫属了。可近来一只宣铜香炉竟要四五十两银子，怎么买得起呢？

北方施银匠仿制的宣德炉倒也能用，只是粗笨了些，叫人喜欢不起来。

苏州甘文台，精通拨蜡范沙之术，独具妙法。他烧铸的香炉在铜色分量以及式样上都与宣德炉分毫不差，足以乱真。可要说到与众不同之处，还在于他所用的铜料。甘文台是回教徒，故不须尊佛法。他看到来自西藏的掺金佛像，举锤就敲碎，一点也不觉得罪过，所以他用的铜料非但能赶上宣铜，有时还略胜一筹。据他自己说，在他手里遭了殃的佛像已有七百多尊了。我说：“你们那儿另有地狱，倒也无所谓。”

绍兴灯景

绍兴灯景为海内所夸者无他，竹贱、灯贱、烛贱。贱，故家家可为之；贱，故家家以不能灯为耻。故自庄逵[1]以至穷簷曲巷，无不灯、无不棚者。棚以二竿竹搭过桥，中横一竹，挂雪灯[2]一，灯毬六。大街以百计，小巷以十计。

从巷口回视巷内，复叠堆垛，鲜妍飘洒，亦足动人。十字街搭木棚，挂大灯一，俗曰“呆灯”，画《四书》《千家诗》故事，或写灯谜，环立猜射之。

庵堂寺观以木架作柱灯及门额，写“庆赏元宵”“与民同乐”等字。佛前红纸、荷花、琉璃百盏，以佛图灯带间之，熊熊煜煜。庙门前高台，鼓吹五夜。市廛[3]如横街、轩亭、会稽县西桥，闾里相约，故盛其灯，更于其地斗狮子灯，鼓吹弹唱，施放烟火，挤挤杂杂。小街曲巷有空地，则跳大头和尚，锣鼓声错，处处有人团簇看之。城中妇女多相率步行，往闹处看灯；否则，大家小户杂坐门前，吃瓜子、糖豆，看往来士女，午夜方散。乡村夫妇多在白日进城，乔乔画画[4]，东穿西走，曰“钻灯棚”，曰“走灯桥”，天晴无日无之。万历间[5]，父叔辈于龙山放灯，称盛事，而年来有效之者。次年，朱相国[6]家放灯塔山[7]。再次年，放灯蕺山[8]。蕺山以小户效颦，用竹棚，多挂纸魁星灯。有轻薄子作口号[9]嘲之曰：“蕺山灯景实堪夸，葫篠[10]竿头挂夜叉。若问搭彩是何物，手巾脚布神袍纱。”繇今思之，亦是不恶。

【注】

1. 庄逵：繁华闹市。庄、逵，都指四通八达的道路。
2. 雪灯：未详。
3. 市廛（chán）：闹市，店铺集中的地方。
4. 乔乔画画：打扮得漂漂亮亮。
5. 万历间：万历二十九年。详见卷八《龙山放灯》。
6. 朱相国：朱赓。详见卷三《朱文懿家桂》注。
7. 塔山：又称龟山，在卧龙山南，因山上有应天塔，故名。朱赓曾在山下建逍遥楼。
8. 蕺（jí）山：又名王家山，在绍兴城内。蕺，即蕺草，俗称鱼腥草。传说越王勾践败于吴国后，曾在此山上采蕺草而食，故名。
9. 口号：随口吟成的诗。
10. 箶篠（húxiǎo）：细竹。

【译】

绍兴的灯景能够享誉海内，其实也没有什么特别的原因，就因为绍兴的竹子便宜、灯笼便宜、蜡烛便宜。因为便宜，所以家家户户做得；因为便宜，所以家家户户都以做不起为耻。因此，从闹市通衢到寒门小巷，没有不挂灯，没有不扎灯棚的。

灯棚用两根竹竿搭成过桥，中间再横一根竹竿，上面挂一个雪灯，六个球灯。这样的灯棚在大街上有上百座，在小巷子里也有十来座。站在巷口回望巷内，只见灯棚、花灯层层叠叠，漂漂亮亮，倒也足以动人。

在十字街口处，会搭一个木棚，挂上一个大灯，俗称“呆灯”，灯上画着《四书》《千家诗》里的故事，或写上谜语，人们环立四周，七嘴八舌地猜着灯谜。庵堂、寺庙、道观则会用木架做成柱灯和门额，上面写着“庆赏元宵”“与民同乐”等字。佛前供奉着红纸灯、莲花灯、琉璃灯共一百来盏，并夹杂着绘有佛图的灯带，煌煌照人，绚丽异常。庙门前搭着高台，会有鼓乐一连吹奏五夜。

街市如横街、轩亭、会稽县西桥等地，闾里之间事先会有所协商，因此灯饰极为繁盛。还会在其地面上斗狮子灯以及鼓吹弹唱，施放烟火，看灯的人熙熙攘攘，拥挤不堪。小街曲巷的空地上，则跳大头和尚（罗汉舞），并且敲锣打鼓，到处都聚集着一堆堆的看灯之人。

城中的妇女一般都会结伴而行，到热闹的地方去看灯。不出去的，则无论大门小户都较为随便地坐在门前，一边吃瓜子、糖豆，一边看来来往往的男男女女，直到深夜才肯散去。

乡下夫妇一般都在白天进城，打扮得漂漂亮亮的，东穿西走，美其名曰“钻灯棚”，或“走灯桥”，只要天气晴好，每天都能看到他们的身影。

万历年间，我家父亲、叔叔那辈在龙山放灯，一时被传为盛事，后来年年有人效仿。第二年，朱相国家在塔山放灯。再过一年，蕺山也有人放灯。蕺山那次可谓是小户人家的东施效颦，用的是竹棚，挂的又多是纸魁星灯。于是就有轻薄子弟胡乱作打油诗嘲讽：“蕺山灯景实堪夸，箭篠竿头挂夜叉。若问搭彩是何物，手巾脚布神袍纱。”但是，今天回想起来，能够那样就也已经很不错了。

韵山

大父至老，手不释卷，斋头[1]亦喜书画、瓶几布设。不数日，翻阅搜讨，尘堆砚表，卷帙正倒参差。常从尘砚中磨墨一方，头眼入于纸笔，潦草作书生家蝇头细字[2]。日晡向晦，则携卷出帘外就天光，爇[3]烛，檠[4]高，光不到纸，辄倚几携书就灯，与光俱俯[5]，每至夜分，不以为疲。常恨《韵府群玉》[6]《五车韵瑞》[7]寒俭可笑，意欲广之。乃博采群书，用淮南大、小山[8]义，摘其事曰"大山"，摘其语曰"小山"，事语已详本韵而偶寄他韵下曰"他山"，脍炙人口者曰"残山"，总名之曰"韵山"。小字襞积[9]，烟煤残楮[10]，厚如砖块者三百余本。一韵积至十余本，《韵府》《五车》不啻千倍之矣。政欲成帙，胡仪部青莲携其尊人所出中秘书[11]名《永乐大典》者，与《韵山》政相类，大帙三十余本，一韵中之一字犹不尽焉。大父见而太息曰:"书囊无尽，精卫衔石填海[12]，所得几何！"遂辍笔而止。以三十年之精神，使为别书，其博洽应不在王弇州[13]、杨升庵[14]下。今此书再加三十年，亦不能成，纵成，亦力不能刻。笔塚[15]如山，祇堪覆瓿[16]，余深惜之。丙戌[17]兵乱，余载往九里山[18]，藏之藏经阁，以待后人。

【注】

1. 斋头：书斋。
2. 书生家蝇头细字：古代穷书生惜纸惜墨，所以字都写得很小。
3. 爇（ruò）：燃。
4. 檠（qíng）：灯架，烛台。
5. 与光俱俯（fǔ）：俯下身子，凑向灯光。

6.《韵府群玉》：元初阴时夫著韵书。全书共二十卷，分韵一百零六部，摘录典故、词汇，隶于各韵之下。
7.《五车韵瑞》：明人凌稚隆著韵书。该书仿阴时夫《韵府群玉》而成，共一百六十卷，分经、史、子、集、杂五部。
8. 淮南大、小山：东汉王逸《楚辞章句·招隐士序》："昔淮南王安博雅好古，招怀天下俊伟之士。自八公之徒，咸慕其德而归其仁，各竭才智，著作篇章，分造辞赋，以类相从，故或称小山，或称大山，其义犹《诗》有《小雅》《大雅》也。"
9. 襞积：重叠堆积。此指小字密密麻麻。
10. 楮（chǔ）：楮树，叶似桑，皮可以造纸。此处为纸的代称。
11."胡仪部"句：据张岱《琅嬛文集》卷一《诗韵确序》，胡敬辰父亲胡维新曾借掌管皇家书库之便，带出《永乐大典》三十余本。胡敬辰，字直卿，号青莲，浙江余姚人。天启二年进士，曾任职仪制司，故称"胡仪部"。明初礼部下设四属部：仪部、祠部、膳部、主客部。后改仪部为仪制清吏司。
12. 精卫衔石填海：古代神话故事，典出《山海经》卷三《北山经》："又北二百里，曰发鸠之山。其上多柘木。有鸟焉，其状如乌，文首、白喙、赤足，名曰精卫，其鸣自詨。是炎帝之少女，名曰女娃。女娃游于东海，溺而不返，故为精卫。常衔西山之木石，以堙于东海。"
13. 王弇（yǎn）州：王世贞，见卷一《奔云石》注。
14. 杨升庵：杨慎，字用修，号升庵，四川新都人。明代文学家、学者、官员。正德六年状元，历任翰林院修撰、经筵讲官。明代三才子之首。
15. 笔塚：李肇《国史补》卷中载，怀素练字，写坏了的笔头堆积如山，号曰笔塚。后世以此为勤奋之意，与"韦编三绝"有同工之处。
16. 覆瓿（bù）：喻指著作毫无价值或不被人重视。典出《汉书·扬雄传》："钜鹿侯芭常从雄居，受其《太玄》《法言》焉，刘歆亦尝观之，谓雄曰：'空自苦！今学者有禄利，然尚不能明《易》，又如《玄》何？吾恐后人用覆酱瓿也。'雄笑而不应。"
17. 丙戌：清顺治三年。
18. 九里山：侯山，在绍兴城南，俗称九里山。

【译】

我祖父酷爱读书，一直到老都手不释卷。他的书斋里也喜欢摆饰些书画、瓶几。但过不了几天，经他翻书搜册，一番折腾之后，就弄得砚台上满是灰尘，书籍也变得凌乱不堪。他时常会在落满灰尘的砚台里磨上一滩墨，然后一头扎入纸笔之间，跟穷书生似地潦草地写些蝇头小字。天光将晚时，他会拿着书到帘子外面就着自然光看。不行就点起蜡烛来，倘若烛台太高，烛光照不到书上，他就靠着几案，俯下身子，凑灯光来看。就这么着一直看到半夜，一点也不觉得辛苦。

他常恨《韵府群玉》《五车韵瑞》等韵书单薄可笑，想加以扩充，于是便博采群书，借用淮南王“大山”“小山”的分类法，将摘录事迹的部分称为“大山”，摘录言语的部分称为“小山”，在本韵下事迹、言语已经十分详尽，而又偶然出现在其他韵下的部分称为“他山”，脍炙人口的部分称为“残山”，统称为“韵山”。他那些写满了密密麻麻的蝇头小字，又被灯烟熏得黑乎乎的原稿，共有三百多本，每本都厚得跟砖块似的。仅一个韵就累积十多本，简直将《韵府》《五车》扩充了一千倍。可就在他要装订成册的当儿，礼部的胡青莲带了他父亲从宫中借出的秘本来给他看。那是《永乐大典》，体例与《韵山》相似。大开本三十多册，还没说尽一个韵中的一字。祖父见了长叹道：“书海无涯，我这么做简直就跟精卫衔石填海差不多，又能有什么所得呢？”从此他就停笔不写了。

倘若用三十年的精力来写别的书，那么其著作之丰应该是不在王弇州、杨升庵之下了。况且在这本书上即便再花三十年的工夫，也是不可能完成的，就算写完了也是无力刻印的。徒堆笔冢如山，而书稿只堪用来盖盖酱缸，真让我深感惋惜。丙戌年闹起兵乱，我便将这些书全都运进九里山，藏在藏经阁，以待后人。

天童寺僧

戊寅[1]，同秦一生[2]诣天童[3]访金粟和尚[4]。至山门，见万工池绿净，可鉴须眉，傍有大锅覆地。问僧，僧曰："天童山有龙藏[5]，龙常下饮池水，故此水刍秽[6]不入。正德[7]间，二龙斗，寺僧五六百人撞钟鼓撼之，龙怒，扫寺成白地，锅其遗也。"

入大殿，宏丽庄严。折入方丈[8]，通名刺。老和尚见人便打，曰"棒喝"。余坐方丈，老和尚迟迟出，二侍者执杖、执如意先导之，南向立，曰："老和尚出。"又曰："怎么行礼？"盖官长见者皆下拜，无抗礼[9]，余屹立不动，老和尚下，行宾主礼。侍者又曰："老和尚怎么坐？"余又屹立不动，老和尚肃[10]余坐。坐定，余曰："二生门外汉，不知佛理，亦不知佛法，望老和尚慈悲，明白开示[11]。勿劳棒喝[12]，勿落机锋[13]，只求如家常白话，老实商量，求个下落。"老和尚首肯余言，导余随喜[14]。蚤晚斋[15]方丈，敬礼特甚。

余遍观寺中僧匠千五百人，俱舂者、碓[16]者、磨者、甑[17]者、汲者、爨[18]者、锯者、劈者、菜者、饭[19]者，狰狞急遽，大似吴道子一幅《地狱变相》。老和尚规矩严肃，常自起撞[20]人，不止棒喝。

【注】

1. 戊寅：崇祯十一年。
2. 秦一生：见卷一《天砚》注。
3. 天童：指天童寺，坐落于浙江省鄞县太白山麓，始建于西晋永康元年，佛教禅宗五大名刹之一，号称"东南佛国"。
4. 金粟和尚：圆悟，字觉初，号密云，明代高僧。俗姓蒋，江苏宜兴人。历主金粟、天童诸寺。其在金粟寺时影响较大，信徒尊称其为“金粟和尚”。

5. 龙藏：佛教传说龙树从龙宫中取得大乘经典流布人间，故称大乘经典为龙藏。
6. 刍秽：柴草等污秽物。
7. 正德：明武宗朱厚照年号。
8. 方丈：佛寺中住持居住的房间。因其长宽各为一丈，故名。
9. 抗礼：彼此以平等的礼节相待。
10. 肃：恭请。因老和尚以宾主之礼待客，所以要请客人先坐。
11. 开示：佛教用语。指和尚对弟子、施主所说的具有启示性的话语。
12. 棒喝：佛教用语。禅师启发弟子，或用棒打，或大喝一声，使弟子开悟。
13. 机锋：佛教禅宗以含义深刻、不露迹象的言语彼此问答，相互启发领悟，类似弓弩触机而发出锋锐。
14. 随喜：佛教用语。意谓欢喜之意随瞻拜佛像而生。常用以称参观游览寺庙。
15. 斋：用斋。
16. 碓（duì）：一种舂米工具。此作动词。
17. 甑（zèng）：古代蒸饭的一种瓦器。此作动词。
18. 爨（cuàn）：烧火做饭。
19. 饭：做饭。
20. 撞：敲打。

【译】

崇祯十一年，我同秦一生一起去天童寺拜访金粟和尚。走到山门，见万工池碧绿明净，连眉毛、胡子都能映照得清清楚楚，旁边有一口大锅倒扣在地上。问和尚有什么讲究，和尚说：“天童山上有龙窟，那龙经常下来喝池塘里的水，所以我们不让柴草等脏东西掉入池内。正德年间，有两条龙在这儿打架，寺僧五六百人出来撞钟敲鼓，想将它们赶走。没想到龙光火了，尾巴一扫就将寺庙扫成了白地。这口锅就是那会儿留下来的。”

进入大殿，只见一片宏丽庄严景象。转入方丈室后，我们递上名帖。听说这儿的老和尚见人就打，美其名曰“棒喝”。我们在方丈室内坐了很久，老和尚才出来，前头还走着两个执杖、执如意的侍者。他们朝南而站，说：“老和尚出。”又说：“怎么行礼？”据说官长到此也都要下拜，不能以对等的礼节相待。可我屹立不动，老和尚只得屈尊行了宾主之礼。侍者又说：“老和尚怎么坐？”我又屹立不动，老和尚便请我先坐下。坐定后，我说：“我们两个都是门外汉，不懂佛理，不晓得佛法，还望老和尚慈悲，明明白白地教导我们。不劳您‘棒喝’，也请您不要打什么‘机锋’了，只希望您能说家常大白话，实实在在的，讲个清楚明白。”老和尚认同我的说法，还领我们在寺内参观。我们早晚都在方丈内吃斋，老和尚待我们十分恭敬。

我遍览寺内，见和尚、工匠共有一千五百来人，都是些舂米、磨面、蒸饭、挑水、烧火、锯木、劈柴、种菜、做饭的人，且面目狰狞，举止鲁莽，那情景就跟吴道子画的《地狱变相图》似的。老和尚的规矩很大，也十分严厉，还时常亲自动手打人，可见得他的手段也不仅仅是“棒喝”而已。

水浒牌[1]

古貌古服、古兜鍪、古铠胄、古器械，章侯[2]自写其所学所问已耳。而辄呼之曰“宋江”，曰“吴用”，而“宋江”“吴用”亦无不应者，以英雄忠义之气，郁郁芊芊[3]，积于笔墨间也。周孔嘉[4]丐[5]余促章侯，孔嘉丐之，余促之，凡四阅月而成。余为作《缘起》曰：“余友章侯，才足掞[6]天，笔能泣鬼。昌谷道上，婢囊呕血之诗[7]；兰渚寺中，僧秘开花之字[8]。兼之力开画苑，遂能目无古人，有索必酬，无求不与。既蠲郭恕先之癖[9]，喜周贾耘老之贫[10]，画《水浒》四十人，为孔嘉八口计，遂使宋江兄弟复睹汉官威仪[11]。伯益考[12]著《山海》遗经，兽毨[13]鸟氄[14]皆拾为千古奇文；吴道子画《地狱变相》，青面獠牙尽化作一团清气。收掌付双荷叶，能月继三石米，致二斟酒，不妨持赠[15]；珍重如柳河东[16]，必日灌蔷薇露，薰玉蕤香[17]，方许解观。非敢阿私[18]，愿公同好。”

【注】

1. 水浒牌：水浒叶子，一种用于酒令游戏的酒牌，上画《水浒传》里的人物。天启五年，明末画家陈洪绶根据宋代画家李嵩的《宋江三十六人像》，用四个月的时间画出四十位《水浒传》人物，称为水浒叶子，以供穷困友人周孔嘉补贴家用。彼时陈洪绶二十八岁，张岱二十九岁。
2. 章侯：陈洪绶。详见卷三《陈章侯》。
3. 郁郁芊芊（qiānqiān）：气盛的样子。
4. 周孔嘉：作者好友。作者曾在《越山五佚记》中提及：“天启五年，姑苏周孔嘉僦居于轩亭之北，余每至其家，剧谈竟日。”
5. 丐：乞求。
6. 掞（yàn）：通“焰”，光芒。
7. “昌谷”二句：典出唐李商隐《李贺小传》：“（李贺）恒从小奚奴，骑疲驴，背一古破锦囊，遇有所得，即书投囊中。及暮归，太夫人使婢受囊出之，见所书多，辄曰：‘是儿要当呕出心始已耳。’”

8.“兰渚”二句：兰渚山，王羲之流觞处。唐代僧人辨才居此，藏《兰亭集序》真迹，秘不示人。开花之字，出自唐张怀瓘《书议》：“（王献之）若风行雨散，润色开花，笔法体势之中最为风流者也。”张岱《古兰亭辨》一文云：“《兰亭》真本，辨才死守，什袭藏之，不许人见。后被萧翼赚出，走至半途，袖中偷看，遍地花开。”

9.“既蠲”句：蠲（juān），改正。郭恕先，郭忠恕，字恕先，河南洛阳人。曾任宗正丞兼国子书学博士、国子监主簿。擅长丹青。传世之作有《雪霁江行图》等。据说他有好酒贪杯且议论时政得失之癖，而陈洪绶也有这个毛病。

10.“喜周”句：贾收，号耘老，北宋浙江乌程人。家贫，苏轼赏识其诗文，曾画古木怪石周济他。

11. 汉官威仪：典出更始帝诸将皆冠帻、衣妇人服进洛阳，“老吏或垂涕曰：‘不图今日复见汉官威仪。’”

12. 伯益考：伯益，舜臣，佐禹治水有功，旧传是《山海经》作者。

13. 毨（xiǎn）：形容毛羽更生、齐整的样子。

14. 氄（rǒng）：形容鸟兽之毛细软而茂密。

15.“收掌”四句：语出宋苏轼《答贾耘老四首》：“念贾处士贫甚，无以慰其意，乃为作怪石古木一纸，每遇饥时，辄以开看，还能饱人否？若吴兴有好事者，能为君月致米三石、酒三斗，终君之世者，便以赠之。不尔者，可令双荷叶收掌，须添丁长，以付之也。”收掌，收管；双荷叶，贾耘老之妾。

16. 柳河东：柳宗元，字子厚。历任县尉、监察御史、永州司马、柳州刺史等。唐代文学家，古文运动发起者，唐宋八大家之一。

17. 蔷薇露、玉蕤（ruí）香：典出后唐冯贽《云仙杂记·大雅之文》：“《好事集》曰：‘柳宗元得韩愈所寄诗，先以蔷薇露灌手，薰玉蕤香，后发读，曰：“大雅之文，正当如是。”’”蔷薇露，一种西域香水。

18. 阿私：偏私，不公道。

【译】

古人的相貌、古人的服饰、古人的头盔、古人的铠甲等等，陈章侯也仅凭自己的所学所问来画罢了，可画好后称其为“宋江”“吴用”，“宋江”“吴用”竟无不响应。这是因他笔墨之间积有浓烈的英雄忠义之气的缘故。

周孔嘉央我催促陈章侯快画。孔嘉不断地央求我，我就不断地催促陈章侯，结果陈章侯还是花了足足四个月才完成这套水浒牌。

我作文表述其由来如下：

“我的朋友陈章侯，才情足以光耀天空，下笔能让鬼神哭泣。想当年，昌谷道上，婢女背上的锦囊，装着李贺呕心沥血的诗句；兰渚寺中，僧人秘藏着王羲之那能令花开遍地的名帖。看如今，陈章侯不仅兼有李、王二人之才，更有开画苑之力，所以能够傲视古今，且有求必应，慷慨大方。他既摈弃了郭恕先那样的习癖，又乐于周济贾耘老这样的贫士。为了孔嘉一家八口的活计，他画了四十个《水浒》人物，让宋江等众兄弟复睹‘汉官威仪’。

想当年，伯益考著《山海经》，鸟兽羽毛都收罗其中，终成千古奇文；吴道子画《地狱变相图》，青面獠牙之辈也都化作一团清气。若有人每月供你（周孔嘉）三石米，两斗酒，你就将这套水浒牌送给他，否则，就让你的“双荷叶”妥为保管吧。希望你能像柳河东对待韩愈的诗文那样加以珍重，每天必须用蔷薇露洗手，用玉炉熏香之后，方可打开来观看。同时也希望你不要太小家子，要让同道中人共同赏玩。”

烟雨楼

嘉兴人开口烟雨楼[1]，天下笑之。然烟雨楼故自佳。楼襟[2]对莺泽湖[3]，涳涳蒙蒙，时带雨意，长芦高柳，能与湖为浅深。湖多精舫，美人航之，载书画茶酒，与客期于烟雨楼。客至，则载之去，舣舟[4]于烟波缥缈。态度幽闲，茗炉相对，意之所安，经旬不返。舟中有所需，则逸出宣公桥[5]、甪里街[6]，果蓏蔬鲜，法膳[7]琼苏[8]，咄嗟[9]立办，旋即归航。柳湾桃坞，痴迷伫想，若遇仙缘，洒然言别，不落姓氏。间有倩女离魂[10]，文君新寡[11]，亦效颦为之。淫靡之事，出以风韵，习俗之恶，愈出愈奇。

【注】

1. 烟雨楼：浙江嘉兴之名胜，楼名取自唐代诗人杜牧“南朝四百八十寺，多少楼台烟雨中”诗意。明嘉靖中仿旧制，建楼于南湖湖心岛。明冯梦龙《笑府·烟雨楼》亦有调侃：嘉兴人与苏州人在喝酒时各自夸赞家乡的风景，苏州人说了虎丘、天平山、石湖、太湖等许多，可嘉兴说来说去只有一个烟雨楼，结果被罚酒，大醉。回家后，妻子问他为什么喝醉，他说跟苏州人喝酒比家乡风景输了。妻子说：“你为什么不说烟雨楼？”自此传为笑谈。

2. 襟：前面。

3. 莺泽湖：今称南湖，在嘉兴城南。分东西二湖，又称鸳鸯湖。

4. 舣舟：停船。

5. 宣公桥：在嘉兴城东一里，跨月河上，相传为唐宰相陆贽所建。

6. 甪（lù）里街：原名“甪里坊”，在嘉兴城东，南湖北端。

7. 法膳：原义为帝王所用膳食。此指名贵菜肴。

8. 琼苏：古酒名。

9. 咄嗟（duōjiē）：一霎时。

10. 倩女离魂：典出唐陈玄祐小说《离魂记》。写张倩娘与表兄王宙相爱，但父亲将其另许他人。倩娘魂魄离开躯体，与王宙结为夫妻。后世许多戏曲以此为题材。

11. 文君新寡：汉武帝时，蜀富人卓王孙之女文君有才貌，新寡在家。司马相如作客卓家，以琴挑之，文君夜奔相如。

【译】

嘉兴人开口闭口烟雨楼，常被天下人嗤笑。但烟雨楼本身确实不错，楼前就是莺泽湖，空蒙凄迷，不乏云情雨意，长长的芦苇，高高的绿柳，与宽阔的湖面相映成趣。

湖上有许多精美的画舫，全由美人操持，船上载有书画茶酒，与客人相约在烟雨楼。客人一到，就载其离去，漂浮于烟波缥缈之间。美人意态幽闲，与客人相对品茗。客人如果心有所安，可以待上十来天。船上需要什么东西，就飘然移至宣公桥、甪里街，水果蔬菜，美酒佳肴，顷刻间统统办好。随即便又返回烟波缥缈之中。

来到柳湾、桃坞之间，不免令人想入非非，倘若有所“仙遇”，事后也都潇洒道别，彼此不留名姓。时而也有离魂的“倩女”、新寡的“文君”，做出些东施效颦的事情来。原本这些都是淫靡之事，居然也用上了风雅之名，可见习俗之败坏，也愈发的出奇了。

朱氏收藏

朱氏[1]家藏，如龙尾觥、合卺杯，雕镂锲刻，真属鬼工，世不再见。余如秦铜汉玉、周鼎商彝、哥窑倭漆[2]、厂盒[3]宣炉、法书名画、晋帖唐琴，所畜之多，与分宜[4]埒[5]富，时人讥之。

余谓博洽好古，犹是文人韵事，风雅之列，不黜曹瞒[6]，赏鉴之家，尚存秋壑[7]。诗文书画未尝不抬举古人，恒恐子孙效尤，以袖攫石[8]、攫金银，以赚田宅，豪夺巧取，未免有累盛德。闻昔年朱氏子孙有欲买尽“坐朝问道”[9]四号田者，余外祖兰风先生谑之曰：“你只管坐朝问道，怎不管垂拱平章[10]？”一时传为佳话。

【注】

1. 朱氏：指朱敬循，号石门，张岱的祖舅，江南著名收藏家。详见卷五《治沅堂》注。
2. 倭漆：日本漆器。《夜航船·宝玩部·玩器》：“漆器之妙，无过日本。宣德皇帝差杨瑄往日本教习数年，精其技艺。故宣德漆器比日本等精。”
3. 厂盒：明代皇家作坊及劳作处多以“厂”名，如瓦厂、铸钟厂、琉璃厂等。厂盒即是果园厂所制的一种工艺器盒。除倭漆外还有剔红、填漆等漆盒。《夜航船·宝玩部·玩器》：“厂盒：古延厂永乐年间所造，重枝叠叶，坚若珊瑚，稍带沉色。新厂宣德年间所造，雕镂极细，色若朱砂，鲜艳无比。有蒸饼式、甘蔗节二种，愈小愈妙，享价极重。”
4. 分宜：严嵩。
5. 埒（liè）：等同，并立。
6. 曹瞒：《西湖梦寻·三茅观》：“余尝谓曹操、贾似道千古奸雄，乃诗文中之有曹孟德，书画中之有贾秋壑，觉其罪业滔天，减却一半。方晓诗文书画，乃能忏悔恶人如此。凡人一窍尚通，可不加意诗文，留心书画哉？”
7. 秋壑：贾似道，字师宪，号秋壑。《西湖梦寻·大佛头》：“贾秋壑为误国奸人，其于山水、书画、骨董，凡经其鉴赏，无不精妙。”
8. 以袖攫石：典出清潘永因编《宋稗类钞》。米芾曾守涟水，因好石而荒废政务。杨杰为朝廷委派监察使，本打算教正米芾的爱石癖。不料米芾一连从袖中拿出几块精巧石头来，对杨道：“如此石安得不爱！”杨忽曰：“非独公爱，我亦爱也。”从米芾手中抢了一块石头，登车而去。

9.“坐朝问道”：古人用《千字文》为大宗的货物、房屋之类编号，此处“坐朝问道”即为田地编号。

10.“垂拱平（pián）章”：《千字文》中“坐朝问道”下句。戏谑朱家贵为内阁首辅之家，子孙却不顾祖宗声名挥霍无度。

【译】

朱家的收藏，如龙尾觥、合卺杯等，其雕镂锲刻，真算得上鬼斧神工，世所罕见。其他如秦铜汉玉、周鼎商彝、哥窑的瓷器、日本的漆器、果园厂的漆盒、宣德年的香炉、法书名画、晋帖唐琴等等，数量之多，简直可与严嵩家相匹敌，备受时人讥讽。

我以为，博雅好古，这还是文人雅事。所谓风雅之列，不排斥曹阿瞒；赏鉴之家，贾似道也算一个。由此可见，诗文书画的确能抬举抬举人，只担心就是子孙好的不学，靠这一手来收罗奇石、搜刮金银或以此赚取他人田宅，巧取豪夺，那就有损祖上的盛德了。

听说当年朱家的子孙，就有过买全“坐”“朝”“问”“道”四号田地的打算。对此，我的外祖父兰风先生调侃道：“你只管‘坐朝问道’，怎么就不顾‘垂拱平章’了呢？”一时传为佳话。

仲叔古董

葆生叔[1]少从渭阳[2]游，遂精赏鉴。得白定[3]炉、哥窑瓶、官窑酒匜[4]，项墨林[5]以五百金售[6]之，辞曰："留以殉葬。"

癸卯[7]，道淮上[8]，有铁梨木天然几，长丈六、阔三尺，滑泽坚润，非常理[9]。淮抚李三才[10]百五十金不能得，仲叔以二百金得之，解维[11]遽去。淮抚大恚怒，差兵蹑之，不及而返。

庚戌[12]，得石璞三十觔，取日下水涤之，石罅中光射如鹦哥[13]祖母[14]，知是水碧[15]，仲叔大喜。募玉工仿朱氏龙尾觥一，合卺杯一，享价三千，其余片屑寸皮，皆成异宝。仲叔赢资巨万，收藏日富。戊辰[16]后，倅[17]姑熟[18]，倅姑苏[19]，寻令盟津[20]。河南为铜薮[21]，所得铜器盈数车，美人觚[22]一种，大小十五六枚，青绿彻骨，如翡翠，如鬼眼青[23]，有不可正视之者，归之燕客[24]，一日失之。或是龙藏[25]收去。

【注】

1. 葆生叔：参见卷五《范长白》注。
2. 渭阳：舅氏。语出《诗经·秦风·渭阳》："我送舅氏，曰至渭阳。"此指张岱舅祖朱敬循。详见卷五《治沅堂》注。
3. 白定：宋代于定州设窑，称"定窑"，以白色滋润或釉色若竹丝白纹者为贵，俗称"粉定"，亦称"白定"。为宋代五大名窑之一。其余为汝窑、官窑、哥窑、钧窑。
4. 匜（yí）：古代一种盛酒或水的器具。本为青铜器，此指宋代仿制的瓷器。
5. 项墨林：名元汴，字子京，号墨林山人，浙江嘉兴人。工绘事，精于鉴赏，晚明著名收藏家。
6. 售：买。
7. 癸卯：万历三十一年。当时张尔葆落第南归，行至淮安。
8. 淮上：此指江苏淮安。
9. 非常理：木质纹理非同一般。

10. 李三才：字道甫，号修吾，顺天通州人。万历二年进士，曾任淮阳巡抚。
11. 解维：解开缆绳。
12. 庚戌：万历三十八年。
13. 鹦哥：一种绿色美玉。
14. 祖母：祖母绿。
15. 水碧：一种珍稀美玉。
16. 戊辰：崇祯元年。
17. 倅（cuì）：县丞。
18. 姑熟：今安徽当涂。
19. 姑苏：今江苏苏州。
20. 盟津：张尔葆于崇祯五年升孟津县令。
21. 河南为铜薮：河南为殷商故地，是古青铜器荟萃之地。
22. 美人觚（gū）：古代细腰酒器。《夜航船》："三代铜：花觚入土千年，青绿彻骨，以细腰美人觚为第一，有全花、半花，花纹全者身段瘦小，价至数百。"
23. 鬼眼青：美玉名。
24. 燕客：张尔葆儿子张萼。参见卷一《天砚》注。
25. 龙藏：海底龙宫之收藏。

【译】

我二叔张葆生年轻时老跟在他舅父朱敬循身边，因而精于古董赏鉴。

有一次，他得到了定窑的白瓷香炉、哥窑的花瓶、官窑的酒匜。项墨林出五百金求购。他不肯脱手，说："这些东西我是要带到棺材里去的。"

万历三十一年，他路经淮安，看到一个铁梨木的天然几，长丈六、阔三尺，滑泽坚润，纹理非同一般。两淮巡抚李三才肯出一百五十金，人家不卖。我二叔出二百金将其买下，立刻开船离去。巡抚大怒，派兵追赶，没追上，只得悻悻而回。

万历三十八年，他得到一块石璞，重三十斤，用太阳底下晒温了的水冲洗，见石头缝里有光射出，像是鹦哥绿或祖母绿，心知这是一块水碧。他十分高兴，让玉工模仿朱家的藏品，雕出一个“龙尾觥”、一个“合卺杯”，价值三千两。就连边角料加工以后，也都成异宝。我二叔因此赚得巨万家资，收藏也越来越丰富。

崇祯元年之后，他先后任当涂、苏州的副职，后来又当了孟津的知县。河南是殷商故地，青铜器很多。他在任期间也得了好几车的青铜器。光是“美人觚”一种，就有大小十五六只。这些古董的铜绿已深入内里，看上去有的像翡翠，有的像鬼眼青，令人不敢逼视。都归了他儿子燕客之后，竟在一天之内丧失殆尽，兴许是被海龙王收去龙宫了吧。

噱[1]社

仲叔[2]善诙谐，在京师与漏仲容[3]、沈虎臣[4]、韩求仲[5]辈结“噱社”，唼喋[6]数言，必绝缨[7]喷饭。

漏仲容为帖括[8]名士，常曰：“吾辈老年读书做文字，与少年不同。少年读书，如快刀切物，眼光逼注，皆在行墨空处，一过辄了。老年如以指头掐字，掐得一个，只是一个，掐得不着时，只是白地。少年做文字，白眼看天，一篇现成文字挂在天上，顷刻下来，刷入纸上，一刷便完。老年如恶心呕吐，以手扼入齿哕[9]出之，出亦无多，总是渣秽[10]。”此是格言，非止谐语。

一日，韩求仲与仲叔同讌[11]一客，欲连名速[12]之，仲叔曰：“我长求仲，则我名应在求仲前，但缀绳头于如拳之上，则是细注在前，白文在后，那有此理！”人皆失笑。

沈虎臣出语尤尖巧。仲叔候座师[13]收一帽套[14]，此日严寒，沈虎臣嘲之曰：“座主已收帽套去，此地空余帽套头。帽套一去不复返，此头千载冷悠悠。[15]”其滑稽多类此。

【注】

1. 噱（jué）：大笑。此处是幽默、发噱的意思。
2. 仲叔：张岱二叔张尔葆。
3. 漏仲容：漏坦之，字仲容，号恒岳，山阴人。
4. 沈虎臣：沈德符，字景倩，又字虎臣。浙江秀水人。万历四十六年举人，精通音律，熟谙掌故。撰《万历野获编》。
5. 韩求仲：韩敬，字求仲，号止修，浙江归安人。万历三十八年进士第一，官修撰，后被人劾举科场作弊而落职。

6. 唼喋（shàdié）：鱼和水鸟鹅鸭的吃食声。此处指低语。
7. 绝缨：崩断冠带。
8. 帖括：科举应试文章。
9. 哕（yuě）：呕吐。
10. 渣秽：渣滓、污秽之物。
11. 讌：同“宴”。
12. 速：邀请。
13. 座师：明、清两代举人、进士对主考官的尊称。
14. 帽套：一种貂皮暖耳帽。《万历野获编》卷二十六：“吾乙未同年中有失貂皮暖耳者，时严冬忍冻，恚甚。同榜一友，改崔颢《黄鹤楼》诗嘲之云：‘贼人已偷帽套去，此地空余帽套头。……’”
15.“座主”四句：套改唐人崔颢《黄鹤楼》诗。

【译】

我二叔擅诙谐玩笑。他在北京的时候就曾与漏仲容、沈虎臣、韩求仲等人结社，名曰“噱社”。他们聚在一起只要说上寥寥数语，便会叫人捧腹不止。

漏仲容是个写八股文的高手，他常说：“我们这些老年人，读书写文章跟少年人不同。少年人读书，就好像快刀切东西，眼光盯在没字的空白处，扫过就完了。老年人读书就跟用手指头掐字似的，掐住一个，只是一个，掐不住时，就落空了。少年人写文章，只顾翻着白眼看天，似乎一篇现成的文章就挂在天上似的，顷刻间就能将文章刷到纸上，刷一遍就完了。老年人写文章跟闹恶心呕吐似的，要伸手进去抠，抠也抠不出多少，抠出来的也总是些污秽之物。”这就不仅仅是笑话，而是格言了。

有一天，韩求仲与我二叔一起宴请一位客人，要连名写封请柬。我二叔说：“我比你年长，理应将我的名字写在你的前面。但我的字小如蝇头，你的字大如拳头，‘蝇头’排在‘拳头’前，就好比细注在前，正文在后，天下哪有这样的道理呢？”人们听了都不觉失笑。

沈虎臣说起话来尖刻机巧。有一次我二叔正等着座师回来，好收回帽套。那天十分寒冷，沈虎臣嘲讽道：“座主已收帽套去，此地空余帽套头。帽套一去不复返，此头千载冷悠悠。”他的诙谐滑稽多属此类。

鲁府松棚

报国寺[1]松，蔓引亸委[2]，已入藤理。入其下者，蹒跚跼蹐[3]，气不得舒。鲁府旧邸二松，高丈五，上及檐甃[4]，劲干如蛇脊，屈曲撑距，意色酣怒，鳞爪拏攫[5]，义不受制，鬣起鍼鍼，怒张如戟。旧府呼“松棚”，故松之意态情理无不棚之。便殿三楹盘郁殆遍，暗不通天，密不通雨。鲁宪王晚年好道，尝取松肘一节，抱与同卧，久则滑泽酣酡[6]，似有血气。

【注】

1. 报国寺：在北京广宁门外，天王殿前有二株古松。
2. 亸（duǒ）委：盘曲下垂的样子。
3. 跼蹐（júji）：局促不安的样子。
4. 檐甃（zhòu）：屋檐。
5. 拏攫（jué）：搏斗。
6. 酣酡（tuó）：酒醉脸泛红光。

【译】

报国寺的松树，枝条盘曲垂挂，已跟藤蔓差不多了。人一钻到树下，就不得不弯腰曲背，蹒跚而行，十分憋屈。

鲁王府旧宅也有两棵松树，高一丈五，上可触及屋檐。强劲伸展的树干跟蛇脊似的，弯曲盘转趾爪撑张；形色盛怒，似要伸出鳞爪搏斗，决意不受任何制束；松针尖锐如戟，根根舒张竖起。旧府里称其为“松棚”，因为无论是从其姿态还是从情理来说，都无法不称之为“棚”。此树满满当当遮住三开间的便殿，遮得暗不见天，密不透雨。

鲁宪王晚年好道家养生之术，曾截取一段弯曲如肘的松枝，抱着睡觉。天长日久的，这截“松肘”就变得红光润滑，跟打通血脉有了血气一般。

一尺雪

一尺雪为芍药异种，余于兖州见之。花瓣纯白，无须萼，无檀心[1]，无星星红紫，洁如羊脂，细如鹤翮[2]，结楼吐舌，粉艳雪腴。上下四旁方三尺，干小而弱，力不能支，蕊大如芙蓉，辄缚一小架扶之。大江以南，有其名无其种，有其种无其土，盖非兖勿易见之也。兖州种芍药者如种麦，以邻以亩[3]。花时宴客，棚于路、彩于门、衣于壁、障于屏、缀于帘、簪于席、茵于阶者，毕用之，日费数千勿惜。余昔在兖，友人日剪数百朵送寓所，堆垛狼藉，真无法处之。

【注】

1. 檀心：淡红色的花蕊。
2. 翮（hé）：鸟羽的翎管。
3. 以邻以亩：种在住宅旁，整亩整亩地种。

【译】

“一尺雪”是芍药中的异种，我曾在山东兖州看到过。花瓣纯白，没有花须，没有花萼，没有淡红色花蕊，也没有红紫色的星星点点，洁白如羊脂，纤细如鹤翎，花瓣层层叠叠呈吐舌状，色泽如敷了白粉一般雪艳腴美。花朵繁盛，布满上下四方的三尺空间，但枝干细弱，无力支撑，花蕊大如芙蓉，常常需要绑扎一副小架子来将其扶住。

大江以南，有这花名而没这个品种，即便有这个品种也没有合适的土壤，因此不到兖州还真不容易看到。兖州人种芍药跟种麦子似的，屋边也种，田里也种。待到开花的时节就大宴宾客。他们会用这些芍药花在路边搭棚、装点门楣、挂满墙壁、用作屏风、点缀门帘、插戴于筵席、铺设台阶。凡此种种，不惜一天用掉几千朵。

我以前在兖州的时候，朋友每天都剪下几百朵送到我的寓所来，结果乱堆乱放一片狼藉，简直叫人无从处置。

菊海

兖州张氏期[1]余看菊，去城五里。余至其园，尽其所为园者而折旋之，又尽其所不尽为园者而周旋之，绝不见一菊，异之。移时，主人导至一苍莽空地，有苇厂[2]三间，肃余入，遍观之，不敢以菊言，真菊海也。厂三面，砌坛三层，以菊之高下高下之。花大如瓷瓯，无不毬，无不甲[3]，无不金银荷花瓣，色鲜艳，异凡本，而翠叶层层，无一叶蚤脱者。此是天道，是土力，是人工，缺一不可焉。

兖州缙绅家风气袭王府[4]，赏菊之日，其桌、其机、其灯、其炉、其盘、其盒、其盆盎、其餚器、其杯盘大觥、其壶、其帏、其褥、其酒、其面食、其衣服花样，无不菊者。夜烧烛照之，蒸蒸烘染，较日色更浮出数层。席散，撤苇帘以受繁露。

【注】

1. 期：约。
2. 苇厂：用苇席、苇帘搭成的大棚屋。
3. 甲：花瓣密叠如铠甲。
4. 袭王府：袭自王府，效法王府。王府，指鲁王府。

【译】

兖州有位姓张的朋友约我去看菊花，说是在离城五里的地方。我到了园子里，在他要当作园子来整治的区域来来回回看了个遍，又在他不当作园子来整治的区域来来回回看了个遍，没看到一朵菊花，不由深感诧异。过了一会儿，主人领我来到一块很大的空地上，那儿搭了三间苇棚。他郑重其事地请我进去。我一点都不漏地看了个遍，真不敢说那只是菊花，因为那就是一片菊海。

苇棚里三面都砌三层花坛，花坛高低都随着菊花高矮而定。花朵大如瓷碗，无不是球状的、铠甲状的、金银荷花瓣状的，色彩鲜艳，品种非同往常，且翠叶层层，没一棵提前凋落。能把菊花种成这样，靠的是天道、土力和人工，三者缺一不可。

兖州缙绅之家效法鲁王府的做派，到了赏菊那天，桌上、凳上、灯上、炉上、盘子里、盒子里、盆里罐里、餐具里、杯盘酒杯里、壶里、帏帐上、褥子上、酒里、面食中乃至衣服花样，菊花无处不在。夜里用烛光照明，烘托点染，反倒比白天更有情致。席散之后，他们就撤去苇帘，让菊花尽情地享受露水滋润。

曹山

万历甲辰[1]，大父游曹山[2]，大张乐于狮子岩下。石梁先生[3]戏作《山君[4]檄》讨大父，祖[5]昭明太子[6]语，谓“若以管弦污我岩壑”。大父作檄骂之[7]，有曰：“谁云鬼刻神镂，竟是残山剩水！”石篑先生[8]嗤石梁曰：“文人也，那得犯其锋！不若自认，以‘残山剩水’四字摩崖勒之。”先辈之引重[9]如此。

曹石宕为外祖放生池，积三十余年，放生几百千万。有见池中放光如万炬烛天，鱼虾荇藻附之而起，直达天河者。余少时从先宜人[10]至曹山庵作佛事，以大竹篰[11]贮西瓜四，浸宕内。须臾，大声起岩下，水喷起十余丈，三小舟缆断，颠翻波中，冲击几碎。舟人急起视，见大鱼如舟，口欱[12]四瓜，掉尾而下。

【注】

1. 万历甲辰：万历三十二年。
2. 曹山：位于绍兴，人工采石形成石宕，故下文称“残山剩水”。
3. 石梁先生：陶奭（shì）龄，字君奭，又字公望，号石梁、小柴桑老，会稽人，与兄陶望龄以讲学著名。王阳明三传弟子。
4. 山君：山神。
5. 祖：效法。
6. 昭明太子：萧统，南朝梁代文学家，梁武帝萧衍长子，谥昭明。
7. 骂之：骂“山君”。张汝霖作有《游山檄》一文，或是此文。
8. 石篑先生：陶望龄，字周望，号石篑。会稽人。万历十七年进士。
9. 引重：互相敬重。
10. 宜人：明、清两朝，称五品命妇为“宜人”。
11. 篰（bù）：竹篓。
12. 欱（hē）：吸吮。

【译】

万历三十二年，我祖父去曹山游玩，在狮子岩下大张旗鼓地奏起乐来。石梁先生游戏文字，以山神的口吻写了一篇声讨我祖父的檄文。他仿照昭明太子的语句，称“你竟敢用管弦之乐来弄脏我的石崖山壑”。我祖父也写了篇檄文来回骂山神，其中有这样的句子：“谁说什么鬼斧神工，不就是些残山剩水吗！”石篑先生嘲笑石梁道：“他是文章高手，你怎敢掠其锋芒？还是自己认输，将‘残山剩水’四个字刻在石崖上吧。”足见老辈人是多么相互推重。

曹石宕是我外祖父的放生池，三十多年下来，被放生的生灵成百上千。有人曾看到池中大放光芒，如同一万个火把照亮了天空，鱼虾荇藻全附着光向上飘升，直达天河。

我小时候曾随母亲到曹山庵作佛事，用大竹篓装了四个西瓜浸在该池中。不一会儿，就听到山岩下面发出巨响，水柱喷起十多丈高，有三条小船崩断了缆绳，在波涛中颠簸翻滚眼看要撞碎。船夫急忙前去察看，只见有条鱼，小船那般大，嘴里含着四只西瓜，调转尾巴钻入水底去了。

齐景公[1]墓花樽[2]

霞头沈佥事[3]宦游时，有发掘齐景公墓者，迹[4]之，得铜豆[5]三，大花樽二。豆朴素无奇。花樽高三尺，束腰拱起，口方而敞，四面戟楞，花纹兽面，粗细得款，自是三代法物[6]。归乾阳刘太公[7]，余见，赏识之，太公取与严[8]，一介不敢请。及宦粤西，外母[9]归余斋头，余拂拭之，为发异光。取浸梅花，贮水，汗下如雨，踰刻始收，花谢结子，大如雀卵。余藏之两年，太公归自粤西，稽覆[10]之。余恐伤外母意，亟归之。后为驵侩所啖，竟以百金售去，可惜！今闻在歙县某氏家庙。

【注】

1. 齐景公：春秋时期齐国君主。
2. 花樽：花瓶。
3. 霞头沈佥事：沈錬，字纯甫，号青霞。会稽人，明朝官员。霞头沈似乎是其绰号，佥事为官名。因弹劾严嵩父子，谪居保安州为民。沈錬在塞外，却仍以詈骂严嵩父子为乐，严嵩得知大怒。嘉靖三十六年，严世蕃遣巡按御史路楷和宣大总督杨顺设计诛除沈錬。恰逢白莲教教徒阎浩等人被捕，招供多名嫌犯，于是列上沈錬的名字。沈錬终因被诬为谋反而遭到杀害，两子一同被害。隆庆初年，朝廷下诏，褒奖敢于言事者，特追赠沈錬光禄寺少卿，任用一子为官。天启初年，追谥忠愍。天下士人推崇其德，将他的作品汇编成《青霞集》。
4. 迹：追踪。
5. 豆：古代用来盛食物的器皿，形状似高脚盘。
6. 法物：古代帝王用于仪仗、祭祀的器物。
7. 乾阳刘太公：刘毅，字健甫，别号乾阳。万历十七年进士，历任刑部主事、广西布政使。其孙女嫁给了张岱，所以称其为“太公”。
8. 取与严：严于取予。不轻易接受别人的东西，也不轻易给人东西。此处为吝啬之讳辞。后文说刘毅上贩子的当，将花樽廉价出售，不无嘲讽之意。
9. 外母：作者岳母王氏，刘毅之媳。
10. 稽覆：疑为“稽覈（同‘核’）”之误。核，审核。

【译】

霞头沈佥事在地方上做官时，得知有人发掘齐景公的墓，派人追踪后，得了三个铜豆，两个大花樽。那铜豆朴素无奇，而花樽却有三尺来高，细腰大肚，方口宽敞，四面棱角分明，铸有花纹兽面，且粗细得当，自然是上古三代的礼器。后来这花樽归了太公刘乾阳。我看到后十分喜欢。但太公对于物品的授受是十分严厉的，我连一丁点东西都不敢跟他要。等到他去广西做官后，我岳母就把它送进了我的书房。我将它擦拭干净后，这花樽便放出了异样的光彩来。为了插梅花，我在里面存了水，不料表面竟然渗出水滴，跟出汗似的，过了刻把钟才收住。花谢结子，居然大如雀卵。

我收藏了两年左右，太公从广西回来，查问起花樽的下落。我怕连累岳母，赶紧原物奉还。后来太公被古董贩子说动了心，竟被人花一百金买了去，实在可惜！听说如今供在歙县某人的家庙里。

卷七

西湖香市[1]

西湖香市，起于花朝[2]，尽于端午。山东进香普陀者日至，嘉、湖[3]进香天竺[4]者日至，至则与湖之人市焉，故曰香市。

然进香之人市于三天竺，市于岳王坟，市于湖心亭，市于陆宣公祠[5]，无不市，而独凑集于昭庆寺[6]。昭庆两廊故无日不市者，三代八朝[7]之骨董，蛮夷闽貊[8]之珍异，皆集焉。至香市，则殿中边、甬道上下、池左右、山门内外，有屋则摊，无屋则厂[9]，厂外又棚[10]，棚外又摊，节节寸寸。凡胭脂簪珥、牙尺剪刀，以至经典木鱼、伢儿[11]嬉具之类，无不集。此时春暖，桃柳明媚，鼓吹清和，岸无留船，寓无留客，肆无留酿。袁石公[12]所谓"山色如娥，花光如颊，波纹如绫，温风如酒"，已画出西湖三月。

而此以香客杂来，光景又别。士女闲都[13]，不胜其村妆野妇之乔画[14]；芳兰芗泽[15]，不胜其合香[16]、芫荽[17]之薰蒸；丝竹管弦，不胜其摇鼓欱[18]笙之聒帐[19]；鼎彝光怪，不胜其泥人竹马之行情[20]；宋元名画，不胜其湖景佛图[21]之纸贵。如逃如逐，如奔如追，撩扑不开，牵挽不住。数百十万男男女女、老老少少，日簇拥于寺之前后左右者，凡四阅月方罢。恐大江以东，断无此二地矣。崇祯庚辰[22]三月，昭庆寺火。是岁及辛巳[23]、壬午[24]洊饥[25]，民强半[26]饿死。壬午，虏鲠[27]山东，香客断绝，无有至者，市遂废。

辛巳夏，余在西湖，但见城中饿殍[28]舁[29]出，扛挽相属。时杭州刘太守梦谦[30]，汴梁人，乡里抽丰[31]者多寓西湖，日以民词[32]馈送。

有轻薄子改古诗[33]诮之曰："山不青山楼不楼，西湖歌舞一时休。暖风吹得死人臭，还把杭州送汴州。"可作西湖实录。

【注】

1. 香市：又叫庙市、庙会，指寺庙在进香季节设立的买卖香烛、杂物的集市。
2. 花朝：花朝节，又称"花神节"。民间传统节日，其中中原、西南地区以农历二月初二为花朝日，江南、东北地区则以二月十五日为花朝日。
3. 嘉、湖：浙江嘉兴、湖州一带。
4. 天竺：指杭州"三天竺"。
5. 陆宣公祠：在西湖孤山山麓。《西湖梦寻》卷三《陆宣公祠》："孤山何以祠陆宣公也？盖自陆少保炳为世宗乳母之子，揽权怙宠，自谓系出宣公，创祠祀之。规制宏厂，吞吐湖山。台榭之盛，概湖无比。"陆宣公，陆贽，字敬舆，浙江嘉兴人，谥号为"宣"。
6. 昭庆寺：在西湖北，宝石山东。
7. 三代八朝：此泛指各个朝代。三代指夏、商、周，八朝指汉魏六朝。
8. 蛮夷闽貊（mò）：泛指闽、粤以及外洋。
9. 厂：棚舍，无隔墙的房屋。
10. 棚：用竹、木搭成的篷架或小屋，比"厂"要简陋一些。
11. 伢儿：小孩子（杭州方言）。
12. 袁石公：袁宏道，号石公，下引文出自其《初至西湖记》。
13. 闲都：娴雅优美。
14. 乔画：浓妆艳抹。
15. 芗（xiāng）泽：香气。芗，通"香"。《史记·滑稽列传》："罗襦襟解，微闻芗泽。"
16. 合香：苏合香。
17. 芫荽（yánsuī）：香菜。
18. 欱（hē）：本义是"喝、吸"，但笙是不能"吸"的，当是"吹"字之误。
19. 聒帐（guōzhàng）：通宵宴饮，管弦齐作。宋宋敏求《春明退朝录》卷下："（庄宗）终日沉饮，听郑卫之声，与胡乐合奏，自昏彻旦，谓之聒帐。"
20. 行情：走俏。
21. 佛图：佛像图画。
22. 庚辰：崇祯十三年。
23. 辛巳：崇祯十四年。
24. 壬午：崇祯十五年。
25. 洊（jiàn）饥：连年饥荒。
26. 强半：大半。
27. 虏鲠：虏，指清兵；鲠，同"梗"，阻塞。
28. 饿殍（piǎo）：饿死的人。
29. 舁（yú）：抬。

30. 刘梦谦：河南罗山人，崇祯七年进士，自崇祯十一年任杭州知府。文中说他是汴梁人，应是误记。
31. 抽丰：又称“秋风”，指利用各种关系和借口向别人索取财物，俗称“打抽丰”或“打秋风”。
32. 民词：民间词讼。
33. 古诗：指南宋诗人林升的《题临安邸》诗。诗云：“山外青山楼外楼，西湖歌舞几时休？暖风熏得游人醉，直把杭州作汴州。”

【译】

西湖的香市从花朝节开始，到端午节结束。从山东去普陀山进香的香客每天都有，从嘉兴、湖州去杭州天竺寺进香的香客也每天都有。这些香客来了之后，便与西湖附近的人们做起买卖，所以称为“香市”。

进香的人尽管在三天竺、在岳王坟、在湖心亭、在陆宣公祠等地都设市交易，可谓是无处不市，但最集中的地方却是昭庆寺。因此，昭庆寺两边走廊上每天都有集市。无论是三代八朝的古董，还是闽粤外洋的稀奇玩意儿，全都聚集于此。而到了举办香市的时节，不管是正殿里面、甬道上下，还是池塘左右、山门内外，凡是有屋顶的地方就摆上摊，没有屋顶的地方就搭起敞棚来，敞棚的外面又搭起竹棚，竹棚外面还摆上地摊，真是连每一寸地方都充分利用起来了。所交易的货物也是多种多样的。从胭脂、发簪、耳环、象牙尺，到经书典籍、木鱼、小孩子玩具等，包罗万象，无所不有。此时正值春暖花开，湖畔桃红柳绿，鲜妍明媚，鼓乐丝竹悠扬动听。岸边没有停留的船只，客栈里没有闲住的旅客，酒楼上没有卖不掉的好酒。袁石公文中所写“山的颜色如同美人描画过的眉毛，花的光彩如同美人红润的脸颊，湖面的微波如同柔软的绫罗绸缎，温和的暖风如同醉人的醇酒”，就已经生动地描绘出了西湖三月的旖旎风光。而香客从四面八方纷至沓来，又使西湖呈现出了另一番景象。

佳人高士的优雅闲适，敌不过山野村妇的浓妆艳抹；兰花的幽香，盖不过苏合香、芫荽香的蒸腾勃发；丝竹管弦，掩不过擂鼓吹笙的聒噪嘈杂；珍奇的鼎彝古董，销路远不及泥人竹马；宋元名画，不及西湖风景及佛像走俏。那些买东西和卖东西的人，像是一方在逃一方在追，一方在奔一方在赶，要甩甩不掉，要拽拽不住。成千上万的男女老少，每天都簇拥在昭庆寺前后左右，通常要闹上四个月才肯作罢。这样的景象，恐怕长江以东再也找不到第二个了吧。

崇祯十三年三月，昭庆寺发生火灾。这一年以及崇祯十四、十五年，连年饥荒，老百姓饿死了一大半。崇祯十五年，清兵进入山东，交通阻断，香客一个都过不来，香市也就废止了。

崇祯十四年夏天，我正在西湖边，只见杭州城里不断有饿死的人被运出来，车载杠抬，接连不断，当时的杭州知府刘梦谦，是汴梁人，他那些打抽丰的老乡大多住在西湖边上。刘梦谦每天都与他们沆瀣一气，敲前来打官司的老百姓的竹杠。有轻薄子弟改了古诗来讽刺他："山不青山楼不楼，西湖歌舞一时休。暖风吹得死人臭，还把杭州送汴州。"完全可当作西湖境况的真实写照。

鹿苑寺[1]方柿

萧山方柿，皮绿者不佳，皮红而肉糜烂者不佳，必树头红而坚脆如藕者，方称绝品。然间遇之，不多得。余向言西瓜生于六月，享尽天福；秋白梨生于秋，方柿、绿柿生于冬，未免失候。丙戌[2]，余避兵西白山[3]，鹿苑寺前后有夏方柿十数株。六月歊[4]暑，柿大如瓜，生脆如咀冰嚼雪，目为之明，但无法制之，则涩勒不可入口。土人以桑叶煎汤，候冷，加盐少许，入瓮内，浸柿没其颈，隔二宿取食，鲜磊[5]异常。余食萧山柿多涩，请赠以此法。

【注】

1. 鹿苑寺：位于浙江嵊县（今浙江嵊州）西面的西白山中。始建于南朝宋元嘉二年。
2. 丙戌：清顺治三年。该年六月，清军攻占浙江，攻灭鲁王监国。张岱是明代遗老，想必他不愿意用清朝年号，所以译中也仍用丙戌年。
3. 西白山：浙江嵊县西面有太白山，连跨三县，在嵊县称西白山，在诸暨称东白山，在东阳称北白山。
4. 歊（xiāo）：炎热。
5. 鲜磊：鲜美可口。

【译】

萧山的方柿，皮绿的不好，皮红、肉烂的也不好，一定要在树上自然长红，而且像莲藕一般又结实又脆的，才称得上极品。但这样的方柿只能偶然遇见，十分难得。

我曾经说过，西瓜生在六月，享尽了天福；秋白梨生在秋天，方柿、绿柿生在冬天，就有点错过最佳时节了。

丙戌年，我为了躲避兵灾逃难到西白山。那里的鹿苑寺，寺前庙后夏熟的方柿种有十多棵。时值六月，炎热难耐，柿子长得有瓜那么大，咬上一口脆生生的，如同咀冰嚼雪一般，连眼睛都会为之一亮。不过，倘若不懂调制之法，柿子就涩得难以入口了。

当地人用桑叶煎汤，冷却后加少许盐，倒入瓮内，将柿子浸入直至没颈，过两个晚上再拿出来吃，就鲜美可口了。我尝萧山柿子多有涩味，就让我把这个法子教给大家吧。

西湖七月半

西湖七月半，一无可看，止可看看七月半之人。看七月半之人，以五类看之。其一，楼船箫鼓，峨冠盛筵，灯火优傒[1]，声光相乱，名为看月而实不见月者，看之。其一，亦船亦楼，名娃闺秀，携及童娈，笑啼杂之，环坐露台，左右盼望，身在月下而实不看月者，看之。其一，亦船亦声歌，名妓闲僧，浅斟低唱，弱管轻丝，竹肉相发，亦在月下，亦看月，而欲人看其看月者，看之。其一，不舟不车，不衫不帻，酒醉饭饱，呼群三五，挤入人丛，昭庆[2]、断桥，嘄呼嘈杂，装假醉，唱无腔曲，月亦看，看月者亦看，不看月者亦看，而实无一看者，看之。其一，小船轻幌[3]，净几暖炉，茶铛旋煮，素瓷静递，好友佳人，邀月同坐，或匿影树下，或逃嚣里湖，看月而人不见其看月之态，亦不作意看月者，看之。

杭人游湖，巳出酉归[4]，避月如避仇，是夕好名[5]，逐队争出，多犒门军酒钱，轿夫擎燎，列俟岸上。一入舟，速舟子急放断桥，赶入胜会。以故二鼓以前，人声鼓吹，如沸如撼，如魇如呓，如聋如哑，大船小船一齐凑岸，一无所见，止见篙击篙，舟触舟，肩摩肩，面看面而已。少刻兴尽，官府席散，皂隶喝道去，轿夫叫船上人，怖以关门，灯笼火把如列星，——簇拥而去。岸上人亦逐队赶门，渐稀渐薄，顷刻散尽矣。

吾辈始舣[6]舟近岸，断桥石磴始凉，席其上，呼客纵饮。此时，月如镜新磨，山复整妆，湖复颒面[7]。向[8]之浅斟低唱者出，匿影树下者亦出，吾辈往通声气，拉与同坐。韵友来，名妓至，杯箸安，竹肉发。月色苍凉，东方将白，客方散去。吾辈纵舟，酣睡于十里荷花之中，香气扑人，清梦甚惬。

【注】

1. 优傒（xī）：优伶和仆役。
2. 昭庆：寺名，在西湖东北角。
3. 幌（huàng）：窗幔。
4. 巳出酉归：巳，巳时，约为上午九时至十一时；酉，酉时，约为下午五时至七时。
5. 是夕好名：七月十五日这天夜晚，人们喜欢这个名目。“名”，指“中元节”的名目。
6. 舣（yǐ）：使船靠岸。
7. 颒（huì）面：洗脸。形容湖面又重新现出明净如洗的样子。
8. 向：方才，先前。

【译】

西湖七月半，其实没有什么可看的，可以看看的只有过七月半的人。过七月半的人，可以分作五类。其一，是坐在箫鼓楼船上，穿戴光鲜整齐，身旁灯火明亮，伶仆相随，声光相乱，名为赏月实则看不见月亮的人——不妨看他一看；其二，也坐在楼船上，尽是些美貌佳人，带着俊美少年，嘻笑打闹着环坐在露台上，左盼右顾，置身月下其实并不看月的人——不妨看她一看；其三，也坐船，也奏乐，带着名妓闲僧，浅酌低唱，丝竹轻柔，歌喉清亮，也置身月下，也看月，却又希望别人看他们看月——不妨看他一看；其四，不坐船不乘车，不穿长衫不戴头巾，酒足饭饱之后，叫上三五同伴挤入人群，在昭庆寺、断桥一带胡乱喧闹，假装喝醉，唱些没腔的曲子，也看月，也看看月的人，也看不看月的人，其实却什么也没看的人——不妨看他一看。其五，乘着纱幔小船，船中茶几洁净，茶炉正炽，茶铛煮沸后，便将素瓷茶盅静静递给好友、佳人，邀月同坐，或隐在树荫下，或去里湖避开喧嚣。他们看月，但别人看不到他们看月的样子。他们自己也不刻意看月。这样的人，也不妨看他一看。

平日里杭州人游西湖，都是上午十点左右出门，下午六点左右回来，躲月亮跟躲仇人一般。可到了那天晚上，他们就借着七月半的名头，成群结队地争相出城，会多给守城门士卒一些酒钱，而轿夫们高举火把，在岸上列队等候。一上船，就催着让船划向断桥，赶去参加盛会。因此在二更前，人声鼓乐，如沸如撼，如魇如呓，大家如聋如哑；大船小舟，一齐靠向岸边，什么都看不见，所能看到的，只是篙与篙相击，船与船相撞，肩与肩相摩擦，脸与脸相对而已。不多时，意兴阑珊，官府宴散，衙役喝道而去。轿夫则招呼船上人，用要关城门了的话来恐吓游人，催他们赶紧回去。于是灯笼、火把跟一行行星星似的，一一簇拥着回去。岸上的人也一批批地急赴城门，人影渐渐稀少，顷刻间全部散去了。

而到这时，我们这些人才移舟靠岸，断桥处的石阶也才凉下来。于是，摆开酒宴，招呼客人开怀畅饮。此时月亮如新磨的铜镜，山峦整过了容妆，湖水洗过了面庞。先前浅酌低唱的人出来了，隐在树荫下的人也出来了，打过招呼后就拉来同坐。来了趣味相投的朋友，来了名动一时的歌妓，便杯筷各安其所，丝竹清喉齐发。直到月色苍凉、东方欲晓，客人才纷纷散去。我们这些人就任舟荡漾，酣睡于十里荷花之中，香气袭人，清梦酣畅。

及时雨

壬申[1]七月，村村祷雨，日日扮潮神海鬼，争唾之。余里中扮《水浒》，且曰：画《水浒》者，龙眠[2]、松雪[3]、近章侯[4]，总不如施耐庵，但如其面勿黛[5]，如其髭勿鬣[6]，如其兜鍪勿纸[7]，如其刀杖勿树[8]，如其传勿杜撰，勿弋阳腔[9]，则十得八九矣。于是分头四出，寻黑矮汉，寻梢长大汉，寻头陀，寻胖大和尚，寻茁壮妇人，寻姣长妇人，寻青面，寻歪头，寻赤须，寻美髯，寻黑大汉，寻赤脸长须，大索城中。无则之郭、之村、之山僻、之邻府州县，用重价聘之，得三十六人。梁山泊好汉，个个呵活[10]，臻臻至至[11]，人马称娖[12]而行，观者兜截遮拦，直欲看杀卫玠[13]。

五雪叔[14]归自广陵，多购法锦宫缎，从以台阁[15]者八：雷部[16]六，大士[17]一，龙宫一，华重美都，见者目夺气亦夺。盖自有台阁，有其华无其重，有其美无其都，有其华重美都，无其思致，无其文理。轻薄子有言："不替他谦了也，事事精办。"

季祖南华老人[18]喃喃怪问余曰："《水浒》与祷雨有何义味？近余山[19]盗起，迎盗何为耶？"余俯首思之，果诞而无谓[20]，徐应之曰："有之。天罡尽，以宿太尉[21]殿[22]焉。用大牌六，书'奉旨招安'者二，书'风调雨顺'者一，'盗息民安'者一，更大书'及时雨[23]'者二，前导之。"观者欢喜赞叹，老人亦匿笑而去。

【注】

1. 壬申：崇祯五年。
2. 龙眠：李公麟，字伯时，号龙眠居士。
3. 松雪：赵孟頫，字子昂，号松雪道人。其实李、赵二人是不可能画《水浒传》中人物的，这里仅仅是以他们作为人物画的代表罢了。
4. 章侯：陈洪绶，见卷三《陈章侯》篇。
5. 黛：化妆。
6. 鬣：粘马鬣做的假胡子。
7. 纸：用纸张做的头盔、甲胄。
8. 树：用木头做刀枪。
9. 弋阳腔：戏曲声腔，与海盐腔、昆山腔、余姚腔并称“四大声腔”。起源于江西弋阳一带，后在北京、南京、湖南等地流行。弋阳腔声调高亢，多演金戈铁马之类的题材，其中就有《水浒传》的连台大戏。
10. 呵活：活灵活现。
11. 臻臻至至：众多繁盛。
12. 称娖（chuò）：行列齐整。
13. 卫玠：晋朝第一美男子。卫玠自小身体羸弱，从豫章去都城建康，沿道观者如云，他不堪其劳，不久就病逝了。时人称“看杀卫玠”。
14. 五雪叔：张岱从叔张炯芳，南华老人张汝懋之子。
15. 台阁：见卷四《杨神庙台阁》注。
16. 雷部：天神中的雷部诸天将。
17. 大士：观音菩萨。
18. 南华老人：见卷三《陈章侯》注。
19. 余山：涂山，在绍兴西北。相传大禹治水后曾在此山大会诸侯。
20. 无谓：没有说法根据。
21. 宿太尉：《水浒传》中人物，小说以宿太尉奏闻宋江在蓼儿洼显灵结尾。
22. 殿：殿后。
23. 及时雨：宋江。

【译】

崇祯五年七月，每个村子都在求雨。每天都有潮神、海鬼游街，但因为老不下雨，大家都争相朝他们吐唾沫。我们乡里却是扮《水浒传》，且说：描绘《水浒传》人物，无论是远的如李龙眠、赵松雪，还是近的如陈章侯，都不及施耐庵生动。只要找对了人，面貌相像就不必化妆了，胡子相同就不用粘马鬣了，找到相近盔甲就不用纸糊的了，采用相近的兵器就不用木头做的了，情节依据《水浒传》而不杜撰，不用扯开嗓子唱什么弋阳腔，那就已经八九不离十了。

于是大家分头出去找人，找又黑又矮的矬子，找又高又大的汉子，找行脚僧，找胖大和尚，找强壮的妇人，找姣好苗条的美人，找脸上有青记的，找歪脑袋的，找留着赤须的，找美髯公，找黑大汉，找赤脸长须的，找遍了整个绍兴城。城里找不到，就到农村、到山里、到邻近的府州县去找，找到后就出大价钱将其雇来。最后凑齐了三十六人。这些人装扮成梁山好汉后，个个活灵活现。人马整齐，浩浩荡荡地走在街上，看热闹的人围追堵截，简直跟“看杀卫玠”一般无二。

我五雪叔从广陵回来，买了许多上等的锦缎，扎成八部彩车：六部雷神，一部观音菩萨，一部龙宫，华丽高贵，炫美典雅，不仅吸引眼球，还摄人魂魄。大概自从有彩车以来，有这么华丽的也没这么高贵；有这么炫美的也没这么典雅；就算有这么华丽高贵、炫美典雅的，也没这么构思奇妙、做工精巧的。于是就有轻薄子弟说道：“以后叫他办事就不客气了，都要这么精致豪华才行。”

我家季祖南华老人不解，低声问我道：“《水浒传》跟求雨又有什么关系呢？近来涂山上出了强盗，为什么还要让大家去迎接强盗呢？”我低头想来，发现这事儿果然有些荒唐，难以自圆其说。可随后，我就回答道：“有关系的。游街时三十六天罡过后，有宿太尉殿后。用六块大牌子开道：两块写‘奉旨招安’；一块写‘风调雨顺’；一块写‘盗息民安’；还有两块上的字更大，写的是‘及时雨’。”围观的人听了十分高兴，称赞不已。南华老人则偷笑着走开了。

山艇子樟[1]

龙山自巘花阁[2]而西皆骨立，得其一节，亦尽名家[3]。山艇子石，意尤孤孑[4]，壁立霞剥[5]，义不受土。大樟徙其上，石不容也，然不恨石，屈而下，与石相亲疏[6]。石方广三丈，右坳而凹，非竹则尽矣，何以浅深乎石[7]。然竹怪甚，能孤行，实不藉石。竹节促而虬叶毵毵[8]，如猬毛，如松狗[9]尾，离离矗矗[10]，捎捩攒挤[11]，若有所惊者。竹不可一世，不敢以竹竹之。或曰：古金错刀[12]也。或曰：竹生石上，土肤浅，蚀其根，故轮囷[13]盘郁，如黄山上松。山艇子樟，始之石，中之竹，终之楼，意长楼不得竟其长，故艇之[14]。然伤于贪，特特向石，石意反不之属，使去丈而楼壁出，樟出，竹亦尽出。竹石间意，在以淡远取之。

【注】

1. 山艇子：浙江绍兴龙山西南一处地名。作者年轻时曾在此处的书院里读书。
2. 巘花阁：园名，在卧龙山南麓。祁彪佳《越中园亭记》："在张五泄（张岱从叔）君宅后，即龙山之南麓。石壁棱峙，下汇为小池。飞栈曲桥，逶迤穿渡，为亭为台，如簇花叠锦，想金谷当年不过尔尔。"
3. 得其一节，亦尽名家：意谓龙山在巘花阁以西的部分都极具风骨，随便取一段，也都可称为风景名胜。
4. 孤孑：孤高。
5. 霞剥：像彩霞一样红色的斑驳。
6. 相亲疏：相亲近。
7. 非竹则尽矣，何以浅深乎石：意谓如果没有竹子，则石头就到此为止，也不会叫人觉得深浅莫测了。
8. 毵毵：羽毛丰满鲜明的样子。在此形容竹叶茂密。
9. 松狗：灰鼠。
10. 离离矗矗：浓密挺拔的样子。
11. 捎捩攒挤：指竹叶相互扭结，簇聚拥挤。捩，扭转，转动。

12. 金错刀：一种书法绘画的笔法。南唐李后主善书画，常作颤笔弯曲之状，遒劲如寒松霜竹，称之为“金错刀”。
13. 轮囷（qūn）：屈曲盘绕的样子。
14. 故艇之：所以顺着石艇横向伸展了。

【译】

卧龙山自巘花阁往西的部分都极具风骨，随便取一段，即可称为风景名胜。山艇子的岩石，尤为孤傲孑立，陡峭的石壁上，尽是像彩霞一样红色的斑驳，绝不肯沾上泥土。将一棵大樟树移植其上，那儿的岩石却不容它，而樟树也不怪石头，弯曲下垂，仍与岩石相亲相近的。

那石有三丈见方，右侧低坳有凹坑，要不是长着竹子，这块石头至此也就到了头，人们便也不会觉得它深浅莫测了。要说那竹子也挺怪的，孤零零地长着，并不依靠石头；竹节很短；竹叶很密，跟刺猬毛、灰鼠尾巴似的，密密麻麻，卷曲上翘，像是受了惊一般。该竹超尘脱俗，倒也叫人不得不对它另眼相看。有人说，古人“金错刀”笔法正是这样。有人说，竹子长在石头上，由于土层浅，伤了竹根，所以长得盘曲而又茂密，跟黄山上的松树是一个道理。

山艇子上的那棵樟树，先是趋附于岩石，后又趋附于竹子，最后趋附于楼阁。但它似乎又知道楼阁不会让它由着性子往上窜，所以就只好顺着石艇横向逸出了。要说它的毛病，就在一个“贪”字，巴巴地靠向岩石，可岩石没理它，让它离开一丈来远而顺着楼壁往上长。樟树显出，竹子也全显出。竹子与岩石之间，因其疏远、淡薄而生出情致。

悬杪亭

余六岁随先君子读书于悬杪亭，记在一峭壁之下，木石撑距，不藉尺土，飞阁虚堂，延骈如梯。缘崖而上，皆灌木高柯，与簷甃相错。取杜审言[1]“树杪玉堂悬”句，名之“悬杪”，度索寻橦[2]，大有奇致。后仲叔庐其崖下，信堪舆家[3]言，谓碍其龙脉，百计购之，一夜徙去，鞠为茂草[4]。儿时怡寄，常梦寐寻往。

【注】

1. 杜审言：字必简，初唐诗人，杜甫的祖父。“树杪玉堂悬”为其《蓬莱三殿侍宴奉敕咏终南山应制》诗中之句。
2. 寻橦（chuáng）：古代百戏之一。据现存汉画，系一人手持或头顶长竿，另有数人缘竿而上，进行表演。《夜航船》：“度索寻橦：度索，以绳索相引而度也。寻橦者，植两木于两岸，以绳贯其中，上有一木筒，所谓‘橦’也。人缚橦上，以手缘索而进，以达彼岸，有人解之，所谓‘寻橦’也。”
3. 堪舆家：风水先生。
4. 鞠为茂草：形容衰败荒芜的景象。鞠，通“鞫”，穷尽。

【译】

我六岁时跟随先父在悬杪亭读书。记得那亭子建在一处峭壁下面，全凭木柱、岩石撑起，不借助一点土壤之力。楼阁、堂屋全都凌空排列。缘崖而上，都是灌木高树，枝梢与屋檐交错。故取杜审言诗句“树杪玉堂悬”，给亭子命名为“悬杪”。在那儿牵索攀援，十分好玩。

后来我二叔要在山崖下建造房屋，他相信风水先生的话，说亭子有碍龙脉，结果千方百计将其买下后，一夜之间全拆走了，只剩下蔓蔓荒草。

可那儿毕竟寄托着我儿时的美好时光，所以我常会在梦里寻去。

雷殿[1]

雷殿在龙山磨盘冈下，钱武肃王[2]于此建蓬莱阁[3]，有断碣在焉。殿前石台高爽，乔木潇疏。六月，月从南来，树不蔽月。余每浴后拉秦一生、石田上人[4]、平子辈坐台上，乘凉风，携肴核，饮香雪酒，剥鸡豆[5]，啜乌龙井[6]水，水凉冽激齿。下午着人投西瓜浸之，夜剖食，寒栗逼人，可雠[7]三伏。林中多鹘[8]，闻人声辄惊起，磔磔云霄间[9]，半日不得下。

【注】

1. 雷殿：雷祖殿，供奉雷祖，在绍兴卧龙山磨盘冈下。
2. 钱武肃王：钱镠，先为唐末节度使，后自称王，建立吴越国，谥武肃。
3. 蓬莱阁：在卧龙山上。祁彪佳《越中园亭记》：“钱王镠建。因元稹有‘谪居犹得住蓬莱’句。”
4. 石田上人：绍兴城里戒珠寺僧人。
5. 鸡豆：鸡头米，芡实。
6. 乌龙井：在卧龙山上。
7. 雠（chóu）：应对，应付。
8. 鹘（hú）：隼。
9. 磔（zhé）磔云霄间：苏轼《石钟山记》：“而山上栖鹘，闻人声亦惊起，磔磔云霄间。”磔磔，鸟鸣声。

【译】

雷殿位于卧龙山的磨盘冈下。钱武肃王曾在这里建造蓬莱阁，如今还留有残破的石碑。殿前的石台十分高爽，疏疏落落地长着些乔木。

到了六月，月亮升在南边，不会被树木遮住。我总是洗过澡后拉着秦一生、石田上人、弟弟平子等人坐在石台上乘凉。我们带着菜肴、水果而去，饮香雪酒，剥鸡头米，喝乌龙井水。那水清冽冰凉，刺激牙齿。下午命人将西瓜浸在井水里，晚上取来吃，冰冰冷，直叫人起鸡皮疙瘩，足以抵挡三伏天的酷暑。树林里有许多鹰隼，听到人声就惊飞出来，在云霄间怪叫盘旋着，老半天也不下来。

龙山雪

天启六年[1]十二月，大雪深三尺许。晚霁，余登龙山，坐上城隍庙[2]山门，李岕生、高眉生、王畹生、马小卿、潘小妃[3]侍。万山载雪，明月薄之，月不能光，雪皆呆白。坐久清冽，苍头送酒至，余勉强举大觥敌寒，酒气冉冉，积雪欱之，竟不得醉。马小卿唱曲，李岕生吹洞箫和之，声为寒威所慑，咽涩不得出。三鼓归寝。马小卿、潘小妃相抱从百步街旋滚而下，直至山趾，浴雪而立。余坐一小羊头车[4]，拖冰凌[5]而归。

【注】

1. 天启六年：张岱时年三十岁。
2. 上城隍庙：卧龙山有两座城隍庙，上城隍庙在卧龙山西冈，山脚下有下城隍庙。
3. “李岕生”五人：此五人为张岱家女伶。
4. 羊头车：一种独轮小车。
5. 拖冰凌：意谓雪深路滑，小车车轮无法转动，一路拖着走。

【译】

天启六年十二月，天降大雪，积雪深达三尺。晚上雪停了，我登上卧龙山，坐在上城隍庙山门处。李岕生、高眉生、王畹生、马小卿、潘小妃她们陪着我。群山被白雪覆盖着，天上低低地挂着一轮明月。但月亮发不出亮光，雪也白得十分呆滞。坐久了就觉得十分寒冷，正好有仆役送酒上来，为了抵御寒气，我故意用大杯喝酒。酒气冉冉而起，却都被积雪吸去了，怎么喝也喝不醉。马小卿唱曲，李岕生吹洞箫伴奏，但声音被严寒压住，呜咽滞涩，透不出来。到了三更时分，我们决定回去睡觉。马小卿和潘小妃两人合抱着从百步街翻滚下去，直到山脚下才满身是雪地站起身来。我坐一辆小羊头独轮车，于冰雪上一路拖着回家。

庞公池

庞公池[1]岁不得船，况夜船，况看月而船。自余读书山艇子，辄留小舟于池中，月夜，夜夜出，缘城至北海坂[2]，往返可五里，盘旋其中。山后人家，闭门高卧，不见灯火，悄悄冥冥，意颇凄恻。余设凉簟，卧舟中看月，小傒船头唱曲，醉梦相杂，声声渐远，月亦渐淡，嗒然[3]睡去。歌终忽寤，哂嘲赞之，寻复鼾齁[4]。小傒亦呵欠歪斜，互相枕藉。舟子回船到岸，篙啄丁丁，促起就寝。此时胸中浩浩落落，并无芥蒂，一枕黑甜，高舂[5]始起，不晓世间何物谓之忧愁。

【注】

1. 庞公池：在绍兴城内，卧龙山西麓。
2. 北海坂：卧龙山与绍兴城西郭门之间的丘陵地带。
3. 嗒然（tàrán）：形容身心俱遣、物我两忘的神态。
4. 鼾齁（hōu）：熟睡的鼻息声。
5. 高舂（chōng）：指日影西斜。

【译】

庞公池一年到头都叫不到船，更别说是夜船，是去看月的船了。自从我在山艇子读书，就留一条小船在该池中。每逢明月之夜，就夜夜坐船出去。通常是沿着城墙一直撑到北海坂，往返约五里左右，来回盘旋。

那时，山后人家全都关上门睡觉了，看不到一点灯火，四周静悄悄的，颇有些凄恻的韵味。我在船里铺了条竹席，横躺着看月亮。童儿在船头唱曲，我懵懵懂懂地听着，只觉得声音越来越远，月亮也越来越淡，而后沉沉睡去，什么都不知道了。等小童唱完，我也醒了，含含糊糊地称赞他两句，就又打起呼噜来。这时，小童也哈欠连天，歪斜着身体，与我靠在一起睡觉。船夫将船撑回岸边后，用竹篙在船帮上“咚咚”地敲几下，催我们上岸睡觉去。此时胸中空空荡荡，没有一点杂念，头一挨着枕头，就睡得又香又甜，直到下午才起床，简直不知道世上还有忧愁这回事儿。

品山堂鱼宕

二十年前强半住众香国[1]，日进城市，夜必出之。品山堂孤松箕踞，岸帻[2]入水。池广三亩，莲花起岸，莲房以百以千，鲜磊[3]可喜。新雨过，收叶上荷珠煮茶，香扑烈。门外鱼宕[4]横亘三百余亩，多种菱芡。小菱如姜芽，辄采食之，嫩如莲实，香似建兰，无味可匹。深秋，橘奴[5]饱霜，非个个红绽不轻下剪。季冬[6]观鱼，鱼艓[7]千余艘，鳞次栉比，罱[8]者夹之，罛[9]者扣之，簎[10]者罨[11]之，罾[12]者撒之，罩者抑之，罜[13]者举之，水皆泥泛，浊如土浆。鱼入网者圉圉[14]，漏网者噞噞[15]，寸鲵[16]纤鳞，无不毕出。集舟分鱼，鱼税三百余觔，赤瞧[17]白肚，满载而归。约吾昆弟，烹鲜剧饮，竟日方散。

【注】

1. 众香国：园林名，靠近绍兴鉴湖，为张岱之父张耀芳所建。
2. 岸帻：掀起头巾，露出前额。形容无拘无束，态度潇洒。
3. 鲜磊：生鲜。
4. 宕：通“荡”。
5. 橘奴：柑橘之别称。
6. 季冬：冬末，阴历十二月。
7. 艓（dié）：小船。
8. 罱（lǎn）：夹鱼或捞水草、河泥的工具。
9. 罛（gū）：大的渔网。
10. 簎（cè）：鱼叉。
11. 罨（yǎn）：捕鸟或捕鸟的网，亦指用罨捕取。
12. 罾（xuǎn）：捕捉鸟兽的网。
13. 罜（guà）：挂网。
14. 圉圉（yǔ）：被困而不得舒展的样子。
15. 噞噞（yǎn）：鲜活的样子。
16. 鲵：泛指小鱼。
17. 瞧（yú）：鱼眼珠。

【译】

二十年前，我大半时间都住在众香国。白天进城，晚上必定出城回到那里。品山堂有一棵孤松，枝叶舒展，无拘无束，树枝垂垂入水。池塘占地三亩，莲花伸到岸边，莲蓬成百上千，鲜嫩可喜。新雨过后，收集了荷叶上的水珠来煮茶，清香扑鼻。

门外的鱼塘横亘三百多亩，种了许多菱角、芡实。小菱才姜芽般大小，就采来吃了，与莲子一样嫩、建兰一般香，鲜美可口，无可匹敌。到了深秋，不等柑橘经霜、个个通红熟透，绝不肯轻易剪下。

冬末看捕鱼，各式鱼船一出就是千余艘，鳞次栉比，洋洋大观。捕鱼的方法也多种多样：有用罱夹夹的，有用大网罩的，有用鱼叉叉住后再用小网兜捞起的，有用抛网撒的，有用罩子罩的，有用挂网捞的，弄得鱼塘里泥水翻腾，跟泥塘似的。再看那鱼，落网的萎靡困顿，漏网的活蹦乱跳，无论多么小的鱼也全都出了水面。将渔船聚拢后统一分配，光鱼税就上缴了三百多斤。最后，大家满载着这些红眼珠白肚皮回家去。而我叫上兄弟数人，煮了鲜鱼开怀畅饮，要痛痛快快地喝上一整天才肯散去。

松化石

松化石[1]，大父舁自清江[2]署中。石在江口神祠，土人割牲飨神，以毛血洒石上为恭敬，血渍毛毵[3]，几不见石。大父舁入署，亲自祓濯，呼为“石丈”[4]，有《松化石纪》。今弃阶下，戴花缸，不称使。余嫌其轮囷臃肿，失松理，不若董文简[5]家茁错二松橛[6]，节理槎[7]枒，皮断犹附，视此更胜。大父石上磨崖铭之曰：“尔昔鬣而鼓[8]兮，松也；尔今脱而骨兮，石也；尔形可使代兮，贞勿易也；尔视余笑兮，莫余逆也。”其见宝如此。

【注】

1. 松化石：松树干的化石。
2. 清江：江西临江府。据张岱《家传·张汝霖传》：“乙未，成进士，授清江令，调广昌……”乙未为万历二十三年。
3. 毵（sān）：毛发纷披散乱的样子。
4. 石丈：宋叶梦得《石林燕语》卷十：“米芾诙谲好奇……知无为军，初入州廨，见立石颇奇，喜曰：‘此足以当吾拜。’遂命左右取袍笏拜之，每呼曰‘石丈’。”
5. 董文简：见卷二《花石纲遗石》注。
6. 松橛：松化石，因其短粗，故名橛。
7. 槎（chá）枒：错落不齐的样子。
8. 鬣而鼓：松针分张的样子。

【译】

松化石是我祖父从清江的官署里运回来的。它原本在江口的神祠内，当地人宰杀了牲畜祭神，将毛血洒在该石上以示恭敬。结果弄得污秽不堪，几乎看不出石头样了。我祖父命人将它抬入官署，亲自动手清洗干净，称它为“石丈”，并写了一篇《松化石纪》。如今它被丢在台阶下，用来垫花缸，也并不适用。我嫌它盘曲粗大，没有松树韵味，不像董文简家那两段松化石，既粗壮结实，又纹理错综，树皮断了也还附在树干上，趣味上更胜一筹。

我祖父在这块石头上刻下这么一段铭文："尔昔鬣而鼓兮，松也；尔今脱而骨兮，石也；尔形可使代兮，贞勿易也；尔视余笑兮，莫余逆也。"可见他对这块石头是多么的宝贝。

闰中秋[1]

崇祯七年闰中秋，仿虎丘故事[2]，会各友于蕺山[3]亭。每友携斗酒、五簋[4]、十蔬果、红毡一床，席地鳞次坐。缘山七十余床，衰童塌妓，无席无之。在席者七百余人，能歌者百余人，同声唱“澄湖万顷”[5]，声如潮涌，山为雷动。诸酒徒轰饮，酒行如泉。夜深客饥，借戒珠寺[6]斋僧大锅煮饭饭客，长年[7]以大桶担饭不继。命小傒岕竹、楚烟[8]于山亭演剧十余出，妙入情理，拥观者千人，无蚊虻声，四鼓方散。月光泼地如水，人在月中，濯濯[9]如新出浴。夜半，白云冉冉起脚下，前山俱失，香炉、鹅鼻、天柱诸峰[10]，仅露髻尖[11]而已，米家山[12]雪景仿佛见之。

【注】

1. 闰中秋：闰八月中秋。
2.“仿虎丘”句：中秋之夜，苏州人有在虎丘山赏月、唱曲的习俗。详见卷五《虎丘中秋夜》。
3. 蕺山：见卷六《绍兴灯景》注。
4. 簋（guǐ）：古代盛食物器具，圆口，双耳。
5.“澄湖万顷”：出自明梁辰鱼《浣纱记》第三十出《采莲》之《念奴娇序》：“澄湖万顷，见花攒锦绣，平铺十里红妆。夹岸风来宛转处，微度衣袂生凉。摇扬，百队兰舟，千群画浆，中流争放采莲舫。（合）惟愿取双双缱绻，长学鸳鸯。”
6. 戒珠寺：在蕺山南，为王羲之故宅，原名安昌寺，唐代改为戒珠寺。
7. 长年：长工。
8. 岕竹、楚烟：顾岕竹和应楚烟，张家戏班中小演员。见卷四《张氏声伎》。
9. 濯濯（zhuó）：清新，明净。
10. 香炉、鹅鼻、天柱诸峰：会稽山诸峰名。
11. 髻尖：指尖耸的山顶。
12. 米家山：宋代米芾、米友仁父子画山水自成一格，不求工细，多用水墨点染，世称“米家山”。

【译】

崇祯七年闰中秋，我效法苏州虎丘的旧俗，与朋友聚会于蕺山亭。各人带一斗酒、五盒菜肴、十盘蔬果、一块红毡来，席地依次而坐。沿山共设七十余席，每一席上都有些年老色衰的娈童、妓女。共有七百多人出席，其中能唱的有一百多人。大家同声齐唱“澄湖万顷”，声如潮涌，震动山林。贪杯好酒之徒趁兴狂饮，酒像泉水一般汩汩不断。夜深后客人肚饿，就借了戒珠寺做斋饭用的大锅来煮饭给他们吃，长工挑着大桶送饭竟然还来不及。

我又让顾岕竹、应楚烟等小优伶在山亭中演了十多出戏，入情入理，生动感人，围观者多达千人，连蚊虫声都听不到，一直到四更天才散去。

此时月光如水，泼洒在地面上，而人在月光下，清新洁净如同刚洗完澡一样。到了夜半时分，白云从脚底下冉冉升起，遮蔽了前方的山林，香炉、鹅鼻、天柱等山峰，只露出如同发髻尖的一点点，仿佛“米家山水”中的雪景一般。

愚公谷[1]

无锡去县北五里为锡山。进桥，店在左岸，店精雅，卖泉酒水坛、花缸、宜兴罐、风炉[2]、盆盎、泥人等货。愚公谷在惠山右，屋半倾圮，惟存木石。惠水涓涓，繇井之涧，繇涧之溪，繇溪之池、之厨、之湢[3]，以涤、以濯、以灌园、以沐浴、以净溺器，无不惠山泉者，故居园者福德与罪孽正等。愚公先生[4]交游遍天下，名公巨卿多就之，歌儿舞女、绮席华筵、诗文字画，无不虚往实归。名士清客至则留，留则款，款则饯，饯则赆[5]。以故愚公之用钱如水，天下人至今称之不少衰。愚公文人，其园亭实有思致文理者为之，磥石为垣，编柴为户，堂不层不庑，树不配不行[6]。堂之南，高槐古朴，树皆合抱，茂叶繁柯，阴森满院。藕花一塘，隔岸数石乱[7]而卧。土墙生苔，如山脚到涧边，不记在人间。园东偪墙一台，外瞰寺，老柳卧墙角而不让台，台遂不尽瞰，与他园花树故故为容，亭台意特特为园者不同[8]。

【注】

1. 愚公谷：原为惠山寺僧人居所，名“听泉山房”。至明代邹迪光在此建造园林，取柳宗元《愚溪诗序》一文中愚溪、愚丘之意，称其为“愚公谷”。
2. 风炉：一种烧柴炭的炉灶，其旁附有一只风箱，拉动时可以使火烧得很旺。
3. 湢（bì）：浴室。
4. 愚公先生：邹迪光，字彦吉，号愚谷，江苏无锡人。万历二年进士，官至湖广提学副使，被劾罢官，筑室惠山，极园亭歌舞之乐，优游林下凡三十年。是张岱祖父张汝霖好友。
5. 赆（jìn）：临别时赠送给远行人的路费、礼物。
6. 不配不行：不刻意搭配品种，不刻意安排行次。
7. 乱：散乱。刘侗《帝京景物略》卷一《定国公园》：“西转而北，垂柳高槐，树不数枚，以岁久繁柯，阴遂满院。藕花一塘，隔岸数石乱而卧，土墙生苔，如山脚到涧边，不记在人家圃。”刘侗是张岱的“山水知己”，在此有意借用其文。
8.“与他园”句：刘侗《定国公园》有：“老柳瞰湖而不让台，台遂不必尽望。盖他园花树故故为容，亭台意特特在湖者，不免佻达矣。”张岱在此也模仿其句。“花树故故为容”谓栽花种树只为向来客展示，而不任其天然。“亭台意特特为园”意为所建亭台都有意与园景相匹配，登之可饱览园中景色，但违背了天然率真之旨。

【译】

锡山在无锡县城北面五里远的地方。过了桥，左岸有许多精致雅洁的店铺，卖的是泉酒水坛、花缸、宜兴陶罐、风炉、盆钵、泥人等。愚公谷在惠山右侧，房屋半数倾塌，只剩下些木头、石块。惠泉水涓涓涌出，从井到山涧，从山涧到小溪，从小溪到池塘，再到厨房、到浴室。人们洗濯、浇园、洗澡、冲洗洁具时，用的都是惠泉水，所以说住在园子里的人，福气与罪过正好相等。

愚公先生交游遍天下，名公巨卿中愿意与他亲近的很多。他用歌儿舞女、豪华筵席、诗文字画来招待客人，且往往空手而来，满载而归。名士清客一到，他便邀留宿，客人留下后他必定热情款待，款待后必定为客人饯别，饯别时必定赠送礼物。因此愚公花钱如流水，而天下人至今仍对他赞不绝口。

愚公是一个文人，他家的园林是由深通意趣之人所营造的。垒石为墙，编柴为门，不建高楼，不设回廊，树木错落有致，浑然天成。厅堂南面，是高大的槐树和古老的朴树，都有合抱粗细，枝繁叶茂，树荫遮蔽整个院子。又有满塘的荷花，岸上则散乱着几块卧石。土墙上长满了青苔，让人觉得像是到了山脚、涧边，已不记得身在人家了。园东靠墙处建有一台，登台可看到外面的寺院，但有一棵老柳树横在墙角处不肯相让，所以人在台上也不能一览无余。可见与别人家栽花种树只为展示、搭台建亭只为点缀园景的做法是大相径庭的。

定海水操

定海[1]演武场在招宝山[2]海岸。水操用大战船、唬船[3]、蒙冲[4]、斗舰[5]数千余艘，杂以鱼艓[6]轻艣[7]，来往如织。舳舻相隔，呼吸难通，以表[8]语目，以鼓语耳，截击要遮[9]，尺寸不爽。健儿瞭望，猿蹲桅斗，哨见敌船，从斗上掷身腾空汆水[10]，破浪冲涛，顷刻到岸，走报中军，又趵跃入水，轻如鱼凫。水操尤奇在夜战，旌旗干橹[11]皆挂一小灯，青布[12]幕之，画角一声，万蜡齐举，火光映射，影又倍之。招宝山凭栏俯视，如烹斗煮星，釜汤正沸。火炮轰裂，如风雨晦冥中电光翕焱[13]，使人不敢正视；又如雷斧断崖石，下坠不测之渊，观者褫魄[14]。

【注】

1. 定海：明代设定海卫。崇祯十一年，张岱与秦一生游览普陀山，路过定海。
2. 招宝山：位于甬江口，明代曾在此筑城驻兵，是海防要塞，素有“浙东门户”之称。
3. 唬船：又叫“喇叭唬船”，明代闽、浙一带水军使用的小型战船。
4. 蒙冲：中国古代具有良好防护的进攻性快艇。又作艨冲、艨艟。
5. 斗舰：古代一种装备较好的战船。在上甲板上设有战棚，战棚长占全长的四分之三。
6. 艓（dié）：小船。
7. 艣（lǐ）：小船。
8. 表：旗帜。
9. 要遮：拦截，拦阻。
10. 汆水：跳入水中。
11. 干橹：女墙和瞭望楼。
12. 青布：黑布。
13. 翕焱（xīyàn）：闪耀的样子。
14. 褫魄：失魂落魄。

【译】

定海的演武场在招宝山海岸处。演习时用大战船、唬船、蒙冲、斗舰几千艘，又夹杂些鱼船、小艇，往来如织。船只之间，话语沟通不便，所以用旗语诉诸眼睛，用鼓声诉诸耳朵，进退拦截，指挥自如，分毫不差。有健儿如猿猴般攀登在桅顶吊斗上瞭望，发现敌船，即从吊斗上纵身跳起，腾空跃入水中，劈波斩浪，顷刻间就游到岸边，跑进中军帐禀报。随后又跃入水中，轻捷如鱼鹰一般。

水军演练最为奇特的要数夜战。在夜里，各旌旗楼墙上都挂一盏小灯，外面用黑布罩着，等号角吹响，无数的灯烛一齐亮出，火光映照在水面上，灯影顿时翻了一倍。站在招宝山上凭栏俯视，只见下面像是在烹煮星斗，如同开了锅。而火炮轰鸣炸裂之时，又犹如昏暗的暴风雨中雷电闪耀，叫人不敢正视；又像雷斧劈断崖石，下坠不测之深渊，令观者魂飞魄散。

阿育王寺舍利

阿育王寺[1]，梵宇深静，阶前老松八九棵，森罗有古色。殿隔山门远，烟光树樾，摄入山门，望空视明，冰凉晶沁。右旋至方丈门外，有娑罗[2]二株，高插霄汉。便殿供旃檀佛[3]，中储一铜塔，铜色甚古，万历间慈圣皇太后[4]所赐，藏舍利子塔[5]也。舍利子常放光，琉璃五彩，百道迸裂，出塔缝中，岁三四见。凡人瞻礼舍利，随人因缘现诸色相[6]。如墨墨无所见者，是人必死。昔湛和尚[7]至寺，亦不见舍利，而是年死。屡有验。

次蚤，日光初曙，僧导余礼佛，开铜塔，一紫檀佛龛供一小塔，如笔筒，六角，非木非楮，非皮非漆，上下皴定[8]，四围镂刻花楞梵字。舍利子悬塔顶，下垂摇摇不定，人透眼光入楞内，复眠眼上视舍利，辨其形状。余初见三珠连络如牟尼串[9]，煜煜有光。余复下顶礼，求见形相，再视之，见一白衣观音小像，眉目分明，鬋鬘[10]皆见。秦一生反复视之，讫无所见。一生追遽，面发赤，出涕而去。一生果以是年八月死，奇验若此。

【注】

1. 阿育王寺：位于浙江鄞县鄮山山麓，始建于西晋武帝太康三年，舍利殿供奉佛祖舍利。崇祯十一年，张岱与秦一生游普陀后至阿育王寺。
2. 娑罗：见卷一《日月湖》注。
3. 旃檀佛：檀香木雕制的佛像。
4. 慈圣皇太后：明神宗生母，李氏，宫女出身，性好佛，在京师内外建造许多佛寺，花费巨万。
5. 藏舍利子塔：《夜航船》云："舍利塔：《谈苑》：阿育王所造释迦真身舍利塔，

见于明州鄮县。太宗命取舍利，度开宝寺地，造浮屠十一级以藏之。”
6. 色相：佛教语。原指万物之表象，此指舍利子能根据瞻礼之人的因缘而呈现出不同面貌。
7. 湛和尚：湛然，唐代高僧。
8. 𢿐（mán）定：覆盖。
9. 牟尼串：数珠，亦称“牟尼珠”。佛教徒念佛、持咒、诵经时用来计数的成串珠子。
10. 鬋鬘（jiǎnmán）：鬓毛额发。

【译】

阿育王寺，庙宇肃然幽静，阶前有八九棵老松树，古色森然。正殿离山门较远，笼罩在一片烟霭树荫之中。进山门后抬头仰望，只觉得明亮清澈，一股凉意沁人肌肤。右转来到方丈门外，见两棵娑罗树，高插云霄。便殿里供着檀香佛像，中间立一座铜塔，古色古香，是万历年间慈圣皇太后所赐，内藏舍利子。舍利子时常放光——数百道琉璃般的五彩光芒从缝隙中迸射而出。这样的情形每年都有三四次。据说人们在瞻仰舍利子时，它会随来人的因缘造化而现出不同模样来。假如黑漆漆的什么都看不见，则此人必死无疑。从前，唐代高僧湛然和尚前来，也看不到舍利子，结果当年就死掉了。可见是颇为灵验的。

第二天早晨，太阳刚刚升起时，就有寺内的僧人带领我去拜佛。开了铜塔，里面是一个紫檀佛龛，上面供着一座小塔，笔筒模样，六角形，既非木质亦非纸质，既非皮件亦非漆器，上下合在一起，四周刻有花纹梵字。舍利子悬在塔顶，垂下来摇晃不定。观看时要定睛将目光透入塔内，再眯起眼睛朝上看去，这样才能看清它的形状。

我一开始看到三颗珠子连在一起跟佛串似的，煜煜生辉。我退下顶礼膜拜后，求它现出形相。再看时，就看到一尊小小的白衣观音，眉目分明，连鬓发都清晰可见。

秦一生反复观看，却什么都没看到。他惊恐万分，满脸通红，最后流着泪离去了。后来他果然在当年八月死去了——就这么灵验。

过剑门

南曲[1]中妓，以串戏为韵事，性命以之。杨元、杨能、顾眉生、李十、董白以戏名，属姚简叔期余观剧。傒僮下午唱《西楼》[2]，夜则自串。傒僮为兴化大班，余旧伶马小卿、陆子云在焉，加意唱七出，戏至更定，曲中大咤异。杨元走鬼房[3]问小卿曰："今日戏，气色大异，何也？"小卿曰："坐上坐者余主人。主人精赏鉴，延师课戏，童手指千[4]，傒僮到其家谓'过剑门'[5]，焉敢草草！"杨元始来物色余。《西楼》不及完，串《教子》[6]。顾眉生：周羽。杨元：周娘子。杨能：周瑞隆。杨元胆怯肤栗，不能出声，眼眼相觑，渠[7]欲讨好不能，余欲献媚不得。持久之，伺便喝采一二，杨元始放胆，戏亦遂发。嗣后曲中戏，必以余为导师[8]，余不至，虽夜分不开台也。以余而长声价，以余长声价之人而后长余声价者，多有之。

【注】

1. 南曲：指南京秦淮河南岸妓院乐户聚集区。
2.《西楼》：传奇《西楼记》，为张岱好友袁于令所作，叙御史之子于鹃与妓女穆素徽的爱情故事。
3. 鬼房：指后台演员的化妆间。旧称戏台上下场门为鬼门道，后台屋子为鬼房。
4. 童手指千：上百个孩童。《汉书·货殖传》："童手指千，筋角丹沙千斤。"颜师古注："手指，谓有巧伎者。指千则人百。"
5. 过剑门：旧戏舞台上的一种表演程式，由"站门"龙套中二人各持剑举过头，两剑相交，剑下留空如门洞，使进谒者低头屈伸而过，再衬以"堂威"之声，以示威风杀气，过剑门者作战栗惊恐状。
6.《教子》：《教子记》，又名《寻亲记》，无名氏作，故事叙书生周羽被土豪陷害，流放乞食，其妻郭氏教子瑞隆读书成进士，得知其父踪迹，乃弃官寻访，周氏一家终于夫妇父子团圆。《教子》为该剧第二十五出。周羽、周娘子、周瑞隆，皆剧中人物。其中小生为周羽，周瑞隆是周羽的儿子。

7. 渠：她。
8. 导师：佛教用语。指僧伽中的上座。

【译】

曲中女子都把演戏看作风雅之事，肯以性命相托。杨元、杨能、顾眉生、李十、董白等人都以戏演得好出名。

一天，她们委托姚简叔来邀我去看戏。下午由童伶唱《西楼记》，晚上则她们自己下场。童伶是兴化大班的，以前我家戏班里的马小卿、陆子云也在里面。他们加倍用心地唱了七出戏，一直唱到起更时分，青楼中人大为诧异。

杨元跑到后台去问小卿："今天的戏，精气神与往常大不相同，为什么？"小卿说："今天我家主人坐在那儿呢。他看戏精得很。以前请了师傅来教戏，教过上百个小孩。童伶到他家称为'过剑门'。我们哪敢敷衍了事呢？"杨元这才开始留意起我来。

没等《西楼记》全本唱完，就开唱《教子记》了。顾眉生演周羽，杨元演周娘子，杨能演周瑞隆。杨元胆怯战栗，发不出声来。她偷眼看着我，想讨好我又讨好不了；我呢，想捧她也捧不成，僵持了好一会儿，我瞅准时机喝了一两声彩，她才胆大起来，戏也唱开来了。

从此以后，曲中演戏，必定以我为上座，我不到场，哪怕到了半夜也不开戏。就这样，许多人因我而声望身价大涨；因我而声望身价大涨之后又反过来大涨了我的声望身价的人，也有不少。

冰山记

魏珰[1]败，好事作传奇十数本，多失实，余为删改之，仍名《冰山》[2]。城隍庙扬台[3]，观者数万人，台址鳞比，挤至大门外。一人上，白曰："某杨涟[4]。"口口谇譢[5]曰："杨涟！杨涟！"声达外，如潮涌，人人皆如之[6]。杖万元白[7]，偪死裕妃[8]，怒气忿涌，噤断嚄唶[9]。至颜佩韦[10]击杀缇骑[11]，嘄呼跳蹴，汹汹崩屋。沈青霞[12]缚藁人射相嵩以为笑乐，不是过也。是秋，携之至兖，为大人[13]寿。一日，宴守道[14]刘半舫[15]。半舫曰："此剧已十得八九，惜不及内操[16]、菊宴及偪灵犀[17]与囊收数事耳。"余闻之。是夜席散，余填词，督小傒强记之。次日，至道署搬演，已增入七出如半舫言。半舫大骇异，知余所构，遂诣大人，与余定交。

【注】

1. 魏珰：魏忠贤。明天启七年，明熹宗驾崩，思宗（崇祯帝）即位不久便宣布魏忠贤罪状，发配凤阳，魏在流放途中自杀。
2.《冰山》：《冰山记》，明陈开泰撰。叙魏忠贤奸党残害忠良及最后垮台事。祁彪佳《远山堂曲品》称其"传时事而不牵蔓，正是炼局之法。但对口白极忌太文，便不脱学究气"，作者据以删改的当为此剧。原剧及作者删改本皆已失传。
3. 扬台：搭台演戏。
4. 杨涟：字文孺，号大洪。万历三十五年进士，历任常熟知县、给事中、兵科都给事中、左副都御史等。因弹劾魏忠贤被诬陷，惨死狱中。谥忠烈。
5. 谇譢（qiè）：小声而急促地传话。
6. 人人皆如之：意谓每一个角色出场，都是这样。
7. 万元白：万燝，字闇夫，一字元白。万历四十四年进士，历任刑部、工部主事。据《明史·万燝传》记载，万燝上书弹劾魏忠贤，"忠贤大怒，矫旨廷杖一百，斥为民"，"乃命群奄至燝邸，捽而殴之，比至阙下，气息才属。杖已，绝而复苏。群奄更肆蹴踏，越四日即卒"。
8. 裕妃：天启皇帝的妃子张氏，天启三年被册封为裕妃，因受宠幸怀孕，遭到熹宗乳母客氏、魏忠贤忌恨，被陷害至死。《明史·后妃传》："性直烈，客、魏恚其异己，幽于别宫，绝其饮食。天雨，妃匍匐饮檐溜而死。"
9. 嚄唶（huòzè）：放声呼叫。
10. 颜佩韦：苏州市民。魏忠贤屡兴大狱，打击东林党人，逮捕周顺昌时，苏州市民进行反抗，打死一名旗尉。后朝廷追究，颜佩韦等五人挺身投案，英勇就义。事详见《明史·周顺昌传》、张溥《五人墓碑记》。
11. 缇（tí）骑：锦衣卫校尉。
12. 沈青霞：沈鍊，见卷六《齐景公墓花樽》注。《明史·沈鍊传》："鍊亦大喜，日相与詈严嵩父子为常，且缚草为人，象李林甫、秦侩及嵩，醉则聚子弟攒射之。"
13. 大人：张耀芳时为山东鲁王长史。崇祯二年，张岱去山东兖州给父亲祝寿。
14. 守道：明布政使以参政、参议分守各道，主管粮储、屯田、清军、驿传、水利、抚民等事。
15. 刘半舫：刘荣嗣，字敬仲，号简斋，别号半舫。万历四十四年进士，历任户部主事、吏部主事、顺天府尹、工部尚书等。为人正直，不依附阉党。
16. 内操：魏忠贤于宫内操练士兵，多至千人，带甲出入宫禁，恣为威虐，以图不轨。
17. 偪灵犀：指逼迫妓女萧灵犀为魏忠贤腹心兵部尚书崔呈秀做妾的事情。

【译】

魏忠贤倒台后，好事者写了十几个传奇剧本，但大多与事实不符，于是我大加删改，仍叫作《冰山记》。

在城隍庙搭台开演时，观众多达几万人，不仅舞台下密密麻麻的，还一直拥挤到大门外。一个角色上场，口中念道："我乃杨涟。"台下就叽叽喳喳，低声传言道："杨涟！是杨涟！"一直传到大门外，跟潮水翻涌似的，且每个角色上场都这样。演到杖责万元白，逼死裕妃时，大家怒不可遏，放声大叫起来。而演到颜佩韦击杀锦衣卫时，更是狂呼跺脚，群情汹汹，快要掀翻房屋了。想来沈青霞当年为了取乐而扎了严嵩的稻草人来射，也还没有这么痛快吧。

那年（崇祯二年）秋天，我带着这出戏到山东兖州，给我父亲祝寿。有一天，宴请守道刘半舫看戏。刘半舫说："这戏已经十得八九，相当全了，只可惜没收入内操、菊宴以及逼灵犀、囊收那几件事。”我听说后，等夜宴散了马上就填词，并督促童伶死记硬背了下来。第二天到道署去演出时，就已经新添了七出，刘半舫讲的那些事儿全都在里面。他看后大为惊叹，得知是我临时新编的，就来拜访我父亲，并与我定交。

卷八

龙山放灯[1]

万历辛丑年[2]，父叔辈张灯龙山，剡[3]木为架者百，涂以丹雘[4]，帨[5]以文锦，架一，灯三之。灯不专在架，亦不专在磴道[6]，沿山袭谷，枝头树杪，无不灯者；自城隍庙门至蓬莱冈上下，亦无不灯者。山下望如星河倒注，浴浴熊熊[7]，又如隋炀帝夜游，倾数斛萤火于山谷间[8]，团结方开，倚草附木，迷迷不去者。

好事者卖酒，缘山席地坐。山无不灯，灯无不席，席无不人，人无不歌唱鼓吹。男女看灯者，一入庙门，头不得顾，踵不得旋，只可随势潮上潮下，不知去落何所，有听之而已。庙门悬禁条：禁车马，禁烟火，禁喧哗，禁豪家奴不得行辟[9]人。父叔辈台于大松树下，亦席，亦声歌，每夜鼓吹笙簧与讌歌弦管，沉沉昧旦[10]。

十六夜，张分守[11]宴织造太监[12]于山巅星宿阁[13]，傍晚至山下，见禁条，太监忙出舆，笑曰："遵他，遵他，自咱们遵他起！"却随役，用二丱角[14]扶掖上山。夜半，星宿阁火，罢讌亦遂罢灯[15]。凡四夜，山上下糟丘肉林，日扫果核、蔗滓及鱼肉骨、蠡蜕[16]堆砌成高阜，拾妇女鞋挂树上，如秋叶。相传十五夜，灯残人静，当垆[17]者正收盘核，有美妇六七人买酒，酒尽，有未开瓮者。买大罍一，可四斗许，出袖中蓏果，顷刻罄罍而去。疑是女人星[18]，或曰酒星[19]。又一事：有无赖子于城隍庙左借空楼数楹，以姣童实之，为"帘子胡同"[20]。是夜，有美少年来狎某童，剪烛殢[21]酒，媟亵[22]非理，解襦[23]，乃女子也。未曙即去，不知其地其人，或亦是妖狐所化。

【注】

1. 放灯：《夜航船》："元夕放灯：以正月十五天官生日放天灯，七月十五水官生日放河灯，十月十五地官生日放街灯。宋太宗淳化元年六月丙午诏，罢中元、下元两夜灯。"
2. 万历辛丑年：万历二十九年。张岱时年五岁。
3. 剡（yǎn）：削。
4. 丹雘（huò）：红色颜料。
5. 帨（shuì）：佩巾。此处为动词，拭，用巾擦。
6. 磴（dèng）道：山上有台阶的石径。
7. 浴浴熊熊：气势盛大的样子。
8. "又如"二句：典出《隋书·炀帝纪》："壬午，上于景华宫征求萤火，得数斛，夜出游山，散之，光遍岩谷。"
9. 行辟（bì）：让人回避。辟，通"避"，躲避，回避。
10. 沉沉昧旦：不知不觉间天将破晓。昧旦，天将明未明之时。
11. 分守：官职名。明朝镇戍将校分为五等：镇守、协守、分守、守备、备倭。
12. 织造太监：明时朝廷于南京、杭州、苏州三地设专局，掌管织造各项丝织品，供皇室之用，并各置提督织造太监一人。
13. 星宿阁：在卧龙山城隍庙西。
14. 丱（guàn）角：头发束成两角的儿童发式。此指童仆。
15. "夜半"句：星宿阁失火，张分守的宴会中止，灯会也停止了。灯会本该从十三日到十七日，一共五夜，现在到十六日就停了，所以下文说"凡四夜"。
16. 蠡蜕：螺壳。
17. 当垆：卖酒。
18. 女人星：典出《华阳国志》："汉武帝时，张宽为侍中，从祀甘泉，至渭桥，有女子浴于渭水，乳长七尺。上怪问之，女曰：'后第七车侍中知我所来。'时宽在第七车，对曰：'天星主祭祀者，斋戒不洁则女人星见。'"
19. 酒星：典出唐卢肇《逸史》："章仇兼琼镇西川，令左右搜访道术士。有一酒家，常有纱帽藜杖者四人来饮，一饮数斗，话谈间常说孙思邈。一日饮酒毕，忽不见。兼琼异之，上奏朝廷，玄宗召孙思邈问之，孙曰：'此太白酒星耳，仙格绝高，每游人间饮酒，处处皆至，尤乐蜀中。'"
20. 帘子胡同：明朝时，北京前门外有新帘子胡同和旧帘子胡同，为男妓集中地。后即以"帘子胡同"代称男妓馆所。
21. 殢（tì）：困于，沉溺于。
22. 媟亵（xièxiè）：轻薄，猥亵。
23. 襦（rú）：短上衣。

【译】

万历二十九年，我父亲、叔叔他们在龙山上张挂花灯。

他们削木为架，造了上百座灯架，全都漆成红色，再披上彩色锦缎，每座木架上挂三个灯。不仅在灯架上挂灯，也在石阶旁挂灯，山坡上、山谷中，甚至树梢头也全都挂满了灯。从城隍庙的大门口一直到蓬莱冈，上上下下，全都是灯。站在山下抬头望去，宛如天上的星河倾泻下来一般，浩浩汤汤，绚丽璀璨，又好像是当年隋炀帝夜游，在山谷中倒了数斛萤火虫，成团的萤火虫刚刚散开，就环绕、依附在草木上，不肯离去了。

有好事者来山上卖酒，他们顺着山坡席地而坐。这时，山上到处都是灯，灯下都铺着席子，席上都坐着人，而人人都在歌唱奏乐。男男女女，凡是前来看灯的，一进了庙门，脑袋和脚跟就都转不动了，只能随着人潮或上或下，连自己都不知会去哪里，只好听天由命。

庙门上挂着禁条：禁止车马入内，禁止燃放烟火，禁止大声喧哗，禁止豪门仆役驱赶行人为主人开道。

我父亲、叔叔他们在大松树下搭了个台，也铺席，也唱曲，每夜都鼓瑟吹笙，丝竹齐奏，宴筵歌唱，时常不觉东方之既白。

十六日那夜，张分守要在山顶上的星宿阁宴请织造太监。傍晚时分来到山下，看到禁条后，太监赶紧下轿，笑道："照办，照办，从咱们做起，统统照办！"于是遣退了随从，让两个侍童搀扶着上了山。到了半夜，星宿阁失火，酒宴就此结束，灯会也随之结束了。所以这次灯会只办了四个夜晚。

当时，山上山下到处都是酒肉饭食，每天打扫出来的果核、甘蔗滓、鱼肉骨头、螺壳等，堆得跟小山似的。有人将捡到的妇人鞋子挂在树上，一眼望去如同秋叶一般。

据说在十五日那夜，灯残人静，卖酒的正在收拾残肴，又有六七个美貌妇人前来买酒。当时酒缸里的酒已经卖完，只有没开封的了。她们就买了一大缸，大概有四斗左右吧。她们拿出藏在袖中的瓜果下酒，顷刻之间喝光了一缸酒，飘然而去。人们怀疑她们是“女人星”，也有说是“酒星”。

还有一件事：有个无赖在城隍庙左侧借了几间空楼房，弄来一些俊美少年放在里面，称为“帘子胡同”。一天夜里，有个美少年来玩。他们剪烛痛饮，轻薄一番。可那位美少年解开内衣后，竟然是名女子。后来天还没亮她就离去了。也不知她是哪里的，是什么样的人，抑或是狐狸精变亦未可知。

王月生[1]

南京朱市[2]妓，曲中[3]羞与伍；王月生出朱市，曲中上下三十年决无其比也。面色如建兰初开，楚楚文弱，纤趾一牙[4]，如出水红菱，矜贵寡言笑，女兄弟[5]、闲客多方狡狯，嘲弄咍[6]侮，不能勾其一粲[7]。善楷书，画兰竹水仙，亦解吴歈，不易出口。南京勋戚大老力致之，亦不能竟一席。富商权胥[8]得其主席[9]半晌，先一日送书帕[10]，非十金则五金，不敢亵订[11]。与合巹[12]，非下聘一二月前，则终岁不得也。好茶，善闵老子，虽大风雨、大宴会，必至老子家啜茶数壶始去。所交有当意者，亦期与老子家会。一日，老子邻居有大贾，集曲中妓十数人，群谇嘻笑，环坐纵饮。月生立露台上，倚徙栏楯[13]，眠娗羞涩，群婢见之皆气夺，徙他室避之。

月生寒淡如孤梅冷月，含冰傲霜，不喜与俗子交接；或时对面同坐起，若无睹者。有公子狎之，同寝食者半月，不得其一言。一日口嗫嚅动，闲客惊喜，走报公子曰："月生开言矣！"閧然以为祥瑞，急走伺之，面赪，寻又止。公子力请再三，蹇涩出二字曰："家去。"[14]

【注】

1. 王月生：王月。明袁宏道《伤周生》有云："吴人呼妓为生，盖亦沿宋旧耳。"
2. 朱市：也称"珠市"，是当时南京秦淮河一带妓院区。王月、王节、寇湄为其中翘楚。
3. 曲中：也称"旧院""南曲"，在南京秦淮河的南岸，与贡院隔河相对，为高档妓院区。柳如是、李香君等都在此处。
4. 纤趾一牙：形容其脚十分窄小。
5. 女兄弟：指妓院中的姐妹们。

6. 咍（hāi）：取笑。
7. 粲（càn）：露齿笑。
8. 权胥：此指衙门中因受宠用而得势的下级官吏。
9. 主席：主办的席面、酒席。
10. 书帕：聘约和礼金。
11. 亵订：以轻蔑的态度订约。
12. 合卺（jǐn）：原义是男女成婚，饮交杯酒。此指同床共枕。卺，婚礼所用的酒器。
13. 楯（shǔn）：栏干的横木。
14. 家去：字面意思是“回家去吧”，但江淮方言中也有“别费事了”“你省省吧”的意思。

【译】

南京朱市的妓女，向来是被曲中所瞧不起的。王月生就出自朱市，但曲中上下三十年里没人能与她相比。她的面容如初绽的建兰，娇柔文弱，楚楚动人，一双纤足，娇小玲珑。她为人矜持高傲，不苟言笑。不论妓院中的姐妹、帮闲怎么打趣作弄，都不能引她露齿一笑。她写得一笔好楷书，又擅画兰竹、水仙，也会唱吴歌，但轻易不肯开口。南京城里的皇亲贵族以权势相逼，也不能留她陪完整场宴席。那些富商权吏要想让她出面置办酒席、应酬半晌，就得提前一天送礼金过去，没有十两也要五两，不敢怠慢。而要想与她共度良宵，就非得提前一两个月下聘了，否则等上一年也白搭。

王月生喜欢喝茶，与闵老子交好，哪怕是有大风雨、大宴会，她也一定要先到闵老子家喝几壶茶后再去。客人中有了中意的，也约在闵老子家幽会。有一天，闵老子的富商邻居叫了十几个曲中的妓女，在一起嬉闹打趣，围坐一圈，开怀畅饮。王月生站在露台上，斜靠着栏杆，一脸的腼腆羞涩，曲中妓女见了自惭形秽，就纷纷躲入别的房间去了。

王月生性情寡淡孤冷、傲若冰霜，不喜欢与庸俗之辈交谈。有时候与人同坐同起，也是一副视若无睹的样子。有一位公子嫖宿她，与她同吃同睡半个来月，却没听她说过一句话。一天，她的嘴巴蠕动了，帮闲见了十分惊喜，跑去禀报公子，说："王月生要开口说话了！"大家都以为这是件大吉大利的事情，赶紧跑去听。王月生涨得面红耳赤，又不肯开口了。在公子的再三恳求下，她才十分艰涩地吐出了两个字："家去。"

张东谷好酒

余家自太仆公[1]称豪饮，后竟失传，余父余叔至不能饮一蠡壳，食糟茄[2]，面即发赪，家常讌会，但留心烹饪，庖厨之精，遂甲江左。一簋进，弟兄争啖之立尽，饱即自去，终席未尝举杯。有客在，不待客辞，亦即自去。

山人[3]张东谷，酒徒也，每悒悒不自得。一日起谓家君曰："尔兄弟奇矣！肉只是吃，不管好吃不好吃；酒只是不吃，不知会吃不会吃。"二语颇韵，有晋人风味。而近有伧父载之《舌华录》[4]，曰："张氏兄弟赋性奇哉！肴不论美恶，只是吃；酒不论美恶，只是不吃。"字字板实，一去千里，世上真不少点金成铁手[5]也。

东谷善滑稽，贫无立锥，与恶少讼，指东谷为万金豪富，东谷忙忙走诉大父曰："绍兴人可恶，对半[6]说谎，便说我是万金豪富！"大父常举以为笑。

【注】

1. 太仆公：张岱的高祖张天复。曾官至太仆寺卿，故称其为太仆公。
2. 糟茄：一种具有药用价值的食品。做法为将紫茄子洗净切块，与酒糟、精盐放在瓷罐中，搅拌均匀，封口，放置一个月左右食用。
3. 山人：原本指隐士、处士，但大多是些豪门清客。
4.《舌华录》：明曹臣所编，万历年间刻行。广泛记载了上自远古、下至明代后期这一漫长时期内的趣事妙语。由于所取特在"仓卒口谈"，故名曰"舌华"。
5. 点金成铁：比喻把好事办坏。典出《景德传灯录·真觉大师灵照》："问：'还丹一粒，点铁成金；至理一言，点凡成圣。请师一点。'师曰：'还知齐云点金成铁吗？'曰：'点金成铁，未之前闻。至理一言，敢希垂示。'"
6. 对半：当面，绍兴方言。

【译】

我家从高祖太仆公起就以豪饮著称，可这种本领后来却失传了。我父亲和我叔叔都是连一螺壳的酒都喝不了的。不仅如此，他们甚至吃一点糟茄子都会脸红脖子粗。因此在家常宴会时，他们就只留心美食，而我家烹调之精，也逐渐达到了甲冠江南的地步。宴会时，往往是一盘菜上桌，兄弟几个立刻争先恐后将其吃光，肚子吃饱后就自顾离去了，直到席终也不举杯喝酒。即便是有客人在座，他们也不等客人告辞，自己吃饱了就走。

山人张东谷是个好酒之徒，却时常不能如愿。有一天，他对我父亲说："你们兄弟真是奇人！见肉就吃，也不管好吃不好吃；见酒就不吃，也不知会吃不会吃。"这两句话说得挺逗，颇有些魏晋风味。近来有个山野粗人将其写进了《舌华录》，说是："张氏兄弟赋性奇哉！肴不论美恶，只是吃；酒不论美恶，只是不吃。"字字确凿，可意韵上却差了千里。可见世上还真不缺"点金成铁"手啊。

张东谷为人好诙谐。他穷得无立锥之地，与一个恶少打官司时，却被指为家财万贯的大财主。他急忙跑来对我祖父诉苦，说是："绍兴人可恶，当面说谎，竟说我是大豪富！"我祖父常拿此事来说笑。

楼船

家大人造楼，船之；造船，楼之[1]。故里中人谓“船楼”，谓“楼船”，颠倒之不置[2]。是日落成，为七月十五[3]，自大父以下，男女老稚靡不集焉。以木排数重搭台演戏，城中村落来观者，大小千余艘。午后飓风起，巨浪磅礴，大雨如注，楼船孤危，风逼之几覆，以木排为戙[4]，索缆数千条，网网如织，风不能撼。少顷风定，完剧而散。越中舟如蠡壳，跼蹐[5]篷底看山，如矮人观场[6]，仅见鞋靸[7]而已，升高视明，颇为山水吐气。

【注】

1.“家大人”句：《琅嬛文集》卷四《家传》云：“先子屡困场屋，抑郁牢骚，遂病翻胃。先宜人忧之，谓岱曰：‘……其适意园亭，陶情丝竹，庶可以解其岑寂。’庚辰以来，遂兴土木，造船楼一二，教习小傒，鼓吹剧戏，一切繁靡之事，听先子任意为之。”文中“庚辰”当为“丙辰”之误，即万历四十四年，张岱时年二十岁。
2. 不置：不停。
3. 七月十五：道教称中元节，佛教称盂兰盆节，是民间三大鬼节之一。
4. 戙（dònɡ）：木船上系缆绳的木桩。
5. 跼蹐：狭窄局促的样子。
6. 观场：看热闹。
7. 靸（sǎ）：古代小儿穿的鞋子。前帮深而覆脚，无后帮。形制与之类似的拖鞋也称“靸”。

【译】

我父亲造楼，造成了船；造船，又造成了楼。所以乡里人称其为“船楼”，又称其为“楼船”，颠来倒去，说个不停。

落成那天是七月十五日，我家从祖父往下，男女老幼全都聚到了那里。又用好几层木排叠起来搭台演戏，而从城里以及各乡村赶来看戏的船只，大大小小的有一千多艘。

到了下午，突然狂风大作，巨浪滔天，大雨如注，楼船孤零零的十分危险，差点被风刮倒。于是就将木排当作缆桩，拴上了几千根绳索，就跟织就了一张大网似的，令狂风无法撼动楼船。不多一会儿风停了，继续演戏，大家等戏全都演完了这才散去。

绍兴的船小得像螺蛳壳，人局促在船篷底下看山，就跟矮子看热闹只看得到人家的鞋子一样，而一旦登上高高的楼船，没遮没拦，山水当前，令人大为畅快。

阮圆海戏

阮圆海[1]家优，讲关目[2]，讲情理，讲筋节[3]，与他班孟浪不同。然其所打院本[4]，又皆主人自制，笔笔勾勒，苦心尽出，与他班卤莽者又不同。故所搬演，本本出色，脚脚出色，出出出色，句句出色，字字出色。余在其家看《十错认》[5]《摩尼珠》[6]《燕子笺》[7]三剧，其串架斗笋[8]、插科打诨、意色眼目，主人细细与之讲明。知其义味，知其指归，故咬嚼吞吐，寻味不尽。至于《十错认》之龙灯、之紫姑[9]，《摩尼珠》之走解[10]、之猴戏，《燕子笺》之飞燕、之舞象、之波斯进宝，纸札装束，无不尽情刻画，故其出色也愈甚。阮圆海大有才华，恨[11]居心勿静，其所编诸剧，骂世十七，解嘲十三，多诋毁东林[12]，辩宥[13]魏党[14]，为士君子所唾弃，故其传奇不之著焉。如就戏论，则亦镞镞[15]能新，不落窠臼者也。

【注】

1. 阮圆海：阮大铖，字集之，号圆海，又号石巢、百子山樵，安庆人。万历四十四年进士，曾任给事中。初为东林党人，又因东林内部纷争而转投阉党魏忠贤。崇祯初被免职。明亡，福王在南京建弘光小朝廷，阮投靠马士英，任兵部尚书。南京沦陷后，降清，被杀。张岱与他虽有交往，对其戏曲成就也多有肯定，但不屑于其人格。张岱与阮交往当在崇祯十一年滞留南京时。
2. 关目：戏曲术语。指情节的安排和构思。
3. 筋节：戏曲术语。指戏曲情节发展的关键之处。
4. 院本：戏曲脚本，剧本。
5.《十错认》：一名《春灯谜》，叙宇文兄弟与韦氏姐妹因猜灯谜而相爱，后又经上错船、遭害遇救等种种离奇遭遇，最后得中功名，喜结良缘的故事。
6.《摩尼珠》：一名《牟尼合》，讲萧思远遇难而夫妻父子最终团圆的故事。
7.《燕子笺》：讲书生霍都梁和名妓华行云、贵家小姐郦飞云之间的爱情婚姻故事。以上三出戏都为阮大铖所创作。

8. 串架斗笋：情节与结构的衔接安排。
9. 紫姑：民间传说中的厕神名。又称子姑、坑三姑。
10. 走解：见卷四《兖州阅武》注。
11. 恨：遗憾。
12. 东林：东林党，明代后期，顾宪成与高攀龙、钱一本等人在无锡东林书院讲学，议论朝政，得到一些士大夫的支持，逐渐形成一个政治团体，被称“东林党”。
13. 辩宥（yòu）：辩护，帮着说好话。
14 魏党：以宦官魏忠贤为首的政治集团。
15. 镞镞：挺拔突出的样子。

【译】

阮圆海家的戏班子讲究剧情安排，讲究人物心理，讲究关节冲突，与其他戏班不着边际的做风大不相同。所采用的脚本又都是主人亲作的，笔笔勾勒，费尽苦心，也与其他戏班鲁莽草率的做风大不相同。所以他们演的戏，每一本都出色，每一角儿都出色，每一出都出色，每一句都出色，甚至每一字都很出色。我在他家看过《十错认》《摩尼珠》《燕子笺》三本戏，其架构衔接、插科打诨、意态神情，主人都详详细细地跟戏子交代清楚。也正因为戏子都明白了其中的情理，明确了表演上的追求，所以在咬字吐腔上都有着无穷的韵味。而像《十错认》中的“龙灯”“紫姑”，《摩尼珠》中的“走解”“猴戏”，《燕子笺》中的“飞燕”“舞象”“波斯进宝”等，纸札装束，都无不尽情刻画，所以愈发精彩出色了。阮圆海是非常有才华的，只可惜他的内心不肯安静，所编写的各种戏剧，骂世的占了十分之七，解嘲的占了十分之三，并且多有诋毁东林党，替魏党辩解开脱之处，为士人君子所唾弃，所以他写的传奇剧作也就流传不开了。倘若就戏论戏，倒也可谓是推陈出新、不落窠臼的。

巘花阁

巘花阁[1]在�芝亭松峡下，层崖古木，高出林皋，秋有红叶。坡下支壑回涡[2]，石踞[3]棱棱，与水相距[4]。阁不槛不牖[5]，地不楼不台，意政不尽也。五雪叔归自广陵，一肚皮园亭，于此小试。台之、亭之、廊之、栈道之，照面楼之侧，又堂之、阁之、梅花缠折旋之，未免伤板、伤实、伤排挤，意反蹐蹐，若石窟书砚。隔水看山、看阁、看石麓、看松峡上松，庐山面目反于山外得之。五雪叔属余作对，余曰："身在襄阳袖石[6]里，家来辋口[7]扇图中。"言其小处。

【注】

1. 巘（yǎn）花阁：园名，在绍兴卧龙山南麓。巘，山峰，山顶。
2. 支壑回涡：指水岸不齐，有许多支岔小湾，水流在此打旋。
3. 石踞：如脚趾一般突出的石棱。
4. 距：同"拒"。
5. 牖：窗。
6. 襄阳袖石：北宋书法家米芾是襄阳人，爱奇石，平日藏石于袖中，行住坐卧不离。
7. 辋口：辋川，诗人王维蓝田别业所在地。

【译】

巘花阁位于筠芝亭松峡下，层叠的石崖上长着古木，高出林野，一到秋天红叶灼然。山坡下，溪水在岸边打旋，突出的石棱如脚趾一般伸出，抗拒着溪水。阁上没有栏杆、没有窗户。地上不建楼也不造台。也正因为这样，才余韵悠长。

我五雪叔从广陵回来，装了一肚皮的园林，便要在这儿一试身手。他垒了台、造了亭、围了廊、铺了栈道，又在正面的高楼旁建了堂、阁，并曲折缠绕地种了许多梅花。这一切，未免失之呆板、塞实、拥挤，给人以局促之感，就像在石洞中摆放书籍、笔砚一样，施展不开。还不如隔着溪水来看这山、这阁，看石麓，看松峡上的松树，反倒能于山外看清这一“庐山面目”。

五雪叔要我就此情景作个对子，我就对道：“身在襄阳袖石里，家来辋口扇图中。”其实是说这儿被他弄得“小”了。

范与兰

范与兰[1]七十有三，好琴，喜种兰及盆池小景。建兰三十余缸，大如簸箕。蚤舁而入，夜舁而出者，夏也；蚤舁而出，夜舁而入者，冬也；长年辛苦，不减农事。花时，香出里外，客至坐一时，香袭衣裾，三五日不散。余至花期至其家，坐卧不去，香气酷烈，逆鼻不敢嗅，第[2]开口吞欲之，如沆瀣[3]焉。花谢，粪[4]之满箕，余不忍弃，与与兰谋曰："有面可煎，有蜜可浸，有火可焙，奈何不食之也？"与兰首肯余言。

与兰少年学琴于王明泉[5]，能弹《汉宫秋》《山居吟》《水龙吟》三曲。后见王本吾[6]琴，大称善，尽弃所学而学焉，半年学《石上流泉》一曲，生涩犹棘手。王本吾去，旋亦忘之，旧所学又锐意去之，不复能记忆，究竟终无一字，终日抚琴，但和弦而已。

所畜小景，有豆板黄杨[7]，枝干苍古奇妙，盆石称之。朱樵峰以二十金售之，不肯易，与兰珍爱，"小妾"呼之。余强借斋头三月，枯其垂一干，余懊惜，急舁归与兰。与兰惊惶无措，煮参汁浇灌，日夜摩之不置，一月后枯干复活。

【注】

1. 范与兰：见卷二《绍兴琴派》注。。
2. 第：只，仅仅。
3. 沆瀣（hàngxiè）：《夜航船》："沆瀣：夜半清气从北方起者，谓之'沆瀣'。"
4. 粪：扫除。
5. 王明泉：绍兴人，音乐家。张岱与范与兰等曾向他学琴。

6. 王本吾：见卷二《绍兴琴派》注。
7. 豆板黄杨：因叶小如豆板，故称。

【译】

范与兰已高龄七十有二，喜欢弹琴、种兰花、伺弄盆景。

他有建兰三十余缸，大如簸箕。夏天，早上抬进屋，晚上抬出屋；冬天，早上抬出屋，晚上抬进屋。为此，长工十分辛苦，一点儿也不比干农活儿轻松。到了花开时节，花香能传出一里开外，客人上他家里一坐，香气就渗入衣料，三五天不散。

我是一到开花季节就要去他家的，在那儿或坐或卧不肯轻易离去。由于香气过于浓烈，不敢用鼻子闻，只好张开嘴吸，就跟半夜里呼吸雾气似的。花谢后，往往满簸箕地打扫出来。我不忍心就这么扔掉，就跟他合计道：“这花瓣可以裹了面油炸，可以浸泡在蜂蜜之中，也可以用火将其烘干。为什么不吃了它呢？”他听后倒也十分赞同。

范与兰少年时曾跟着王明泉学琴，能够弹奏《汉宫秋》《山居吟》《水龙吟》这三支曲子。后来见识了王本吾的琴艺，佩服得五体投地，于是将先前所学的统统丢掉，转而跟他学琴。花了半年的时间，学了一曲《石上流泉》，也依旧手法生疏，没有入门。王本吾走后，他也很快就忘记了。这时，以前所学的东西已经被他刻意抛弃，一点也想不起来了。最后落得个一场空。如今他终日抚琴，只是调和一下琴弦罢了。

范与兰蓄养的盆景中，有一盆豆板黄杨，枝干苍古奇妙，花盆和配石也堪称相得益彰。朱樵峰出二十金要他出让，他不肯。范与兰十分珍爱这盆盆景，甚至肉麻地称其为“小妾”。我死乞白赖地将其借了来，在书桌上放了三个月，眼见得一根垂枝快要枯死了，我又懊悔又惋惜，忙不迭给他送回去。范与兰见状，一时间惊恐失措。后来他煎了参汤来浇灌，日夜抚摸，一个月之后，枯枝居然又复活了。

蟹会

食品不加盐醋而五味全者，为蚶，为河蟹。河蟹至十月与稻梁俱肥，壳如盘大，坟起，而紫螯巨如拳，小脚肉出，油油如螾蜒[1]。掀其壳，膏腻堆积，如玉脂珀屑，团结不散，甘腴虽八珍[2]不及。一到十月，余与友人兄弟辈立蟹会，期于午后至，煮蟹食之，人六只，恐冷腥，迭番煮之。从以肥腊鸭、牛乳酪。醉蚶如琥珀，以鸭汁煮白菜如玉版[3]。果蓏以谢橘、以风栗、以风菱。饮以玉壶冰[4]，蔬以兵坑[5]笋，饭以新余杭白[6]，漱以兰雪茶。繇今思之，真如天厨仙供，酒醉饭饱，惭愧惭愧。

【注】

1. 螾蜒（yǐnyán）：蚰蜒。
2. 八珍：八种珍贵的食品，包括龙肝、凤髓、豹胎、鲤尾、鸮炙、猩唇、熊掌、酥酪蝉。后泛指珍馐美味。
3. 玉版：此指竹笋。《夜航船》：“玉版：苏东坡邀刘器之参玉版禅师。至寺，烧笋，觉味胜，坡曰：‘名玉版也。’作偈云：‘不怕石头路，来参玉版师。聊凭锦珠子，与问箨龙儿。’”
4. 玉壶冰：此处泛指美酒。
5. 兵坑：绍兴地名，以产笋干著名。
6. 余杭白：浙江余杭所产精米。

【译】

食品之中不用加盐和醋而本身五味俱全的，有蚶，有河蟹。河蟹到了十月就与稻梁等庄稼一起成熟了。这时，蟹壳大如盘，中部隆起，而两只长着紫毫的蟹螯竟有拳头那么大，连小脚里也满是肉，油亮亮跟蚰蜓似的。掀开蟹壳，里面堆着膏腻，如同玉脂珀屑一般，实实地聚作一团，而味道之鲜美甘腴则是连“八珍”也望尘莫及的。

以往每到十月，我就与朋友兄弟等举办蟹会。通常约在午后，煮蟹来吃，每人六只。怕它冷了有腥味儿，就随煮随吃。配菜有肥腊鸭和牛乳酪。还有色如琥珀的醉蚶，和用鸭汤煮得跟嫩笋似的大白菜。水果有谢橘、风栗、风菱。酒喝的是“玉壶冰”，蔬菜吃的是兵坑笋，饭则是用“新余杭白”煮的，最后用兰雪茶漱口。如今回想起来，这些美味佳肴真像天厨仙供一般，酒醉饭饱，唯觉惭愧。

露兄

崇祯癸酉[1]，有好事者开茶馆，泉实玉带[2]，茶实兰雪，汤以旋煮，无老汤，器以时涤，无秽器，其火候、汤候，亦时有天合之者。余喜之，名其馆曰“露兄”，取米颠“茶甘露有兄”[3]句也。为之作《斗茶檄》，曰：

水淫[4]茶癖[5]，爰有古风；瑞草雪芽，素称越绝。特以烹煮非法，向来葛灶[6]生尘[7]；更兼赏鉴无人，致使羽经[8]积蠹。迩者择有胜地，复举汤盟[9]，水符[10]递自玉泉，茗战[11]争来兰雪。瓜子炒豆，何须瑞草桥边[12]；橘柚楂梨，出自仲山圃[13]内。八功德水[14]，无过甘滑香洁清凉；七家常事[15]，不管柴米油盐酱醋。一日何可少此，子猷竹庶可齐名[16]；七碗吃不得了，卢仝茶不算知味[17]。一壶挥麈[18]，用畅清谈；半榻焚香，共期白醉[19]。

【注】

1. 崇祯癸酉：崇祯六年。
2. 玉带：指绍兴惠泉，见卷三《禊泉》篇注。
3. 米颠：北宋书画家米芾，因举止癫狂，被人称为“米颠”。茶甘露有兄：语出北宋庄绰《鸡肋编》卷上：“其作文亦狂怪。尝作诗云：‘饭白云留子，茶甘露有兄。’人不省‘露兄’故实，叩之，乃曰：‘衹是甘露哥哥耳。”
4. 水淫：典出《南史·何佟之》：“（何佟之）性好洁，一日之中洗涤者十余过，犹恨不足，时人称为水淫。”另据《宣和书谱》：“（米芾）性好洁，世号水淫。”
5. 茶癖：唐朝陆羽，爱茶成癖。
6. 葛灶：晋葛洪好炼丹，后人遂将神仙家炼丹之灶称葛灶。此指茶灶。
7. 生尘：东汉桓帝时，范丹遭党锢之祸，罢官在家，绝粮断炊，然穷居自若。汉末乐府有：“甑中生尘范史云，釜中生鱼范莱芜”之句。
8. 羽经：唐代陆羽所著《茶经》。
9. 汤盟：一称“汤社”，即茶汤之会。《夜航船》：“汤社：和凝在朝，率同列递日以茶相饮，味劣者有罚，号为‘汤社’。”
10. 水符：此指煮茶之水。符，兵符。此为虚指，以对应上文中的“盟”和下文中的“战”。
11. 茗战：《夜航船》：“茗战：建人以斗茶为茗战。”
12. 瓜子炒豆，何须瑞草桥边：典出宋苏轼《与王元直》：“但犹有少望，或圣恩许归田里，得款段一，仆与子众丈、杨宗文之流，往来瑞草桥，夜还河村，与君对坐庄门，吃瓜子炒豆，不知当复有此日否？”
13. 仲山圃：或指哀仲家梨园。《世说新语·轻诋》：“桓南郡每见人不快，辄嗔云：‘君得哀家梨，当复不蒸食不？’”
14. 八功德水：佛教认为阿弥陀佛极乐净土池中的水有八种功德。《夜航船》：“八功德水：一清、二冷、三香、四柔、五甘、六净、七不噎、八除病。北京西山、南京灵谷，皆取此义。”
15. 七家常事：日常生活中的七种必需品：柴、米、油、盐、酱、醋、茶。
16.“一日”二句：典出《世说新语·任诞》：“王子猷尝暂寄人空宅住，便令种竹。或问：‘暂住，何烦尔？’王啸咏良久，直指竹曰：‘何可一日无此君？’”
17.“七碗”二句：语出唐卢仝《走笔谢孟谏议寄新茶》诗。《夜航船》：“卢仝七碗：卢仝《歌》：一碗喉吻润，二碗破孤闷；三碗搜枯肠，惟有文字五千卷；四碗发轻汗，平生不平事，尽向毛孔散；五碗肌骨清，六碗通仙灵；七碗吃不得也，惟觉两腋习习清风生。”卢仝，号玉川子，爱茶成癖，后人称之为“茶仙”。
18. 挥麈（zhǔ）：指清谈。《夜航船》：“麈：出终南诸山。鹿之大者曰‘麈’，群鹿随之，视麈尾为响道，故古之谈者挥焉。”
19. 白醉：浮白酒醉，即畅饮而醉。

【译】

崇祯六年，有好事者开了一家茶馆。泉水用正宗的玉带泉，茶叶用正宗的兰雪茶，开水是现煮的，不用先前煮过的，器皿时常洗涤，全都干干净净。煮茶的火候与冲茶的时机也常能把握得恰到好处，简直可说“天作之合”。因而我非常喜欢，用米颠“茶甘露有兄”之意，给茶馆取名为“露兄”，并写了一篇《斗茶檄》如下：

“水淫”“茶癖”，自然是古人风尚；“瑞草”“雪芽”，向来是越地佳品。以前烹煮不得法，长使茶灶蒙尘；况且没人鉴赏，空让《茶经》生虫。近来有人择佳地开设茶馆，重兴饮茶品茗的雅会。水，从玉带泉调来；茶，专用兰雪名茶。瓜子炒豆，何必非要瑞草桥边；橘柚楂梨，都出自仲山果圃之内。所谓八功德水，也无非是甘、滑、香、洁、清、凉；开门七件事，还管他什么柴、米、油、盐、酱、醋。不可一日无茶，只有王子猷之爱竹勉强齐名；说什么“七碗吃不得了”，卢仝还不够懂茶。泡上一壶，挥麈清谈，是何等畅快；斜倚半榻，焚香一炉，让我们一起沉入醉乡吧。

闰元宵

崇祯庚辰[1]闰正月，与越中父老约重张五夜灯[2]，余作《张灯致语[3]》曰：两逢元正[4]，岁成闰于摄提[5]之辰；再值孟陬[6]，天假人以闲暇之月。《春秋传》详记二百四十二年事，春王正月，孔子未得重书[7]；开封府更放十七、十八两夜灯[8]，乾德[9]五年，宋祖犹烦钦赐。兹闰正月者，三生奇遇，何幸今日而当场；百岁难逢，须效古人而秉烛。况吾大越，蓬莱[10]福地，宛委[11]洞天。大江以东，民皆安堵；遵海[12]而北，水不扬波。含哺嬉兮[13]，共乐太平之世界；重译至者，皆言中国有圣人[14]。千百国来朝，白雉之陈无算；十三年于兹，黄耇之说有征[15]。乐圣衔杯[16]，宜纵饮屠苏之酒[17]；较书分火，应暂辍太乙之藜[18]。前此元宵，竟因雪妒，天亦知点缀丰年[19]；后来灯夕，欲与月期，人不可蹉跎胜事[20]。六鳌山[21]立，祇说飞来东武[22]，使鸡犬不惊；百兽[23]室悬，毋日下守海澨[24]，唯鱼鳖是见。笙箫聒地，竹椽出自柯亭[25]；花草盈街，禊帖携来兰渚。士女潮涌，撼动蠡城[26]；车马雷殷，唤醒龙屿[27]。况时逢丰穰，呼庚呼癸[28]，一岁自兆重登；且科[29]际辰年，为龙为光[30]，两榜必征双首。莫轻此五夜之乐，眼望何时？试问那百年之人，躬逢几次？敢祈同志，勿负良宵。敬藉赫蹄[31]，喧传口号。

【注】

1. 崇祯庚辰：崇祯十三年。是年闰正月。
2. 五夜灯：传北宋起，朝廷允许民间于正月十五日元宵节前后放灯五夜，称五夜灯。

3. 致语：节庆开始时的颂辞，多为歌颂天下太平的陈词滥调。
4. 元正：正月元日，元旦。
5. 摄提：摄提格，古代曾用太岁在天宫的运转方向来纪年，太岁指向寅宫之年被称为“摄提格”。此处用来代指岁星纪年，正值辰年。
6. 孟陬（zōu）：农历正月。
7. “春王正月”句：《春秋》每年正月照例书写“春王正月”，但整个春秋二百四十二年中没有写一年两遍“正月”的。意谓没有一个闰正月。
8. “开封”二句：典出宋王林《燕翼诒谋录》卷三：“国朝故事，三元张灯。太祖乾德五年正月甲辰诏曰：‘上元张灯，旧止三夜，今朝廷无事，区宇乂安，方当年谷之丰登，宜纵士民之行乐，其令开封府更放十七、十八两夜灯。’后遂为例。”
9. 乾德：宋太祖赵匡胤年号。
10. 蓬莱：山名，在绍兴城北，有云海风洞之奇及墨池、浴日亭诸胜，故称“福地”。
11. 宛委：山名，又称石篑山、玉笥山、天柱山，在会稽东南，有洞曰“阳明洞天”。
12. 遵海：沿着海岸。
13. 含哺嬉兮：指人民生活安乐。语出《庄子·马蹄》：“含哺而熙，鼓腹而游，民能以此矣。”
14. “重译”句：语出《尚书大传》：周成王时，越裳氏重译而朝，献白雉于周公，曰：“吾受命吾国之黄耇曰：‘久矣，天之无烈风雷雨，意者中国有圣人乎？有则盍往朝之。”
15. “十三年”句：典出汉张良遇黄石公的传说。黄耇（gǒu）：年老。
16. 乐圣衔杯：典出《三国志·魏书·徐邈传》：“时科禁酒，而邈私饮至于沉醉。校事赵达问以曹事，邈曰：‘中圣人。’达白之太祖，太祖甚怒。度辽将军鲜于辅进曰：‘平日醉客谓酒清者为圣人，浊者为贤人，邈性修慎，偶醉言耳。’竟坐得免刑。”
17. 屠苏之酒：屠苏酒，酒名。古代习俗，每年的农历正月初一，全家人在一起饮屠苏酒。《夜航船》卷一《屠苏酒》：“屠苏，庵名。汉时有人居草庵造酒，除夕以药囊浸酒中，辟除百病，故元日饮之。”
18. “较书”二句：典出晋王嘉《拾遗记》卷六：“刘向于成帝之末，校书天禄阁，专精覃思。夜有老人，着黄衣，植青藜杖，登阁而进，见向暗中独坐诵书，老父乃吹杖端，烟然，因以见向，说开辟已前。向因受《五行洪范》之文，恐辞说繁广忘之，乃裂裳及绅，以记其言，至曙而去。向请问姓名，云：‘我是太一之精。天帝闻金卯之子有博学者，下而观焉。’乃出怀中竹牒，有天文地图之书，曰：‘余略授子焉。’至向子歆，从向受其术，向亦不悟此人焉。”较，即“校”，张岱为避明熹宗朱由校之讳，故作“较”。
19. “前此”句：瑞雪兆丰年。
20. “后来”句：意谓这个元宵灯会，希望遇上晴月之夜，从而不空废人间胜事。
21. 鳌山：元宵节时布置花灯，叠成鳌形，高峻如山，称为“鳌山”。
22. 东武：东武山，又称“龟山”“怪山”“塔山”。
23. 百兽：指各种野兽形状的彩灯。
24. 海澨（shì）：海滨。
25. 竹椽出自柯亭：《夜航船》：“柯亭竹椽：蔡中郎避难江南，宿柯亭，听庭中第十六条竹椽迎风有好音，中郎曰：‘此良竹也。’取以为笛，声音独绝，历代相传，后折于孙绰妓之手。”

26. 蠡城：指春秋越国都城，因范蠡而得名。

27. 龙屿：指龙山、卧龙山。此代指绍兴。

28. 呼庚呼癸：呼庚癸。典出《左传》。《夜航船》：“呼庚癸：吴申叔仪乞粮于晋，公孙有山氏对曰：‘粱则无矣，粗则有之。若登首山，以呼曰“庚癸”乎，则诺。’庚，西方，主谷。癸，北方，主水。教以隐语也。”

29. 科：科举考试。此指崇祯十三年会试。

30. 为龙为光：语出《诗经·小雅·蓼萧》：“既见君子，为龙为光。”郑玄笺：“言天子恩泽光耀被及己也。”

31. 赫蹄：一种西汉中期以后流行的薄纸。后借指纸。

【译】

崇祯十三年闰正月，我跟绍兴的父老约定重办连续五夜的灯会。为此，我还写了一篇《张灯致语》如下：

两度遇到元旦，闰月成于摄提；又是一个正月，正是上天赐给人们的闲暇。《春秋传》里详细记载着二百四十二年间的大事，但“春王正月”这句话，孔子在一年内从未写过两遍；当年开封府多放了十七、十八两夜的灯，那是乾德五年，宋太祖的特别恩典。这次的闰正月，真是三生的奇遇，今天能躬逢其时，是多么荣幸；值此百岁难逢的佳日，是一定要效法古人秉烛夜游的。更何况我们绍兴这地方，本就是蓬莱仙境，洞天福地。大江以东，人民安居乐业；海岸以北，一片风调雨顺。我们丰衣足食，共享太平盛世之乐事；远来的客人，都说“中国有圣人”。前来朝贡的国家成千上百，所献的奇珍异宝数不胜数；崇祯朝于今已到了十三年，可见黄耇老人的说法不虚。喜欢喝酒的人，正当畅饮屠苏酒；还在用功的人，也应该熄灯放松一下了。前一个元宵，遭到大雪的嫉妒而没有办成灯会，想来是老天爷派它来点缀一下丰年的；后面这一个灯会之夜，我们要与明月相约，哪能随便虚度？六座高耸的鳌山，只当是天外飞来的东武山，它们悄然而至，鸡犬不惊；室内悬挂着百兽之灯，别让人以为我们守在海边，看到的尽是鱼鳖之类。满地喧嚣的笙箫管乐，都是用柯亭的竹子制成的；满街鲜美的花草，都因偷看从兰渚骗来的禊帖而生。士女潮涌，足以撼动绍兴城；车马雷鸣，仿佛要唤醒卧龙。去年已获丰收，仓廪充盈，预兆今年仍是五谷丰登；又值辰年开考之际，承蒙皇上恩典，定要两榜都得第一。不要轻视这五个夜晚的张灯之乐，下一次还不知道在什么时候呢！不信你去问问那百岁老人，一生之中总共遇到过几次。我希望同好之人，不要辜负了如此良宵。谨以此小文，聊作称颂宣传。

合采牌

余作“文武牌”[1]，以纸易骨，便于角斗，而燕客[2]复刻一牌，集天下之斗虎、斗鹰、斗豹者，而多其色目、多其采，曰“合采牌”[3]。余为之作叙曰：

太史公[4]曰：“凡编户之民，富相什则卑下之，伯则畏惮之，千则役，万则仆，物之理也[5]。”古人以钱之名不雅驯，缙绅先生难道之[6]，故易其名曰赋、曰禄、曰饷，天子千里外曰采[7]。采者，采其美物以为贡，犹赋也[8]。诸侯在天子之县内曰采[9]，有地以处其子孙亦曰采，名不一，其实皆谷也，饭食之谓也。周封建多采[10]则胜，秦无采则亡。采在下无以合之，则齐桓、晋文[11]起矣。列国有采而分析之，则主父偃[12]之谋也。繇[13]是而亮采[14]、服采[15]，好官不过多得采耳。充类至义之尽[16]，窃亦采也，盗亦采也，鹰、虎、豹繇此其选也[17]。然则奚为而不禁？曰：“小役大，弱役强，斯二者天也。”[18]《皋陶谟》[19]曰：“载采采。”[20]微[21]哉、之[22]哉、庶[23]哉！

【注】

1. “文武牌”：叶子牌的一种，以文武官职为名色，可用来娱乐或赌博。
2. 燕客：见卷一《天砚》注。
3. 合采牌：采，指牌中的花色。斗虎、斗鹰、斗豹应该都是当时的叶子牌名。张燕客吸取各种叶子牌的花色，自创一种新牌，因为是聚合众采的缘故，所以称为“合采牌”。
4. 太史公：此指司马迁。
5. “凡编户”六句：引自《史记·货殖列传》。
6. 难道之：作者在其《琅嬛文集·合采牌序》中作“难言之”。语出《史记·五帝本纪》：“百家言黄帝，其文不雅驯，荐绅先生难言之。”雅驯，典雅不俗；

荐绅，即缙绅。
7. 采：《礼记·王制》：天子"千里之内曰甸，千里之外，曰采，曰流"。采指王畿以外较近的地方。这里作者故意将纸牌花色之"采"与他义混淆。
8. 贡，犹赋也：贡、赋都是税的意思。
9. "诸侯"句：夏朝时天子所治理的范围。《礼记·王制》："天子之县内，方百里之国九。"郑玄注："县内，夏时天子所居州界名也。"
10. 采：此指封国。
11. 齐桓、晋文：齐桓公、晋文公，春秋五霸之一。齐桓公称霸，曾九合诸侯。晋文公称霸后，也曾屡合诸侯。该句中的"采"，代指诸侯国。
12. 主父偃：西汉官员，历任郎中、谒者、中郎、中大夫等，曾向汉武帝提出旨在削弱诸侯王势力的"推恩法"，事见《史记·平津侯主父列传》。《夜航船》云："分封大国：汉患诸侯强，主父偃谋令诸侯以私恩，自裂地封其子弟，而汉为定其封号。汉有厚恩，而诸侯自分析弱小云。"
13. 繇：同"由"。
14. 亮采：协助天子处理政事。
15. 服采：朝祭之近臣。
16. 充类至义之尽：语出《孟子·万章下》："夫谓非其有而取之者，盗也，充类至义之尽也。"意谓以此类推。故下文将"采"引申到窃、盗，因为他们本质上与官僚没什么不同。
17. 繇此其选也：语出《礼记·礼运》："禹、汤、文、武、成王、周公，由此其选也。"意谓夏禹、商汤、周文王、周武王、周成王、周公，他们就是依照这种礼义标准选拔出来的。
18. "小役大"三句：《孟子·离娄上》："天下无道，小役大，弱役强，斯二者天也。"役，役于，被役使。意为：天下得不到治理的时候，小的被大的所役使，弱的被强的所役使，这两种情况都是天意。
19.《皋陶谟》：《尚书·虞书》中的一篇。皋陶，是舜帝的大臣，掌管刑法狱讼。谟，谋。本篇为记录君臣谋议国事的重要文献。
20. 载采采：语出《尚书·皋陶谟》："都，亦行有九德，亦言其人有德，乃言曰'载采采'。"意谓人性有九种德行，评价一个人有德行，就要从他所干的很多事情来考察取证。
21. 微：微妙。
22. 之：疑为"旨"之误。
23. 庶：丰富，众多。

【译】

我做了一副"文武牌"。为便于斗牌，用纸张代替了骨头。燕客也刻了一副牌，简直是集天下斗虎、斗鹰、斗豹牌之大成，因名目花色很多，所以称其为"合采牌"。我特为此作序如下：

太史公说："大凡户籍小民，遇到财富多出自己十倍的人就会低声下气，遇到多出自己百倍的人就会觉得害怕，遇到多出自己千倍的人就会被他所役使，遇到多出自己万倍的人就会做他的奴仆，世间的道理就是这样的。"

古人觉得"钱"字不雅，有身份的人是说不出口的，所以就改了个名号，称其为"赋""禄""饷"。天子千里之外的土地叫作"采"。所谓"采"，就是采其精美之物为贡品，跟"赋"是一个意思。诸侯在天子辖内叫作"采"，安排其子孙的地方也叫作"采"，名称不同，其实都指谷物，也就是饭食的意思。周朝的封建制因"采"多而兴盛，秦朝因无"采"而灭亡。"采"若在下而又不能加以统合，那么齐桓公、晋文公这些霸主就发展起来了。而主父偃的计谋是，要分割各诸侯王的"采"而削弱之。又有什么"亮采""服采"的说法，可见好官也不过多得"采"而已。以此类推，"窃"也是"采"，"盗"也是"采"，鹰、虎、豹之类也是这样选出来的。那么为什么不加以禁止呢？有道是："小的受大的役使，弱的受强的役使，这两种情况都是天意。"《皋陶谟》上说："载采采。"啊！是多么微妙！多么有味！多么丰富啊！

瑞草谿亭

瑞草谿亭为龙山支麓，高与屋等。燕客相其下有奇石，身执虆臿[1]，为匠石先，发掘之。见土葷[2]土，见石甃[3]石，去三丈许，始与基平，乃就其上建屋。屋今日成，明日拆，后日又成，再后日又拆，凡十七变而谿亭始出。盖此地无谿也而谿之，谿之不足，又潴之、壑之，一日鸠工[4]数千指[5]，索性池之，索性阔一亩，索性深八尺。无水，挑水贮之，中留一石如案，回潴浮峦[6]，颇亦有致。燕客以山石新开，意不苍古，乃用马粪涂之，使长苔藓，苔藓不得即出，又呼画工以石青、石绿皴[7]之。一日左右视，谓此石案焉可无天目松数棵盘郁其上，遂以重价购天目松五六棵，凿石种之。石不受锸[8]，石崩裂，不石不树，亦不复案。燕客怒，连夜凿成砚山[9]形，缺一角，又葷一岩石[10]补之。燕客性卞急[11]，种树不得大，移大树种之，移种而死，又寻大树补之。种不死不已，死亦种不已，以故树不得不死，然亦不得即死。谿亭比旧址低四丈，运土至东多成高山，一亩之室，沧桑忽变。见其一室成，必多坐看之，至隔宿或即无有矣。故谿亭虽渺小，所费至巨万焉。燕客看小说：姚崇[12]梦游地狱，至一大厂，炉鞴[13]千副，恶鬼数千，铸泻甚急，问之，曰："为燕国公[14]铸横财。"后至一处，炉灶冷落，疲鬼一二人鼓橐，奄奄无力，崇问之，曰："此相公财库也。"崇寤而叹曰："燕公豪奢，殆天纵也。"燕客喜其事，遂号"燕客"。二叔[15]业[16]四五万，燕客缘手[17]立尽。甲申[18]，二叔客死淮安[19]，燕客奔丧，所积薪俸及玩好、币帛之类又二万许，燕客携归，甫三月又辄尽，时人比之“鱼宏[20]四尽”焉。豁亭住宅，一头造，一头改，一头卖，翻山倒水无虚日。有夏耳金[21]者，制灯剪綵为花，亦无虚日。人称耳金为“败落隋炀帝”，称燕客为“穷极秦始皇”，可发一粲。

【注】

1. 虆臿（léichā）：虆，土筐；臿，掘土的农具。
2. 輂（jú）：用车来运的意思。
3. 甃（zhòu）：砌。
4. 鸠工：聚集工匠。
5. 数千指：数百人。
6. 回潴浮峦：池水环回，池中浮一块山峦一般的巨石。
7. 皴（cūn）：中国画的一种技法，用淡干墨涂染以表现山石纹理、峰峦折痕及树身表皮的脉络、形态。
8. 锸（chā）：铁锹类工具。
9. 砚山：砚台的一种。利用山形之石，中凿为砚，砚附于山，故名。
10. 峃（què）石：大石。
11. 卞急（biànjí）：急躁。
12. 姚崇：唐开元年间宰相。
13. 炉鞴（bèi）：火炉鼓风用的皮囊，此指熔炉。
14. 燕国公：张说，唐玄宗时官至中书令，封燕国公。
15. 二叔：张岱二叔尔葆是张萼（燕客）之父。
16. 业：财产。
17. 缘手：随手，顺手。
18. 甲申：崇祯十七年，这年明朝灭亡。
19. “二叔”句：当时张尔葆任扬州司马，分署淮安，李自城破河南后淮安告急，张尔葆练乡兵守清江浦，积劳成疾而死。
20. 鱼宏四尽：鱼宏，当为“鱼弘”。典出《梁书·鱼弘传》：“（鱼弘）常语人曰：‘我为郡，所谓四尽：水中鱼鳖尽，山中獐鹿尽，田中米谷尽，村里民庶尽。丈夫生世，如轻尘栖弱草，白驹之过隙。人生欢乐富贵几何时！’”鱼弘，南朝梁将领。身长八尺，白皙美姿容。累从征讨，常为军锋，迁平西湘东王司马，新兴、永宁二郡太守，卒于官。
21. 夏耳金：见卷四《世美堂灯》注。

【译】

瑞草溪亭所在的高地原本就是卧龙山支麓，跟屋顶一般高。燕客踏勘后觉得那下面有奇石，就亲自带着铁锹、簸箕，领着石匠，到那里去发掘。他见土运土，见石垒石，挖了三丈左右，才与地基一样平，于是就在那上面盖房子。房子今天盖好，明天就拆掉，后天再盖起来，大后天又拆掉，反反复复折腾了十七次，溪亭才终于成形了。

那地方原本没有溪，他就挖了一条溪，挖了溪还嫌不够，又挖了水塘、沟渠。一天之内动用民工数百人，最后索性挖成了池塘，索性让它有一亩开阔，索性让它深达八尺。没有水，就挑水来蓄。池塘里留有一块石头，形状像一张桌子，小山一般地浮在池水中，倒也颇为雅致。燕客觉得这块新开出的山石，毫无苍然古趣，就将马粪涂在上面，让它长苔藓，苔藓长不出来，又叫画工来用石青、石绿之类的颜料画上去。

有一天，他左看右看，说这个石桌上怎么可以没几棵蓊郁的天目松呢？于是就花了大价钱买来五六棵天目松，要凿开了石头种下去。谁知那石头一凿就崩裂了，弄得石头不像石头，树不像树的，连桌子的模样也没有了，燕客大怒，连夜将它凿成砚山的形状，不过缺了一角，又运来一块大石头补了上去。

燕客的性子太急，看看自己种的树老不长大，就移大树来种上，移来的树死掉了，再去找大树来补上。总之他是种不死不罢休，种死了也不罢休，所以树不得不死，但也不会马上就死。

溪亭比旧址低了四丈，而运土到东边后却堆了高山。一亩地大小的房舍，居然也会沧桑突变。我看到他建成一间屋子，一定要去多坐一会儿，多看一会儿，因为过了一夜再来看，或许就没有了。正因为这样，溪亭虽然很小，却耗资巨万。

燕客看小说，看到：姚崇梦游地狱，来到一个大工棚，里面有上千副熔炉、风箱，几千个恶鬼在里面劳作，正在忙碌地浇铸着什么，询问后小鬼回答说："在给燕国公铸横财。"后来又到了一个地方，见炉灶冷落，只有一两个累得不行的小鬼有气无力地拉风箱。姚崇问后，回答说："这就是相公您的金库啊。"姚崇梦醒后感叹道："可见燕公的豪奢，是老天爷所纵容的呀。"他很喜欢这个故事，于是就自号"燕客"。

我二叔的家业有四五万两，却被燕客随手耗尽。崇祯十七年，我二叔客死淮安，燕客去奔丧，我二叔积累下的薪俸以及古玩等财物也有两万两左右的价值。燕客将其带回家后，仅三个月又被他花了个精光。当时，人们将他的行为比作"鱼弘四尽"。

溪亭的房子也是这样，一边造，一边改，一边卖，翻山倒水似的，每天都忙个不停。有个叫作夏耳金的人，制彩灯，剪彩花，也每天忙个不停。于是人们就称夏耳金为"败落隋炀帝"，称燕客为"穷极秦始皇"。这说法或可惹人一笑吧。

琅嬛福地[1]

陶庵梦有宿因，常梦至一石厂[2]，峆窅岩窅[3]，前有急湍洄溪，水落如雪，松石奇古，杂以名花。梦坐其中，童子进茗果，积书满架，开卷视之，多蝌蚪、鸟迹、辟历篆文[4]，梦中读之，似能通其棘涩[5]。闲居无事，夜辄梦之，醒后伫思，欲得一胜地仿佛为之。郊外有一小山，石骨棱砺，上多筠篁，偃伏园内。余欲造厂[6]，堂东西向，前后轩之，后磥[7]一石坪，植黄山松数棵，奇石峡之。堂前树娑罗二，资其清樾。左附虚室[8]，坐对山麓，磴磴齿齿[9]，划裂如试剑，扁曰"一丘"。右踞厂阁[10]三间，前临大沼，秋水明瑟[11]，深柳读书，扁曰"一壑"。缘山以北，精舍小房，绌屈蜿蜒，有古木，有层崖，有小涧，有幽篁，节节有致。山尽有佳穴，造生圹，俟陶庵蜕焉，碑曰"呜呼陶庵张长公之圹"[12]。圹左有空地亩许，架一草庵，供佛，供陶庵像，迎僧住之奉香火。大沼阔十亩许，沼外小河三四摺，可纳舟入沼。河两崖皆高阜，可植果木，以橘、以梅、以梨、以枣，枸菊围之。山顶可亭。山之西鄙[13]，有腴田二十亩，可秫[14]可粳。门临大河，小楼翼之，可看炉峰[15]、敬亭[16]诸山。楼下门之，扁曰"琅嬛福地"。缘河北走，有石桥极古朴，上有灌木，可坐、可风、可月。

【注】

1. 琅嬛福地：传说中仙人所居的洞府。典出元伊世珍《琅嬛记》："华心乐之，欲赁住数十日，其人笑曰：'君痴矣。此岂可赁地耶？'即命小童送出。华问地名，对曰：'琅嬛福地也。'"

2. 厂（hǎn）：山崖边较浅的岩穴，可住人。
3. 峆窅岩窪（kǎnyǎoyánfù）：山石险峻，洞穴幽深。峆，同“坎”；窅，深目。此为深邃的意思；窪，洞窟。
4. 蝌蚪、鸟迹、辟历篆文：皆为古文字。《夜航船》：“字祖：蝌蚪书乃字之祖。庖牺氏有龙瑞，作龙书。神农有嘉穗，作穗书。黄帝因卿云作云书。尧因灵龟作龟书。夏后氏作钟鼎，有钟鼎书。朱宣氏有凤瑞，作凤书。周文王因赤雁衔书，武王因丹鸟入室作鸟书，因白鱼入舟作鱼书。周宣王史籀始为大篆，名‘籀篆’。李斯始为小篆，名‘玉箸篆’。”
5. 棘涩：艰涩难懂。
6. 厂：宽大的棚屋。
7. 磥（lěi）：同“垒”，堆砌。
8. 虚室：空房间，没有装饰的房间。
9. 磴磴（dèng）齿齿：排列整齐的样子。
10. 厂阁：下为敞屋的楼阁。
11. 明瑟：莹净。
12. “造生圹”三句：张岱在其《自为墓志铭》中有云：“曾营生圹于项王里之鸡头山，友人李研斋题其圹曰：‘呜呼！有明著述鸿儒陶庵张长公之圹。’”生圹，在世时预造的坟墓；蜕，遗体，此作动词，即安置遗体。
13. 西鄙：西边。
14. 秫（shú）：秫，高粱，可酿烧酒。
15. 炉峰：见卷五《炉峰月》。
16. 敬亭：见卷一《筠芝亭》注。

【译】

我做梦时会梦到前世的因缘。譬如说，我时常会梦见自己来到一个险峻幽深的石窟，石窟前有湍急回旋的溪流，溪水最后会如同白雪一般泻落下去。松树、岩石都十分奇特古朴，其间还点缀着名贵的花卉。在梦里，我坐在这样的环境里，有童子端来茶水、点心。书架上摆满了书，翻开一看，好多是用蝌蚪文、鸟迹文、霹雳篆文等上古文字写就的。我在梦里读来，尽管也觉得十分艰涩，但似乎大致都能读懂。

闲居无事，夜里动不动就会做这样的梦。醒来后细细回味，很想找个好地方来仿造梦境。

郊外有一座小山，岩石突兀嶙峋，山上尽是竹丛。这座小山就这么卧伏在一个园子内。我打算造一个棚屋，厅堂是东西向的，前后都有门窗，后面垒砌一个石坪，种上几棵黄山松，周边点缀些奇石怪岩。堂前种两棵娑罗树，要借它的树荫来增添清凉之意。左面附带一个素雅的房间，坐在里面正好面对山麓。山岩层次分明，裂纹处就跟试剑时留下的痕迹一般。题匾为“一丘”。右边是三间带敞屋的楼阁，前面是一个大池塘。待到秋水明净时节，就可在浓郁的柳荫下读书。题匾为“一壑”。

绕着小山往北走，有些精致的小房子，再蜿蜒曲折往前去，有古树、层崖、小涧、幽篁，每一处都有情致。

小山尽头的地块风水很好，我要在那儿建个生圹，等我死了就安置在那儿。墓碑上题写“呜呼陶庵张长公之圹”。生圹的左边有块一亩大小的空地，空地上要搭个草庵，草庵里供上佛像，也供上陶庵像。再请个和尚住在里面供奉香火。

一个池塘有十来亩大小，池塘外有三四条小河，可划船进入。河两岸都是高丘，可以种植果木。用橘树、梅树、梨树、枣树以及枸杞、菊花来将山丘围住。山顶上可以修个亭子。山的西边，有良田二十亩，可以种酿酒的高粱和煮饭的稻米。门前是一条大河，建个带飞檐的小楼，登上小楼就可远眺炉峰、敬亭等山。楼下开门，题匾为“琅嬛福地”。沿河往北走，有一座极为古朴的石桥，桥上长着灌木。人可在桥上闲坐、乘凉、赏月。

补遗

鲁王宴

弘光元年[1]，鲁王[2]播迁至越，以先父相鲁先王[3]，幸旧臣第。岱接驾，无所考仪注[4]，以意为之。踏脚[5]四扇，氍毹[6]藉[7]之，高厅事[8]尺，设御座，席七重。备山海之供。鲁王至，冠翼善[9]，玄色蟒袍，玉带，朱玉绶[10]。观者杂沓，前后左右用梯，用台，用凳，环立看之，几不能步，剩御前数武[11]而已。传旨："勿辟[12]人。"

岱进，行君臣礼。献茶毕，安席，再行礼。不送杯箸，示不敢为主也。趋侍坐，书堂官[13]三人，执银壶二，一斟酒，一折酒[14]，一举杯，跪进。上膳：一肉簋；一汤盏，盏上用银盖盖之；一面食，用三黄绢笼罩，三臧获[15]捧盘加额，跪献之，书堂官捧进御前。汤点[16]七进，队舞七回，鼓吹七次，存七奏[17]意。

是日，演《卖油郎》传奇[18]，内有泥马渡康王[19]故事，与时事巧合，睿颜大喜。二鼓转席[20]。临不二斋、梅花书屋，坐木犹龙，卧岱书榻，剧谈移时[21]。

出登席，设二席于御坐傍，命岱与陈洪绶侍饮，谐谑欢笑如平交[22]。睿量宏，已进酒半斗矣，大犀觥一气尽。陈洪绶不胜饮，呕哕御座旁。寻设一小几，命洪绶书箑[23]，醉捉笔不起，止之。

剧完，饶戏[24]十余出。起驾转席后，又进酒半斗，睿颜微酡。进辇，两书堂官掖之，不能步。岱送至闾外。命书堂官再传旨曰："爷今日大喜，爷今日喜极！"君臣欢洽，脱略[25]至此，真属异数。

【注】

1. 弘光元年：清顺治二年。上一年，即崇祯十七年三月，明思宗崇祯皇帝自缢而死。福王朱由崧在南京登基，国号依旧为“明”，史称“南明”。
2. 鲁王：朱以海，字巨川，号恒山，别号常石子。明太祖朱元璋十世孙。为明朝第十一代鲁王。明亡后逃入浙江台州，后被张国维等迎至绍兴为监国。次年败退海上，流离奔波，最后病死于金门。
3. 以先父相鲁先王：张岱父张耀芳曾任鲁王府中长史。
4. 仪注：仪礼，礼节。
5. 踏脚：踏板。一般置于床前、车沿前，便于上下。
6. 氍毹：见卷二《不二斋》注。
7. 藉：铺设。
8. 厅事：本为衙署大堂，后也指私家厅堂。
9. 翼善：乌纱翼善冠，明制皇帝、藩王常服帽冠。
10. 绶（shòu）：绶带，用以系佩玉、官印等。
11. 武：半步。
12. 勿辟人：不要驱散围观的人。辟，排除。
13. 书堂官：宦官。
14. 折（zhē）酒：将烫过的酒用另一酒杯反复倒腾，以降温宜饮。
15. 臧获：奴婢。
16. 汤点：茶点。
17. 七奏：奏七次乐。按礼制，帝王吃饭时，天子九奏，诸王七奏。
18.《卖油郎》传奇：根据明冯梦龙《醒世恒言》中《卖油郎独占花魁》的故事改编而成的戏曲。作者李玉。
19. 泥马渡康王：金兵攻灭北宋，康王赵构在金兵押解途中逃脱，跑到长江，得神灵呵护，骑土地神泥塑坐骑变化的骏马渡江，得以逃生。详见《说岳全传》。《卖油郎》故事时代背景正是北宋灭亡，百姓南逃至临安，故戏中插入一段“泥马渡江”情节。
20. 转席：换地方继续开宴，以示隆重。
21. 移时：一会儿。
22. 平交：平等交往。
23. 箑（shà）：扇子。
24. 饶戏：正戏外添演的节目，叫做“饶戏”。江浙一带俗称“饶头戏”。
25. 脱略：随意。不拘礼节。

【译】

弘光元年，鲁王流亡绍兴，因我父亲曾辅佐上一代鲁王，所以幸临了我家这个旧臣宅邸。当时是我负责接驾，由于无法考证接待时应有的礼仪，就只好按照自己所理解的来办了。厅上放四块踏脚板，铺上毛毡，这样便高出地面一尺，其上放置御座，铺七层座席。预备山珍海味供奉。鲁王驾临，头戴翼善冠，身穿玄色蟒袍，腰佩玉带，玉绶带为朱色。围观者众多。有站在梯上的，有站在台上的，有站在凳上的，前后左右团团围住，离鲁王只有几步远，叫人几乎无法通行。鲁王却传旨说："勿驱散众人。"

我进去拜见，行了君臣之礼。献过茶后，请鲁王入席，再次行礼。为了表示不敢以主人自居，没送杯筷。随后，就急忙侍立在侧。席面上有三个太监侍奉。他们手执两把银壶，一个斟酒，一个折酒，一个跪着举杯递给鲁王喝。饭菜有一簋肉；一盏汤，汤盏用银盖盖着；一盘面食，用三层黄绢的纱罩罩着，由三个婢女将盘子举到额头处，跪着献上，再由太监捧到鲁王面前。茶点上了七道，舞队表演七回，乐队奏乐七次，以示"七奉"之意。

那天演的戏是《卖油郎》，其中有"泥马渡康王"一段，正好与时事相吻合，鲁王大喜。到二更时分，要换地方重开筵席。其间鲁王驾临不二斋、梅花书屋，在木犹龙上坐了坐，在我书房内的卧榻上躺了躺，与我畅谈了一会儿。

随后，鲁王再次入席，并在御座旁加了两个座位，命我跟陈洪绶陪他一起喝酒。鲁王的酒量很好，已经喝了半斗了，还能一口气喝干一大犀角杯。陈洪绶喝酒不行，竟然在御座旁呕吐。后来摆出一张小桌子，命陈洪绶写扇面，但他已经醉得连笔都提不起了，只好作罢。

正戏演完后，又加演了十多出。随后鲁王换了筵席，又喝了半斗酒，直喝得脸上微微泛红。车辇来时，他已走不动路，靠两个太监搀扶着才上了车。我一直送到里巷口。鲁王命太监再次传旨道：“爷今天很开心。爷今天开心极了。”君臣相处欢乐融洽，居然率性洒脱到如此地步，也真可谓是异乎寻常了。

冰花

崇祯戊寅[1]至苏州，见白兔，异之。及抵武林，金知县汝砺[2]宦福建，携白兔二十余只归。己卯、庚辰[3]，杭州遍城市皆白兔，越中生育至百至千。此兽妖[4]也。余考《建州志》，长白山鸟兽、草木、花卉，无不尽白。地气自北而南，鸟兽非得气之先邪?

余少时不识烟草为何物，十年之内，老壮童稚、妇人女子无不喫烟，大街小巷，尽摆烟桌。此草妖[5]也。

妇人不知何故，一年之内都着对襟衫，戴昭君套[6]，此服妖也。

庚辰冬底，燕客家琴砖[7]十余块，结冰花如牡丹、芍药。花瓣枝叶如绣如绘。间有人物、鸟兽，奇形怪状，十余砖底面皆满。燕客迎余看。至三日不消。此冰妖也。燕客误认为祥瑞，作《冰花赋》，檄[8]友人作诗咏之。余考《金史》。金末，河冰成龟文，又有花卉鸟兽之状，巧过镂绘。不数年而金亡。今兹流寇猖獗，中原鼎沸，然则妖孽祯祥，又岂一朝一夕之故哉?

【注】

1. 崇祯戊寅：崇祯十一年。
2. 金知县汝砺：金汝砺，字启心，浙江平湖人。万历二十六年进士，历任福建福安知县、南京工部主事、直隶真定知府。
3. 己卯、庚辰：崇祯十二年、十三年。
4. 兽妖：被认为是灾祸先兆的动物。汉伏生《洪范五行传》认为各种反常现象都是上天示警，是阴阳灾异的先兆。所谓“凡草物之类谓之妖，虫豸之类谓之孽，及六畜谓之祸，及人谓之疴，甚则异物生谓之眚，自外来谓之祥，气相伤谓之沴”。
5. 草妖：明朝末年，吃烟（抽烟）之风盛行。抽烟最初流行于北方边塞，后来此风南下，江南一带也都抽起烟来。张岱认为是北人（满人）南侵之兆。且“喫烟”音同“吃燕”（明都北京为燕地），大不吉利，故称烟草为“草妖”。
6. 昭君套：见卷四《牛首山打猎》注。昭君套是北方民族服饰，而江南妇女以为时髦，张岱认为是北人南下的先兆，故称“服妖”。
7. 琴砖：又名“郭公砖”，一种空心砖。清周亮工《书影》卷二：“余乡多郭公砖，体制不一，以长而大者为贵。江南人爱之，以为琴几。”
8. 檄（xí）：此作动词，写信。

【译】

崇祯十一年，我到苏州后看到了白兔，当时觉得十分诧异。后来到杭州，得知知县金汝砺在福建做官时，曾带回来二十多只白兔。而到了崇祯十二、十三年，杭州已经满城都是白兔，连绍兴也繁殖了成百上千只了。这是“兽妖”啊。我查考了《建州志》，得知长白山的鸟兽、草木、花卉，无一不是白的。地气由北往南扩散，莫非鸟兽已得风气之先了？

我小时候不知道烟草是什么东西，但在最近这十年之内，已经男女老少无不吃烟，大街小巷全都摆开烟桌了。这是“草妖”啊。

不知为什么，在这一年之内，妇女们全都穿起了对襟衫，戴上了昭君套了。这是“服妖”啊。

崇祯十三年冬末，燕客家的琴砖结出了如牡丹、芍药一般的冰花，其花瓣枝叶就跟绣上去或画上去似的。中间还夹杂着人物、鸟兽，模样十分奇特。十多块砖，正面和底面全都如此。燕客曾特意跑来叫我去看。这冰花居然过了三天也不融化。这是“冰妖”啊。燕客误以为是祥瑞，作了一篇《冰花赋》，还写信请朋友作诗歌咏。我查考《金史》，在金末，曾河面冰冻后出现龟纹，也有呈花卉鸟兽图案的，比镂刻、描绘的还要精巧。没过几年，金就灭亡了。如今流寇猖獗，中原鼎沸，而妖孽、祥瑞的出现，又怎会是一朝一夕间的事呢？

草妖

河北观察使[1]袁茂林楷[2]所记草妖尤异。崇祯七年七月初一，孟县[3]民孙光显祖墓有野葡萄，草蔓延长丈许。今夏，枝桠间忽抽新条，有似美人者，似达官者，有似龙、似凤、似麟、似龟、似雀、似鱼、似蝉[4]、似蛇、似孔雀。有似鼠伏于枝者；有似鹦鹉栖于架者，架上有盏，盏中有粒。凤则苞羽[5]具五彩；美人上下衣裳，裳白衣黄，面上依稀似粉黛。人间物象，种种具备。七月初八日，地方人始报闻，急使人取之，已为好事者撷尽，止得美人一、鹦鹉一、凤一，故述此三物尤悉[6]。

余谓此草木之妖。论其休咎，恐衣冠人物[7]不免草芥之虞。适晤史云岫，言汉灵帝中平元年[8]，东郡有草如鸠雀、蛇龙、鸟兽之状。若然，则余所臆度者更可杞忧。此异宜上闻，县令以萎草不耐[9]，恐取观不便，遂寝[10]其事。特为记之如左。

【注】

1. 观察使：明清时期称道员为观察使。
2. 袁茂林楷：袁楷，字孝则，号茂林。天启五年进士，历任开封知府、河南参政、河北观察使。善理疑难陈案，人称“照天烛”。明亡归隐。
3. 孟县：河南省孟县。
4. 蝉：一说为“鳣”（shàn），即鳝鱼。
5. 苞羽：丰满的羽毛。
6. 悉：详细，详尽。
7. 衣冠人物：显贵之人。
8. 汉灵帝中平元年：《后汉书·孝灵帝纪》记载，是年“郡国生异草，备龙蛇鸟兽之形”，当年爆发黄巾起义，内戚何进把持朝政，东汉由此衰微。
9. 不耐：不能持久。

10. 寝：平息，停止。此指将事情压下，不上报。

【译】

河北观察使袁茂林所记述的“草妖”特别怪异：崇祯七年七月初一，孟县人孙光显的祖坟上长出了一株野葡萄，枝条蔓延开来有一丈多长。到了今年夏天，老的枝桠间忽然又抽出了新的枝条来：有的像美人，有的像达官。还有像龙、凤、麒麟、龟、雀、鱼、蝉、蛇、孔雀的。有像老鼠一样伏在枝条上的；有像鹦鹉似的栖息在鸟架上的——鸟架上还有小钵，钵中还有粟粒。像凤凰的羽毛丰满，五彩缤纷；像美人的上衣下裳穿着整齐，上衣黄色，下裳白色，脸上似乎还施了脂粉。可谓是人世间的种种物象，无不具备。到了七月初八那天，当地官府才获得禀报，急忙命人去取，但已被好事者采光了，只拿到美人、鹦鹉、凤凰各一根，正因如此，才对这三样记述得特别详细。

我以为这就是草木之妖，若论是吉是凶，恐怕显贵人物有沦为草芥之难吧。那时正好遇到史云岫，他说在汉灵帝中平元年的时候，东郡就有草长成了鸠雀、蛇龙、鸟兽的形状。果真如此的话，那么我的臆测就更可担忧了。后来，孟县的县令以枯草不能持久，难以递送呈览为由，将这事儿给压下了，故而我特地记录如上。

平水梦

弘光乙酉[1]秋九月，余见时事日非，辞鲁国主[2]，隐居剡中[3]。方磐石[4]遣礼币[5]，聘余出山，商确军务，檄县官上门敦促。余不得已，于丙戌[6]正月十一日，道北山，逾唐园岭，宿平水韩店。

余适疽[7]发于背，痛楚呻吟，倚枕假寐，见青衣持一刺示余，曰："祁彪佳[8]拜。"余惊起，见世培排闼[9]入，白衣冠。余肃入，坐定。余梦中知其已死，曰："世培尽忠报国，为吾辈生色。"世培微笑，遽[10]言曰："宗老[11]此时不埋名屏迹，出山何为耶？"余曰："余欲辅鲁监国恢复中原耳。"因言其如此如此，已有成算。世培笑曰："尔要做，谁许尔做？且强尔出，无他意，十日内有人勒[12]尔助饷。"余曰："方磐石诚心邀余共事，应不我欺。"世培曰："尔自知之。唉，天下事至此，已不可为矣。尔试观天象。"拉余起，下阶，西南望[13]，见大小星堕落如雨[14]，崩裂有声。世培曰："天数如此，奈何！奈何！宗老，尔速还山！随尔高手，到后来只好下我这着[15]。"起，出门，附耳曰："完《石匮书》！"洒然竟去。余但闻犬声如豹，惊寤，汗浴背。门外犬吠嗥嗥[16]，与梦中声接续。蹴儿子起，语之。次日抵家，阅十日，田仰[17]缚镳儿[18]去，即有偪勒助饷之事。忠魂之笃而灵也如此。

【注】

1. 乙酉：顺治二年。张岱不愿用清朝年号，但南明的弘光已于该年五月终结，自然也不能在九月里使用，故称弘光乙酉九月。
2. 余见时事日非，辞鲁国主：顺治二年五月，南明弘光帝逃亡，清兵占领南京。

六月，清兵占领苏杭。闰六月，鲁王朱以海在绍兴任监国。杭州投降后，马士英要投奔鲁王，包括张岱在内的鲁王诸臣极力反对。但鲁王所依仗的军队仅方国安一旅，而方国安与马士英交好。结果马士英、阮大铖都投在方国安的军中，且方对他们言听计从。至九月，张岱见鲁王形同虚设，世事已无法收拾，便辞官离去了。

3. 剡（shàn）中：剡县一带，即今浙江嵊州。
4. 方磐（pán）石：方国安。当时鲁王在绍兴任监国，封方为镇东侯，负责抗清。
5. 礼币：礼物。
6. 丙戌：顺治三年。
7. 疽（jū）：毒疮。
8. 祁彪佳：字弘吉，号世培。张岱姻亲、好友。见卷一《木犹龙》注。此时已沉寓园池中殉国。
9. 排闼（tà）：推门。
10. 遽（jù）：遂，于是。
11. 宗老：张岱字宗子，故称。
12. 勒：强迫，逼迫。
13. 西南望：当时朱由榔已在广东肇庆（浙江西南方）称帝，年号永历，为各路义军奉为正统。故望西南方向的天象。
14. 大小星堕落如雨：指西南抗清大小将领纷纷殒没。
15. 下我这着：下我这步旗。指下文"完《石匮书》"。
16. 嗥嗥（háo）：动物吼叫之声。
17. 田仰：马士英亲信。
18. 镳儿：张镳，张岱之子。

【译】

弘光乙酉秋，九月，我看到时事每况愈下，已无法挽回，就辞别了鲁王，隐居到剡中。方国安派人送来礼物，要聘我出山，说是要与我商讨军务，并写信给县官让他上门来催促。不得已，我只好在丙戌正月十一日，取道北山，翻越唐园岭，并投宿在平水的韩家店。

我当时背上生了个毒疮，疼得直哼哼。就在我靠着枕头打盹的时候，看到一个青衣人拿一张名帖来给我看，说："祁彪佳求见。"

我大吃一惊，起身一看，见祁彪佳已经推门进来了——从头到脚一身白。我请他进屋，彼此坐定。我在梦中也知道他已经死了，就说道：

"世培兄尽忠报国，也为我辈生色啊。"他微微一笑，说道："宗老你此时不隐姓埋名、绝迹尘世，还出来干什么？"我说："我要辅佐鲁监国恢复中原！"并告诉他如此这般，已经成竹在胸了。

他笑道："你想要做一番事业，可又有谁允许你做呢？他们强迫你出山其实没别的意思，你看吧，十天之内肯定会有人逼你拿钱出来充作军饷的。"

我说："方国安诚心诚意邀请我共图大事，应该不会骗我的吧。"

他说："你自己也明白，天下事已无法挽回了。来，去看看天象吧。"说罢，他就拉我起身，走下台阶，朝西南方向望去。只见大小星星跟下雨似的纷纷陨落，还不住地发出崩裂之声。

他说："你看看，天象如此，还有什么办法？还有什么办法呢？宗老，你赶紧回山去吧。你本事再大，最后也只能下我说的这步棋啊。"

随后他就起身告别了。出门时他在我耳边说道："完成《石匮书》！"随即就飘然而去了。

我只听得外面狗叫得十分凶猛，跟豹子似的，一下子就惊醒了，冷汗淋湿了后背。此刻门外也是犬吠阵阵的，正好与梦中的声响相连续。于是我就将儿子踢醒，把梦中之事告诉了他。

第二天，我们就回到了家里。过了十天，田仰来将镳儿绑了去。还真有逼我出钱充作军饷的事情。可见忠魂之笃诚、灵验如此！

附 录

自为墓志铭

蜀人张岱[1]，陶庵其号也。少为纨绔子弟，极爱繁华，好精舍，好美婢，好娈童，好鲜衣，好美食，好骏马，好华灯，好烟火，好梨园，好鼓吹，好古董，好花鸟，兼以茶淫橘虐，书蠹诗魔，劳碌半生，皆成梦幻。年至五十，国破家亡，避迹山居。所存者，破床碎几，折鼎病琴，与残书数帙，缺砚一方而已。布衣蔬食，常至断炊。回首二十年前，真如隔世。

常自评之，有七不可解：向以韦布[2]而上拟公侯，今以世家而下同乞丐，如此则贵贱紊矣，不可解一；产不及中人，而欲齐驱金谷[3]，世颇多捷径，而独株守於陵[4]，如此则贫富舛矣，不可解二；以书生而践戎马之场，以将军而翻文章之府[5]，如此则文武错矣，不可解三；上陪玉皇大帝而不谄，下陪悲田院[6]乞儿而不骄，如此则尊卑溷[7]矣，不可解四；弱则唾面而肯自干，强则单骑而能赴敌，如此则宽猛背矣，不可解五；夺利争名，甘居人后，观场游戏，肯让人先，如此则缓急谬矣，不可解六；博弈摴蒱[8]，则不知胜负，啜茶尝水，则能辨渑淄[9]，如此则智愚杂矣，不可解七。有此七不可解，自且不解，安望人解？故称之以富贵人可，称之以贫贱人亦可；称之以智慧人可，称之以愚蠢人亦可；称之以强项人可，称之以柔弱人亦可；称之以卞急[10]人可，称之以懒散人亦可。学书不成，学剑不成，学节义不成，学文章不成，学仙、学佛、学农、学圃俱不成。任世人呼之为败子[11]，为废物，为顽民，为钝秀才，为瞌睡汉，为死老魅[12]也已矣。初字宗子，人称石公，即字石公。好著书，其所成者，有《石匮书》《张氏家谱》《义烈传》《琅嬛文集》《明易》《大易用》《史阙》《四书遇》《梦忆》《说铃》《昌谷解》《快园道古》《傒囊十集》《西湖梦寻》《一卷冰雪文》行世。生于万历丁酉八月二十五日卯时，鲁国相大涤翁之树子[13]也，母曰陶宜人。幼多痰疾，养于外大母[14]马太夫人者十年。外太祖[15]云谷公宦两广，藏生牛黄丸，盈数簏[16]，自余囡地[17]以至十有六岁，食尽之而厥疾始瘳。六岁时，大父雨若翁携余之武林，遇眉公先生跨一角鹿，为钱唐游客，对大父曰："闻文孙[18]善属对，吾面试之。"指屏上《李白骑鲸图》曰："太白骑鲸，采石江边捞夜月。"余应曰："眉公跨鹿，钱唐县里打秋风。"眉公大笑，起跃曰："那得灵隽若此！吾小友也。"欲进余以千秋之业[19]，岂料余之一事无成也哉！甲申以后，悠悠忽忽，既不能觅死，又不能聊生，白发婆娑，犹视息[20]人世。恐一旦溘先朝露[21]，与草木同腐，因思古人如王无功[22]、陶靖节[23]、徐文长[24]皆自作墓铭，余亦效颦为之。甫构思，觉人与文俱不佳，辍笔者再。虽然，第[25]言吾之癖错[26]，则亦可传也已。曾营生圹[27]于项王里[28]之鸡头山，友人李研斋题其圹曰："呜呼！有明著述鸿儒陶庵张长公之圹。"伯鸾高士，冢近要离[29]，余故有取于项里也。明年，年跻七十，死与葬，其日月尚不知也，故不书。铭曰：

穷石崇，斗金谷。盲卞和，献荆玉。老廉颇，战涿鹿。赝龙门[30]，开史局。馋东坡，饿孤竹[31]。五羖大夫[32]，焉肯自鬻？空学陶潜，枉希梅福[33]。必也寻三外野人[34]，方晓我之衷曲。

【注】

1. 蜀人张岱：张岱始祖可追至四川绵竹张浚、张栻父子。张浚为南宋初年抗金名将，张栻也是始终坚持抗金的大儒。张岱晚年著作常自署“蜀人”，或暗示与满清（金人之后）政权势不两立。
2. 韦布：韦带（没有饰纹的衣带）布衣。指无官职的平民百姓。
3. 金谷：晋石崇所筑金谷园。此指奢华靡费的程度。
4. 株守於陵：此守廉之意。典出《孟子·滕文公下》：“仲子，齐之世家也。兄戴，盖禄万钟。以兄之禄为不义之禄而不食也，以兄之室为不义之室而不居也，辟兄离母，处于於陵。”
5. “以书生而践戎马之场”句：南明弘光朝灭亡后，马士英入浙江，其时鲁王朱以海为监国，张岱曾主动提出愿带兵前去斩杀奸臣。鲁王准奏。张岱率数百人追杀马士英，不料马士英躲入方国安营中，故未能如愿。这就是张岱短暂的“将军”经历。
6. 悲田院：贫民、乞丐收容所。《通俗编·地理》：“悲田，释典以供父母田为恩田，供佛为敬田，施贫穷为悲田。”
8. 摴蒱（chūpú）：一种古代赌博游戏。投掷有颜色的五颗木子，以颜色决胜负。
9. 渑淄（miǎnzī）：渑水与淄水。二水在今山东省。传说二水相合，齐桓公臣易牙能辨别其味。
10. 卞急：性情急躁。
11. 败子：不成材的人。
12. 死老魅：老而不死的妖怪。
13. 鲁国相大涤翁之树子：张岱父亲号大涤翁，曾任鲁王右长史，美称为“相”。树子，古代诸侯立为世子的嫡子。
14. 外大母：外祖母。
15. 外太祖：母亲的祖父。
16. 簏（lù）：竹箱。
17. 囡地：在地上爬。此指尚不会走路的时候。
18. 文孙：周文王之孙，为对他人之孙的美称。
19. 千秋之业：此指名垂千秋的锦绣文章。
20. 视息：仅存视觉、呼吸。即苟活人世之意。
21. 溘先朝露：生命比朝露消失得还快。
22. 王无功：王绩，字无功，隋末唐初诗人，作有《自作墓志文》。
23. 陶靖节：陶渊明，名潜，字元亮，后人私谥靖节，东晋大诗人，作有《自祭文》。
24. 徐文长：徐渭，字文长，明代的文学家、书画家，作有《自为墓志铭》。
25. 第：仅，只。
26. 癖错：怪癖。

27. 生圹：在世时预造的坟墓。
28. 项王里：项里山，在绍兴西南。相传项羽曾流寓于此，蓄志反秦复楚，所以张岱为生圹选址于此地。
29. 伯鸾高士，冢近要离：伯鸾为东汉梁鸿的字。梁鸿曾与妻子孟光避祸至吴，受皋伯通庇护。《吴越春秋》记载梁鸿死后，皋伯通将其葬于要离（春秋时刺客）墓旁，并说："要离烈士，而伯鸾清高，可令相近。"
30. 龙门：司马迁相传为龙门人氏。此指有志效法司马迁，凭一己之力修明史，即著《石匮书》。
31. 孤竹：指孤竹君二子伯夷、叔齐，商末不食周粟，饿死于首阳山。
32. 五羖（gǔ）大夫：秦穆公用五张公羊皮从楚国买来百里奚。
33. 梅福：字子真，西汉南昌县尉。西汉末年，大司马王凤当权，朝政日非，民怨四起，梅福忧国忧民，以一县尉之微官上书朝廷，指陈政事，并讽刺王凤，被朝廷斥为"边部小吏，妄议朝政"，险遭杀身之祸。因此梅福挂冠而去，在江西一带学道，后人称"梅仙"。
34. 三外野人：郑思肖，宋末诗人、画家，宋亡后改名思肖，因肖是宋朝国姓"赵"的组成部分。字忆翁，表示不忘故国；号所南，日常坐卧，要向南背北。亦自称菊山后人、景定诗人、三外野人、三外老夫等。元军南侵时，曾向朝廷献抵御之策，未被采纳。后客居吴下。临终前，整理一生诗文，命名《心史》，封入铁柜，坠于苏州承天寺枯井内，时隔350余年，直至明崇祯十一年才被发现。张岱晚年心迹行止与郑思肖相同，所著明史称《石匮书》，亦有效法《心史》之意。

张岱的一生

万历二十五年丁酉（1597），一岁

八月二十五日卯时，张岱生。

万历二十九年辛丑（1601），五岁

父叔辈于龙山放灯。（卷八《龙山放灯》）

万历三十年壬寅（1602），六岁

观绍兴灯景。（卷六《绍兴灯景》）

随父亲读书于悬杪亭。（卷七《悬杪亭》）

万历三十三年乙巳（1605），九岁

随祖父至杭州，遇陈继儒。（卷五《麋公》）

万历四十年壬子（1612），十六岁

祈梦于南镇梦神。（《卷三《南镇祈梦》）

万历四十二年甲寅（1614），十八岁

过斑竹庵，发现禊泉。（卷三《禊泉》）

万历四十四年丙辰（1616），二十岁

学琴于王侣鹅。（卷二《绍兴琴派》）

万历四十六年戊午（1618），二十二岁

学琴于王本吾。（卷二《绍兴琴派》）

泰昌元年庚申（1620），二十四岁

母亲去世。

天启元年辛酉（1621），二十五岁

祖父归乡养病，营建砎园于绍兴卧龙山旁。（卷一《砎园》）

天启二年壬戌（1622），二十六岁

六月二十四日至苏州。（卷一《葑门荷荡》）

是年，设斗鸡社于卧龙山下。（卷三《斗鸡社》）

天启三年癸亥（1623），二十七岁

正月至严助庙。（卷四《严助庙》）

天启四年甲子（1624），二十八岁

住杭州岣嵝山房七个月。（卷二《岣嵝山房》）

天启五年乙丑（1625），二十九岁

祖父去世。三世藏书尽失。（卷二《三世藏书》）

天启六年丙寅（1626），三十岁

黄寓庸先生去世，访寓林。（卷一《奔云石》）

十二月登卧龙山，雪深三尺许。（卷七《龙山雪》）

天启七年丁卯（1627），三十一岁

于天瓦庵读书，登香炉峰。（卷五《炉峰月》）

是年，父亲赴兖州任职，为鲁王右长史。

崇祯元年戊辰（1628），三十二岁

始修《石匮书》，历时二十七年完成。

崇祯二年己巳（1629），三十三岁

去兖州为父亲祝寿。中秋后一日，过镇江金山寺，请家中戏班演夜戏。（卷一《金山夜戏》）

至兖州，家中戏班于道署演《冰山记》，亲自增写新戏。（卷七《冰山记》）

至兖州城外张氏园看菊。（卷六《菊海》）

至曲阜，拜孔庙、孔林。（卷二《孔庙桧》《孔林》）

至泰安，游泰山。（卷四《泰安州客店》）

崇祯四年辛未（1631），三十五岁

去兖州探望父亲，于兖州观阅兵。（卷四《兖州阅武》）
兖州友人赠芍药“一尺雪”。（卷六《一尺雪》）

崇祯五年壬申（1632），三十六岁

是年，至阳和岭品尝玉带泉，题名“阳和泉”。（卷三《阳和泉》）
七月，乡里人扮《水浒传》中人物祈雨。（卷七《及时雨》）
十二月，住西湖，往湖心亭看雪。（卷三《湖心亭看雪》）
十二月二十七日，父亲去世。

崇祯六年癸酉（1633），三十七岁

作《斗茶檄》，题所爱茶馆名“露兄”。（卷八《露兄》）

崇祯七年甲戌（1634），三十八岁

闰中秋，效仿虎丘中秋节，于蕺山亭会友七百余人。（卷七《闰中秋》）
十月，携朱楚生住杭州不系园。（卷四《不系园》）

崇祯八年乙亥（1635），三十九岁

是年科举不利，落选。

崇祯十年丁丑（1637），四十一岁

与枫社诸友共赏木龙，并邀题名。（卷一《木犹龙》）

崇祯十一年戊寅（1638），四十二岁

与友秦一生出游，至宁波天童寺拜访金粟和尚。（卷六《天童寺僧》）
访阿育王寺。（卷七《阿育王寺舍利》）
游宁波日月湖。（卷一《日月湖》）
访普陀山。（卷三《栖霞》）
至定海，观水操。（卷七《定海水操》）
八月，至白洋凭吊朱恒岳，观潮。（卷三《白洋潮》）
至南京，访闵老子茶。（卷三《闵老子茶》）
结识姚简叔、王月生、阮圆海。（卷五《姚简叔画》，卷八《王月生》《阮圆海戏》）
观南曲串戏。（卷七《过剑门》）
与友人吕吉士同游燕子矶。（卷二《燕子矶》）
夜间目睹孝陵上一股黑气冲入牛斗。（卷一《钟山》）
冬游栖霞山，遇萧伯玉先生，留宿两夜。（卷三《栖霞》）

是年冬，于牛首山打猎。（卷四《牛首山打猎》）
年底返浙。（卷二《燕子矶》）
过苏州，见白兔。（补遗《冰花》）

崇祯十二年己卯（1639），四十三岁

八月十三，与陈章侯于西湖夜饮。（卷三《陈章侯》）
是年，捐资疏浚龙山河道。（卷三《龙喷池》）

崇祯十三年庚辰（1640），四十四岁

闰正月，与绍兴父老约定重办连续五夜的灯会，作《张灯致语》。（卷八《闰元宵》）
冬末，燕客家中琴砖结冰花。（补遗《冰花》）

崇祯十四年辛巳（1641），四十五岁

夏至西湖，城中不断抬出饿殍。（卷七《西湖香市》）

崇祯十五年壬午（1642），四十六岁

观金山竞渡。（卷五《金山竞渡》）
至南京，访祁止祥。（卷四《祁止祥癖》）
中元，观孝陵祭祀。（卷一《钟山》）

崇祯十六年癸未（1643），四十七岁

李自成破河南后淮安告急，张尔葆练乡兵守清江浦，积劳成疾。

崇祯十七年 / 顺治元年甲申（1644），四十八岁

二叔尔葆病逝。
三月，李自成进京师，崇祯帝自缢。
四月，清军攻陷山海关。
五月，福王即位，改元弘光。清军进京。
十月，清帝祭天。

顺治二年乙酉（1645），四十九岁

五月，清军攻陷南京。
闰六月，清军占领杭州，祁彪佳殉节。鲁王监国，移至绍兴。
鲁王幸第，与陈章侯一同接驾。（补遗《鲁王宴》）
九月，辞别鲁王，入剡。（补遗《平水梦》）

顺治三年丙戌（1646），五十岁

正月十一日，应方国安之邀，赴绍兴商讨军务，夜宿平水，梦见祁彪佳前来相劝。（补遗《平水梦》）

月末，儿子张镳遭田仰绑架勒索军费。（补遗《平水梦》）

携《韵山》至九里山，藏于藏经阁。（卷六《韵山》）

六月，至鹿苑寺。（卷七《鹿苑寺方柿》）

顺治四年丁亥（1647），五十一岁

徙居山阴项里。

顺治六年己丑（1649），五十三岁

九月，归居绍兴城中，因故居已被人占有，移住卧龙山快园。

康熙四年乙巳（1665），六十九岁

作《自为墓志铭》。

康熙十年辛亥（1671），七十五岁

作《西湖梦寻》之《自序》。

康熙十九年庚申（1680），八十四岁

作《琯朗乞巧录序》。

卒年不可考。

译后记

笔者是苏州人，读到《陶庵梦忆》中诸如《虎丘中秋夜》《葑门荷宕》《吴中绝技》等涉及苏州的篇章时，自然倍感亲切。有朋友问，作为苏州人，在译注这些篇什时有什么优势。老实说，没什么优势。因为，张岱并未使用苏州方言或只有苏州才懂的典故。倒是笔者的另一个技能，发挥了一点点优势。笔者是个以日语汉译为主的职业译者，而在好多年之前，偶然买到了一本《陶庵梦忆》的日译本。译者松枝茂夫(1905—1995)，是日本东京都立大学名誉教授，早稻田大学教育学部教授，东方学会会员，中国文学研究家。研究领域为中国文学研究、《红楼梦》研究、中国文学翻译。翻译过《红楼梦》、《聊斋志异》、《陶庵梦忆》、《边城》（沈从文著）以及鲁迅、周作人的作品等。在翻译《陶庵梦忆》（1956 年译完）时，曾与周作人频繁通信，向周请教书中的名物、典故。故而他的《陶庵梦忆》日译本，是具有一定参考意义的。

事实上笔者在译注时，就发现几处国内多种译注本或有存疑，而松枝茂夫先生的译本更合理一些。由于这方面的实例是必须用中日文对照方式列出，只面向懂日语的国内读者，碍于篇幅，故而在此就割爱了。正所谓“他山之石，可以攻玉”，故笔者以为在整理（包括译注）传统文献时，不妨参考一下国外汉学家的成果。当然，也仅仅是参考而已，不可盲从。就拿松枝茂夫的日译本来说，其实错讹之处也同样比比皆是。主要原因是当时没有好的校本。更有个别地方，尽管他请教了周作人，可周作人也答不上来。不过松枝茂夫还是相当诚实的，自己不懂的地方都注为“未详”，并没有展开“合理想象”。

古籍整理是个通过考据、校雠，不断逼近原作的过程。笔者的译注也是建立在前辈工作的基础上。没有前辈开拓性的工作，也就没有这个译注本。除前文提到松枝茂夫先生的日译本，笔者还参考路伟、郑凌峰先生点校本（《陶庵梦忆·西湖寻梦》，浙江古籍出版社），夏咸淳、程维荣先生点校本（《陶庵梦忆·西湖梦寻》，上海古籍出版社），以及栾保群先生校注本（《新校注陶庵梦忆》，江苏凤凰文艺出版社），对译注进行修订、补正。如卷四《兖州阅武》篇，过往版本出入较多，导致有一些词句意义不清，如此译出，或有不尽如人意之处，后参考前辈校注中的分析、判辨，方才厘清原委，疏通了翻译的思路。

笔者的译注不敢说有什么特点，只预设过一个最基本的目标：注释要尽可能详尽、贴切，方便读者原汁原味地理解原文；翻译则尊崇“信”“达”“雅”原则，尽可能地体现原文的风采。尽管笔者自认在此方向作了努力，但成效如何，还有待读者的评判。不到之处，还望批评指正。

译注者 徐建雄

2022 年 3 月 13 日

陶庵梦忆

著者 _ [明] 张岱　译注者 _ 徐建雄

产品经理 _ 黄钟　装帧设计 _ 向典雄　技术编辑 _ 顾逸飞
责任印制 _ 梁拥军　出品人 _ 许文婷

营销团队 _ 王维思

鸣谢（排名不分先后）

刘朋 佘雷

果麦
www.guomai.cc

以 微 小 的 力 量 推 动 文 明

图书在版编目（CIP）数据

陶庵梦忆 ： 新注全译本 / （明） 张岱著 ； 徐建雄译注. — 西安 ： 三秦出版社, 2022.5

ISBN 978-7-5518-2617-4

Ⅰ. ①陶… Ⅱ. ①张… ②徐… Ⅲ. ①笔记－中国－明代②《陶庵梦忆》－注释③《陶庵梦忆》－译文 Ⅳ. ①K248.066

中国版本图书馆CIP数据核字（2022）第079532号

陶庵梦忆 新注全译本

［明］张岱 著 徐建雄 译注

出版发行 陕西新华出版传媒集团 三秦出版社
社 址 西安市雁塔区曲江新区登高路 1388 号
电 话 （029）81205236
邮政编码 710061
印 刷 河北鹏润印刷有限公司
开 本 890mm×1280mm 1/32
印 张 11.5
字 数 327 千字
版 次 2022 年 5 月第 1 版
2022 年 5 月第 1 次印刷
印 数 1 － 6 000
标准书号 ISBN 978-7-5518-2617-4
定 价 49.80 元

网 址 http://www.sqcbs.cn